国家社科基金特别委托项目
"中国南方侵华日军细菌战研究"成果

湖南省社科基金项目（13YBB162）成果

纪实

侵华日军常德细菌战

陈致远 / 著

中国社会科学出版社

图书在版编目（CIP）数据

纪实：侵华日军常德细菌战／陈致远著 . —北京：中国社会科学出版社，
2015.8（2016.1 重印）
（侵华日军常德细菌战研究丛书）
ISBN 978 - 7 - 5161 - 6840 - 0

Ⅰ . ①纪… Ⅱ . ①陈… Ⅲ . ①日本—侵华事件—生物战—史料—
常德市 Ⅳ . ①K265.606

中国版本图书馆 CIP 数据核字（2015）第 193530 号

出 版 人 赵剑英
责任编辑 武 云 李 森
责任校对 侯惠香
责任印制 李寡寡

出　　　版 中国社会科学出版社
社　　　址 北京鼓楼西大街甲 158 号
邮　　　编 100720
网　　　址 http：//www. csspw. cn
发 行 部 010 - 84083685
门 市 部 010 - 84029450
经　　　销 新华书店及其他书店

印刷装订 北京君升印刷有限公司
版　　　次 2015 年 8 月第 1 版
印　　　次 2016 年 1 月第 2 次印刷

开　　　本 710×1000　1/16
印　　　张 16.5
插　　　页 2
字　　　数 279 千字
定　　　价 49.00 元

前　　言

本书在十余年资料积累的基础上，运用中、日、苏、美诸种史料，以历史学的实证方法，对侵华日军常德细菌战的全过程，包括日军实施此次细菌战的历史背景、原因、目的、方法、手段等；地处华中洞庭湖西岸抗战前沿的常德地区的战略位置、经济社会状况和文化背景；中国政府面对突如其来的细菌战攻击所采取的种种应对措施、防治手段和方法，中国医疗防疫技术人员竭尽所能的工作；罪恶的日军细菌战给常德城乡各地造成的鼠疫大流行，给广大中国和平居民带来的惨痛危害，给常德广大地域经济社会造成的灾难性破坏等，都进行了较为深入的研究和揭露。

对于日本军国主义侵华细菌战罪恶史的研究，以往史学界较侧重于731部队在东北的种种罪行。哈尔滨平房区人体试验3000人，而中国内地各种细菌战至少屠杀了中国人30万。仅此盱衡，加强对日军在华各地细菌战的研究，有着重要意义。

常德细菌战，是侵华日军在华实施各大细菌战中极其罪恶昭彰的一次，它使用鼠疫细菌造成了至少7643名无辜平民死亡，这不仅摧残了当时常德的区域社会人口网络，也由此破坏了该地的区域社会生产网络、区域社会市场网络、区域社会组织网络，并造成了区域环境的长期污染和民众心理的严重创伤。

常德细菌战由日本大本营参谋本部下达"大陆指"命令而实施，是日本军国主义的国家犯罪。残忍的细菌战违反国际公法，违反国际人道，也是一种反人类、反文明的国际犯罪。长期以来它受到中国人民、世界人民，包括日本人民的谴责。1997年至2007年，日本法律界正义律师200多人组成律师团，与中国常德、浙江细菌战受害者对日本政府提起细菌战受害索赔的诉讼，正反映了日本民众的立场与态度。虽然日本法庭最终以"国家无答责"等所谓法理袒护日本政府，但法庭在大量历史事实和证据面前,也不得不在判决书中认定日本侵华细菌战的历史事实,认定中国常德和浙江细菌战的"受害是极其悲惨和巨大的,原日本军的军国主义行为是非人道的",日军细菌战是"根据原日本陆军中央的命令进行的",根据国际惯例法,"被告(日本国)应承担国家责任"。①

丑恶的细菌战,不仅是对常德人民、中国人民的犯罪,也是对全人类的犯罪,是人类文明的耻辱。因此,日本如果不能正视和反省这段历史,就永远会被世界指责。

2014 年 6 月,我们湖南文理学院细菌战罪行研究所获得国家社科基金特别委托项目"中国南方侵华日军细菌战研究(湖南及周边地区)"(14@ZH025)的课题立项。为了完成好这一课题,我们在纪念中国人民抗日战争暨世界反法西斯战争胜利 70 周年之际,出版"侵华日军常德细菌战研究丛书"一套,本书是该丛书中之一种。其他几种是《控诉:侵华日军常德细菌战受害调查》、《罪证:侵华日军常德细菌战史料集成》、《伤痕:中国常德民众的细菌战记忆》。其中《伤痕》一书,由日本东京女子大学文化人类学教授聂莉莉撰著。

作　者

2015 年 5 月 30 日

---

① 〔日〕土屋公献(731 部队细菌战被害国家赔偿请求诉讼辩护律师团团长、日本全国律师联合会前会长):《关于 731 部队细菌战诉讼一审判决的批判探讨》,载《常德师范学院学报》(社会科学版)2002 年第 6 期,第 12 页。

目　　录

第一章

1941 年的常德

一 1941 年常德政区和医疗防疫机构

（一）第四行政督察区

1941 年时湖南省的行政区划是：全省划为十个"行政督察区"（见图 1—1）。

图 1—1 抗战时期湖南省行政区划图（1938—1945）

资料来源：《湖南省志·地理志》（上册），长沙：湖南人民出版社 1982 年版，第 535 页。

据《湖南省志·地理志》记载："民国二十七年（1938 年）将全省划为十个行政督察区，各辖 6 至 10 县不等……还成立了长沙、衡阳两市……全省计有 77 县 2 市。省会在长沙。"①

当时的常德地区称为"湖南省第四行政督察区"，行政督察区的专员公署驻设在常德，这是省政府的派出机构，行政长官称"专员"。

第四行政督察区下辖 9 县：常德县、澧县、桃源县、石门县、华容县、南县、慈利县、安乡县、临澧县。见图 1—2。

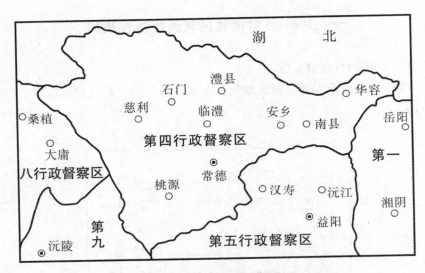

图 1—2　第四行政督察区辖县图（1938—1945）

资料来源：《湖南省志·地理志》（上册），长沙：湖南人民出版社 1982 年版，第 534 页。

战时行政督察区专员权力很大，除统管全区行政外，还统辖全区地方保安部队。1941 年 10 月，国民政府行政院公布的《战时各省行政督察专员公署及区保安司令部合并组织办法》规定："行政督察专员兼保安司令，公署设专员兼司令一人，承省政府主席兼全省保安司令之命，督察指导辖区行政，暨指挥团、队绥靖地方事宜。"②

---

① 湖南省志编纂委员会：《湖南省志》第二卷《地理志》（上册），长沙：湖南人民出版社 1982 年版，第 534 页。

② 孔庆泰等：《国民党政府政治制度史》，合肥：安徽教育出版社 1998 年版，第 608 页。

（二）第四行政督察区各县及人口

1939 年 11 月 11 日，湖南省政府根据国民政府《县组织法》将全省 70 余县按照各县面积、人口、财赋的多少划为 6 个等级：一等甲级县、一等乙级县、二等甲级县、二等乙级县、三等甲级县、三等乙级县。常德第四行政督察区各县划分在前 4 个等级：

一等甲级县：常德县（当时湖南共有 6 个一等甲级县）

一等乙级县：澧县、桃源县

二等甲级县：石门县、慈利县、华容县、南县

二等乙级县：安乡县、临澧县①

今常德市的汉寿县，当时属益阳第五行政督察区，划为一等乙级县。

据历史资料记载，1941 年常德第四行政督察区 9 县总人口 340 余万，若加上汉寿县人口，达 398 万，占当时全湖南人口 2800 万的 14%。②

表 1—1　　　　　　　　　1941 年常德各县人口数目表

单位：人

常德县	桃源县	澧县	汉寿县	慈利县	石门县	安乡县	临澧县	华容县	南县
596486	554201	565676	354767	368000	326525	215807	223642	298318	285474

资料来源：常德地区志编纂委员会《常德地区志·人口志》（内部出版），2000 年，第 93 页。表内华容、南县人口数，参见《湖南省志》第二卷《地理志》（上册），第 241 页。

常德第四行政督察区各县当时按面积、人口、财赋划分，在全省属于富庶区域，是抗战时期湖南重要的兵源和财源供给地。虽属"富庶"区，但全区各县农业人口占 93.6%，城镇人口仅 6.4%③，文盲率到民国三十八年（1949 年）时还高达 80%。④ 因此，从今天眼光看，经济社会发展尚相当滞后，不利于抗御人为细菌战的攻击。

---

① 湖南省民政厅：《湖南省民政统计》（1939 年度），1941 年编印，第 10 页。转引自刘国武《抗战时期湖南的现代化》，兰州：甘肃人民出版社 2006 年版，第 93—94 页。

② 湖南省志编纂委员会：《湖南省志》第二卷《地理志》（上册），长沙：湖南人民出版社 1982 年版，第 239—241 页。

③ 常德地区志编纂委员会：《常德地区志·人口志》（内部出版），2000 年，第 85 页。

④ 同上书，第 66 页。

(三) 常德县及其乡（镇）、保、甲

据国民政府 1928 年《县组织法》规定："县设县政府，于省政府指挥监督之下，处理全县行政。"① 据国民政府 1939 年《县各级组织纲要》规定："县政府除设县长以外……设民政、财政、教育、建设、军事、地政、社会各科。"② 县长拥有县内公安、财政、建设、民政、教育等职权，另兼任县国民兵团团长、防护总团团长等职务。③

据《县各级组织纲要》规定："县以下为乡（镇），乡（镇）内之编制为保、甲。"④ 据国民政府 1941 年 8 月《乡镇组织暂行条例》规定："乡（镇）设乡（镇）公所，置乡（镇）长 1 人，副乡（镇）长 1 至 2 人；乡（镇）长兼任中心小学校长，及乡（镇）国民兵队队长……乡（镇）公所置民政、警卫、经济、文化 4 股……民政股、文化股、经济股各主任得由乡（镇）长、副乡（镇）长及中心学校校长分别兼任，警卫股主任应由乡（镇）国民兵队队副兼任。"⑤

抗战时期政府财政紧张，乡（镇）公所职员通常控制在 4—10 人以内，这虽然节省了薪俸开支，但往往也造成行政能力的薄弱。

《乡镇组织暂行条例》规定：乡（镇）内之编制为保、甲。每乡（镇）以 10 保构成，可在 6—15 保间增减，保设保长及民政、警卫、经济、文化干事各 1 名。每保以 10 甲构成，可在 6—15 甲间增减，甲设甲长，每甲以 10 户居民构成，可在 6—15 户间增减。⑥

据常德县历史档案记录，1941 年常德县共有 32 个乡（镇），413 保，5634 甲，24854 户，户籍人口 596466 人。当时的常德县城有 3 镇，从东往西分别是启明镇、沅安镇、长庚镇，县城人口 65000 人左右。其他 29 个乡在农村，沅水南岸的前河地区有 12 个，沅水北岸的后河地区有 17

---

① 中国第二历史档案馆编：《中华民国史档案资料汇编》第 5 辑第 1 编，南京：江苏古籍出版社 1994 年版，第 87 页。
② 孔庆泰：《国民党政府政治制度史》，合肥：安徽教育出版社 1998 年版，第 615 页。
③ 同上书，第 624 页。
④ 同上书，第 614 页。
⑤ 《乡镇组织暂行条例》，常德市武陵区档案馆藏，档案号：44—1—123。
⑥ 同上。

个。① 见图 1—3。

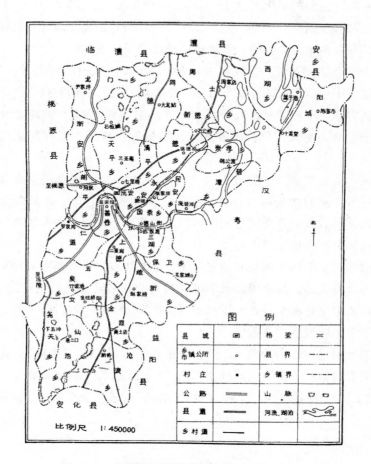

图 1—3　常德县民国时期政区图（1938—1949）

资料来源：《常德地区志·民政志》，长沙：湖南出版社 1996 年版，书前插图。

（四）常德医疗卫生机构

抗战前期，中国的战时防疫力量不雄厚，1940 年全国在编卫生防疫
人员仅 1217 人②；并且防疫力量分散在政府、红十字会、军队三个方面，

---

① 《常德县警察局民国三十年九月机关现状调查表》，常德市武陵区档案馆藏，档案号：
44—3—183。

② 《防疫人员统计表》（1940 年 12 月），载《战时防疫联合办事处二十九、三十年工作报
告》，中国第二历史档案馆藏，档案号：372—703。

缺乏一个统一协调各方力量的机构。

当时政府方面的卫生署之下，建有 11 个防疫大队 25 个中队 11 个防疫医院，部署于湖南、广东、湖北、四川、江西、福建、浙江、贵州、云南等地，一旦何地发生疫情，即就近调派防疫单位前往。①

红十字会总会方面，1941 年在救护总队部之下建有 10 个救护大队，大队下辖若干中队和区队，每个战区一个大队，进行巡回防疫。②

军队方面，军政部军医处和后方勤务部卫生处 1941 年共组建 9 个大队和若干中队、小队，分驻于各战区，哪里发生疫情，防疫部队就奔赴哪里。③

为统一协调三方卫生防疫力量，1940 年 6 月国民政府成立全国防疫总机关——"战时防疫联合办事处"，由卫生署、红十字会总会救护总队、军医署和后方勤务部卫生处四部门人员组成，使之成为全国战时防疫领导机构和全国疫情情报中心。④

湖南当时是中国正面战场的主战场，战时防疫联合办事处在湖南配属了 252 名防疫人员，是全国各省中唯一超过 200 名防疫人员的省份。⑤ 另外，湖南省卫生处在全省各地设立了隔离医院 15 所，检疫所 14 所，在各县建立了卫生院或卫生事务所。⑥

常德当时是"一等甲级县"，已经建立了"常德县卫生院"，但还很简陋，只有门诊，而没有住院设施和病床。⑦ 常德当时还有"私立广德医院"，这是美国教会创办于 1898 年的西医院，有较强医疗能力，配设病床

---

① 《医疗防疫总队十周年纪念刊》，中国第二历史档案馆藏，档案号：372—226。

② 《中国红十字会九十年》，北京：中国友谊出版公司 1994 年版，第 71—73 页。

③ 《1940—1941 年军政部防疫部队配备表》，转引自《战争与恶疫》，北京：人民出版社 1998 年版，第 280—282 页。

④ 容启荣：《抗战六年来全国防疫工作概况·战时防疫机构之设置》，中国第二历史档案馆藏，档案号：372—124。

⑤ 《防疫人员统计表》（1940 年 12 月），载《战时防疫联合办事处二十九、三十年工作报告》，中国第二历史档案馆藏，档案号：372—703。

⑥ 《各省防疫机构一览表》（1940 年），载《战时防疫联合办事处二十九、三十年工作报告》，中国第二历史档案馆藏，档案号：372—703。

⑦ 陈文贵：《常德鼠疫调查报告书》（1941 年 12 月 12 日），中国第二历史档案馆藏，档案号：372—2—16。

100 张。① 1941 年该院美籍院长涂德乐不在常德，由常德美国长老会牧师巴天民代理，副院长是中国医师谭学华，该院医护人员多为中国人。② 此外，红十字会救护总队的第 2 中队驻在常德（德山），队长是钱保康，该中队下属 5 个小队也驻于常德周边各地。③ 另外，六战区各中国驻军也配有医疗机构。

1941 年常德的医疗卫生机构虽不够强大，但有能力对日军的细菌战攻击做出基本的应对。

二　常德在当年中国抗战地图上的地位

（一）重庆之门户、连接华中之枢纽

1940 年 6 月，日军占领宜昌，封锁了长江水道，威胁着国民政府陪都重庆之安全。7 月，国民政府成立第六战区，以陈诚为司令长官，派重兵驻防于从常德湘西北至鄂西一线，组成拱卫重庆的屏障，而常德就成为这一军事屏障上重庆的门户。④ 见图 1—4。到 1941 年，常德所在的第六战区驻防军队有第 20、第 26、第 29 集团军和长江上游江防军等共计 8 个军 24 个师的兵力。⑤

常德不仅是重庆之门户，而且是重庆政府连接华中抗日战场的交通枢纽。当时湖南通往重庆的湘川公路，必经常德为中转；水路、陆路通往贵州、云南大后方和鄂西，也需经常德为中途。

1941 年日军正在湖南实施第二次和第三次长沙作战，常德作为华中战场与大后方边缘地带的交通枢纽，对于支援长沙战场，是重要的战争后援地。

---

① 参阅陈文贵《常德鼠疫调查报告书》（1941 年 12 月 12 日），中国第二历史档案馆藏，档案号：372—2—16；容启荣：《防治湘西鼠疫经过报告书》（1942 年 9 月），湖南省档案馆藏，档案号：74—3—6。

② 参阅［美］Phyllis Bannan Woodworth, *From Manchu to Mao*: *At Home in Hunan, 1909 – 1951*. Portland, Oregon: Printer's Inc., 2009, pp. 312 – 315. 译文由湖南文理学院外语学院李楠芳老师提供。谭学华（1901—1986），毕业于湘雅医学院，获医学博士学位。参阅常德市第一人民医院编《谭学华院长诞辰 100 周年纪念》，2002 年 1 月，《谭学华传》。

③ 钱保康：《救护总队第二中队民国三十年十一月份工作报告》（1941 年 12 月 2 日），贵阳市档案馆藏《救护总队档案》，档案号：40—3—34。

④ 参阅曹剑浪《国民党军简史》（上册），北京：解放军出版社 2004 年版，第 488 页。

⑤ 同上书，第 555—576 页。

图1—4　1941年中国战区示意图

资料来源：参阅《中国抗日战争地图集》（中国地图出版社1995年版）第271页的《日军历年侵占中国领土略图》绘制。

因此，常德在1941年时的中国抗战地图上是一个十分重要的战略要地，是重庆之门户，是重庆和大后方连接华中抗日战场的交通枢纽，是长沙战场的后援地。

（二）军粮、军棉和兵源供给地

常德各县地处洞庭湖西岸沅澧二水冲积平原，盛产稻米、棉花，是全国著名产粮、产棉区。据常德地方志记载，民国二十五年（1936年）常德各县水稻种植面积达621万亩，总产2600万石，境内年平均输出稻谷300万石，占全省30%以上。1941年国民政府计划在常德采购军粮251

万石。① 抗战时期常德全区年均植棉 84 万亩，产棉（皮棉）6964 吨，占全省总产 50% 以上，是国民政府长期直接控制的战备物资。②

抗战时期常德各县总人口 300 余万，"民国二十六年至三十七年（1937—1948），常德地区共征募新兵 30 余万"③。年均征兵约 30000 名。

因此，当时的常德是抗日正面战场重要的军粮、军棉供给地，同时也是抗战军队重要的兵源供给地。

（三）日军对常德的无差别大轰炸

由于常德是当时中国抗战之战略要地，因此，日军自 1938 年 11 月占领武汉以后，便开始对常德实施无差别轰炸，直接空袭市民，轰炸街市。见图 1—5。

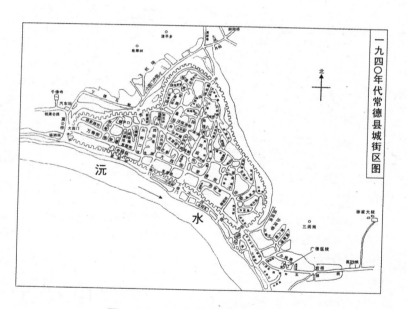

图 1—5　1940 年代常德县城街区图

资料来源：据 1942 年 9 月中国国民政府卫生署防疫处处长容启荣《防治湘西鼠疫经过报告书》附录图十二绘制。湖南省档案馆藏，档案号：74—3—6。

---

① 常德市地方志编纂委员会：《常德市志》（下册），长沙：湖南人民出版社 2002 年版，第 835 页。

② 同上书，第 1335 页。

③ 刘光前主编：《常德地区志·军事志》，北京：解放军出版社 1991 年版，第 74 页。

1938 年 11 月 3 日,日机第一次轰炸常德县城。① 11 月 9 日又轰炸石门桥机场。1939 年 6 月 23 日,日机 39 架分 6 批轮番轰炸常德,投弹 500 余枚。②

从 1939 年开始,常德县城居民过上了一种惶恐的"跑警报"的生活。为防止日机空袭,白天县城疏散为一座空城,早上 6 时半防空指挥部发出疏散警报,老百姓纷纷背上"警报袋",内装一日生活用品疏散出城,通常下午 3 时半解除警报,民众再回城居住。③ 专员公署和县政府都设在县城外西郊乌龙巷一带办公。见图 1—6。

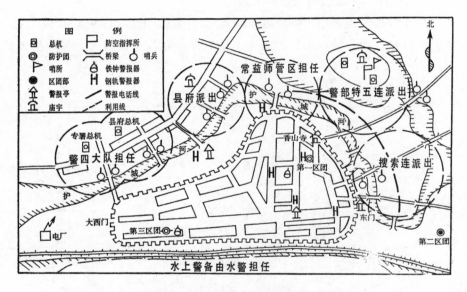

图 1—6   常德县城防空警戒及防空疏散路线略图(1943 年 3 月)

资料来源:常德市武陵区档案馆藏,转引自《常德地区志·军事志》,北京:解放军出版社 1991 年版,第 191 页。

据 1945 年湖南省国民政府公布的《抗战损失统计》,抗战时期日军飞机入侵常德共计 467 架次,轰炸 73 次,投弹 2181 枚,炸死炸伤民众 3638 人,炸毁房屋 4024 栋,直接和间接损失无法统计。④

---

① 刘光前主编:《常德地区志·军事志》,北京:解放军出版社 1991 年版,第 206 页。

② 常德市志编纂委员会:《常德市志》,北京:中国科学技术出版社 1993 年版,第 20—21 页。

③ 刘光前主编:《常德地区志·军事志》,北京:解放军出版社 1991 年版,第 190 页。

④ 转引自《常德地区志·军事志》,北京:解放军出版社 1991 年版,第 206 页。

（四）常德传教士笔下的大轰炸

美国长老会在常德的传教士 Edward Bannan，中文名叫巴天民，1909年来到常德传教，1951 年离开中国，在常德传教 42 年。2009 年，他的女儿利用父亲和父亲在常德的传教士同事们留下来的日记、信件等资料写成《湖南常德是我家（1909—1951）》一书，在美国出版。该书对日军飞机在常德的大轰炸做了如下一些描述：

战争对（常德）第一直接影响来自于天空，（日军）首轮空袭于 1938 年 11 月末开始，也就是武汉诸城陷落一个月后，并且一直持续到 1943 年 5 月。

1938 年 11 月 27 日和 28 日的第一批空袭，以及 12 月 29 日的空袭，都是所有空袭中比较严重的……12 月 29 日的空袭中超过 1500 人死亡或受伤。

另一系列严重的空袭发生在 1939 年 6 月。6 月 19 日，飞机 9 架一组，共两组，出现在常德上空，燃烧弹和烈性炸药的炸弹纷纷投下，常德城瞬间变成一片火海……死亡人数大约 200 人。下个星期常德又受到火的洗礼，这次死亡数量更多，当然房屋也炸毁严重。23 日，一大群飞机，没人知道确切数目，但我想至少有 27 架——再次造访常德。……它们对城墙内外的城市东段持续轰炸了近一个半小时，投掷的炸弹有 200 枚甚至更多，爆炸声震耳欲聋。……父亲 6 月 29 日从常德写信给我："现在的常德，在白天看都是一个被废弃的城市，街道没法行走，而且看不到几个人，如果有人说，这个城市五分之四的区域都被毁坏了，那可不是瞎说的。"

还好空袭只在白天进行，通常是在上午 9 点至下午 5 点之间。因此，一种新的生活方式就形成。做生意的在早上 7 点和 9 点之间开门，然后在下午 5 点之后继续营业。当第一声警报拉响时，人们源源不断地涌入乡下……当空袭警报解除后，人们重新回到城里。有时警报又会再次响起，人们又不得不离开城里躲到乡下去。①

---

① ［美］Phyllis Bannan Woodworth, *From Manchu to Mao: At Home in Hunan, 1909–1951*. Portland, Oregon: Printer's Inc., 2009, pp. 305–312. 译文由湖南文理学院外语学院李楠芳老师提供。

第二章

1941 年前日本在华细菌战活动

一 1932 年日本细菌战机构的建立

（一）历史背景

国土狭小、资源贫乏的日本在明治维新后走上军国主义发展道路，对外侵略的"大陆政策"①成为其基本国策。

第一次世界大战后，已经吞并了中国台湾和朝鲜的日本，又开始觊觎我国东北和整个中国，并企图争霸世界，成为第二次世界大战的战争策源地。

为实现对外侵略扩张的迷梦，1920 年代，日本军国主义建立起"国家总力战"体制，动员国家的一切力量来从事战争，②其中包括"科学动员……积极支持细菌、毒气武器的开发"③。

1925 年，日本政府拒绝参与世界各国在日内瓦签订的《关于禁止毒气及细菌战作战方法议定书》，表明了它意欲开发细菌武器的立场。

1928 年，日本军部派出京都卫戍病院军医石井四郎医学博士赴欧美做所谓"军事医学"交流访问，实为细菌战考察（见图 2—1）。石井四郎先后到新加坡、锡兰、埃及、希腊、土耳其、意大利、法国、瑞

---

① 大陆政策，也称"大陆侵略政策"，是日本自明治维新后，"不甘处岛国之境"，立足于用战争手段侵略和吞并中国、朝鲜等周边大陆国家的对外扩张政策，是日本近代军国主义的主要特征和表现。日本大陆政策分六步：一吞并台湾，二吞并朝鲜，三吞并满蒙，四吞并中国，五称霸亚洲，六称霸世界。

② ［日］依田憙家：《简明日本通史》，卞立强等译，上海：上海远东出版社 2004 年版，第283—285 页。

③ ［中国台湾］藤井志津枝：《731 部队——日本魔鬼的生化恐怖》，台北：文英堂出版社1997 年版，第50 页。

士、德国、奥地利、匈牙利、捷克、比利时、荷兰、丹麦、瑞典、挪威、芬兰、苏联、爱沙尼亚、东普鲁士、美国、加拿大、夏威夷等地"考察"，刺探和搜集世界各国细菌战情报。① 这一考察行程持续了两年。

石井四郎 1930 年回国后，向军部报告"考察"结果：①海外考察发现各强大国家都在研究细菌武器，日本若不积极准备，必遭严重挫败；②日本没有充分的五金矿藏及他种制造武器之必需材料，故此务必寻求新武器，而细菌武器便是其中之一种；③钢铁制成的炮弹其杀伤力是有限的，细菌战武器杀伤范围更广大，并可重复传染保持长久杀伤力，

图 2—1　获得少将军衔时的石井四郎
资料来源：引自 ［日］ 森村诚一《恶魔的饱食》（一），东京：角川书店 1995 年版，第 251 页。

只消灭敌人而不破坏物质，从战略意义来看乃是一种极为有力的进攻武器。②

石井四郎极力向军部鼓吹：日本须"即刻"准备细菌战，否则将是"我国（日本）国防上之一大缺陷"③。

（二）细菌战机构的建立

1932 年 8 月，日本军部批准了石井四郎的细菌战计划，在日本最高军医学校"东京陆军军医学校"成立"防疫研究室"，并于次年斥资 20 万日元，修建了 1795 平方米的钢筋水泥二层建筑作为防疫研室主楼④

---

①　陈致远：《日本侵华细菌战》，北京：中国社会科学出版社 2014 年版，第 22 页。

②　［日］常石敬一：《消失的细菌战部队》，东京：筑摩书房 1995 年版，第 14—15 页。

③　［日］森村诚一：《恶魔的饱食》，东京：角川书店 1995 年版，第 257 页。

④　［日］北岛规矩朗：《陆军军医学校五十年史》，东京：大日本印刷株式会社 1936 年版，第 184 页。

（见图2—2）。此后这里成为日本研究细菌战的国内基地。

与此同时，石井四郎又在我国东北黑龙江五常县背荫河镇建立细菌实验场，"圈定五百米见方的地盘"，架设电网围成一座"军事城堡"，在这里进行各种细菌的活人实验。① 这里成为日本研究细菌战的国外基地。这支最初的细菌部队秘称"东乡部队"或"加茂部队"。②

图 2—2　东京陆军军医学校"防疫研究室"

引自［日］北岛规矩郎《陆军军医学校五十年史》，东京：大日本印刷株式会社 1936 年版，第 184—185 页间插图。

二　日本在华细菌战部队的普遍建立

（一）东北 731 部队和 100 部队

在"七七事变"日本全面侵华的前一年——1936 年，日本陆军中央在我国东北正式建立对人和对牲畜及农作物加害的两大细菌战部队。

被苏军俘虏的原 731 部队细菌生产部部长川岛清 1949 年在伯力法庭

---

① 韩晓、辛培林：《日军 731 部队罪恶史》，哈尔滨：黑龙江人民出版社 1991 年版，第 5—7 页。

② "东乡"：石井崇拜日俄战争中日军统帅东乡平八郎，海外考察时曾化名"东乡春一"；"加茂"：石井家乡地名，石井部队人员最初多从加茂招来。

上供认："至 1936 年间，已由日本参谋本部和陆军省按昭和天皇裕仁诸次密令在满洲建立有（第 731 和 100 部队）两个用来准备和进行细菌战的极端秘密部队。"①

针对人进行细菌战的部队称为"关东军防疫给水部"，后来其番号称为"关东军第 731 部队"。

针对牲畜和农作物进行细菌战的部队称为"关东军军马防疫部"，后来其番号称为"关东军第 100 部队"。

731 部队驻地建在哈尔滨以南 24 公里的平房镇，是一个巨大的细菌武器研制和人体试验的基地（见图 2—3）。石井四郎被任命为该部队的部队长。731 部队还下辖 5 个支队。

731建筑群全貌

图 2—3　731 部队航拍的 1939 年竣工时的平房基地全景照片

引自〔日〕森村诚一《恶魔的饱食》（续集）书前插页，东京：角川书店 1995 年版。

100 部队驻地建在伪满首都新京（今长春）西南 10 公里的孟家屯，

---

① 〔苏〕《前日本陆军军人因准备和使用细菌武器被控案审判材料》（中文本），莫斯科：外国文书籍出版局印行，1950 年，第 10 页。

"整个部队建筑南北长约 2 华里，东西宽约 1 华里，有大小楼房、平房百余座"（见图 2—4）。100 部队也使用活人做炭疽和鼻疽菌等（人畜共患的病菌）的人体试验。① 其部队长 1941 年以后是若松有次郎。100 部队也称若松部队。

图 2—4　长春孟家屯 100 部队遗址（摄于 1952 年）

资料来源：辽宁省档案馆《罪恶的"七三一""一〇〇"——侵华日军细菌部队档案史料选编》，沈阳：辽宁人民出版社 1995 年版，第 58 页。

（二）华北 1855、华中 1644、华南 8604 部队

1938 年 2 月，日本陆军中央又在北京建立华北地区的细菌战部队"甲"字 1855 部队，下辖 10 余个支队，1855 部队名称为"华北派遣军防疫给水部"，"甲"字是华北派遣军兵团符号。

1939 年 4 月，日本陆军中央又在南京建立华中地区的细菌战部队"荣"字 1644 部队，下辖 10 余个支队，1644 部队名称为"华中派遣军防疫给水部"，"荣"字是华中派遣军的兵团符号。

1939 年 5 月，日本陆军中央又在广州建立华南地区的细菌战部队"波"字 8604 部队，下辖支部若干，8604 部队名称为"华南派遣军防疫给水部"，"波"字是华南派遣军的兵团符号。（见图 2—5）

---

① 陈致远：《日本侵华细菌战》，北京：中国社会科学出版社 2014 年版，第 175—177 页。

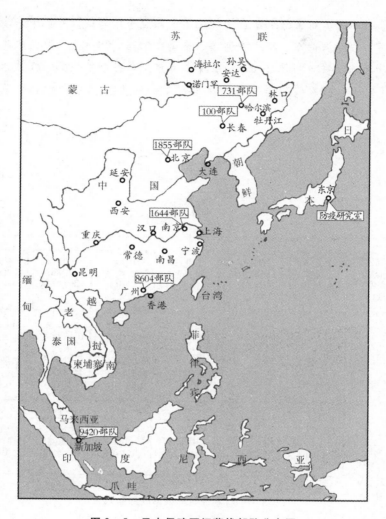

图 2—5　日本侵略军细菌战部队分布图

（三）日本细菌战部队系统

731 部队是日本海外细菌战部队的总基地，华北 1855、华中 1644、华南 8604 部队的建立，都得到其人员和技术上的支持，尤其 1644 部队，它建立之初的部队长由石井四郎兼任。①

————————

① ［日］近藤昭二：《解说荣 1644 部队》，载［日］731 研究会编《细菌战部队》，东京：晚声社 1997 年版，第 170 页。

但日军各大细菌战部队在组织结构上是互不统属的，它们分别隶属于关东军、华北派遣军、华中派遣军、华南派遣军，再往上，则是大本营参谋本部和陆军省（见图2—6）。参谋本部是全军各细菌战部队作战指令的最终下达者，陆军省是全军各细菌战部队组织人事的管理者和经费下发者①（见图2—7）。

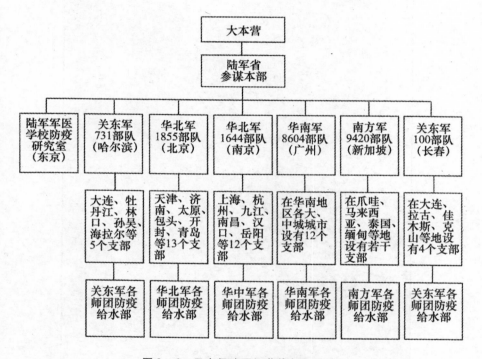

图2—6　日本侵略军细菌战部队系统

资料来源：陈致远《日本侵华细菌战》，北京：中国社会科学出版社2014年版，第289页。

---

① ［苏］《前日本陆军军人因准备和使用细菌武器被控案审判材料》（中文本），莫斯科：外国文书籍出版局印行，1950年，第97—102页。

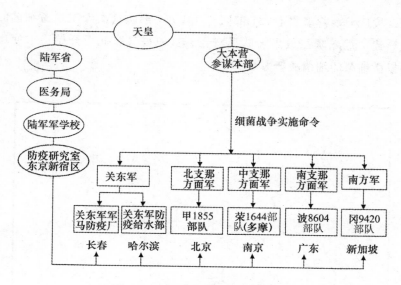

图 2—7　日军细菌战实施命令系统

资料来源：〔日〕侵华日军细菌战中国受害诉讼辩护团事务局《审判 731 部队细菌战资料集》，日本东京都港区西新桥一瀬法律事务所，2002 年，第 11 页。

三　1941 年前在华实施的细菌战

（一）1939 年诺门罕细菌战

731 部队自 1936 年正式成立以来，积极致力于细菌战武器研究，到 1939 年已研制出鼠疫、霍乱、伤寒、副伤寒、赤痢、炭疽等细菌用于战场。

1939 年，731 部队第一次在战场实施细菌战。这年 5—9 月，日本关东军与苏联军队在中蒙边境的"诺门罕"（见图 2—8），因边界纠纷发生了一场战争：日苏诺门罕之战。这场双方出兵均超过 10 万的大兵团作战的战争最终以日军的败北而告结束。在这场战争的后期，7—9 月，731 部队奉命派出"敢死队"，在哈拉哈河一带，人工投撒大量霍乱、伤寒、副伤寒、赤痢和鼻疽等细菌，污染苏军水源地。[①] 这次细菌战取得了一定的

———————

① 陈致远：《日本侵华细菌战》，北京：中国社会科学出版社 2014 年版，第 93—99 页。

战果，战后大本营嘉奖了 731 部队。①但 731 部队这次人工投撒细菌的方式也导致"敢死队"数十名队员身亡，这使得日军此后开始追求使用飞机去投撒细菌的细菌战新方式。

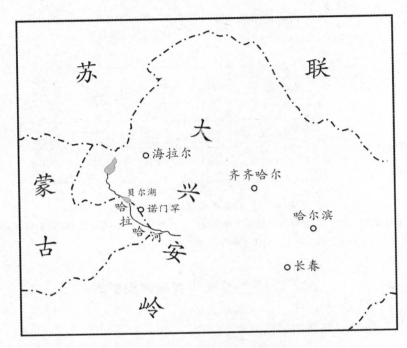

图 2—8　"诺门罕"地理位置

(二) 1940 年浙江细菌战

1940 年 9 月 18 日—11 月 30 日，731 部队在大本营参谋本部支持下又远赴中国正面抗日战场的浙江实施了一次大规模的细菌战。

这次细菌战的目的，是试验使用飞机在战场投撒各种细菌能取得什么样的杀伤效果。

731 部队的飞机在宁波、金华、玉山、温州等地以每平方公里投撒若干数量的霍乱、伤寒、鼠疫等细菌菌液的方式进行了细菌战的攻击（见图 2—9），但这些攻击都没能取得什么效果。

---

① ［日］秋山浩：《731 细菌部队》，北京编译社译，北京：群众出版社 1982 年版，第 160—161 页。

本次细菌作战中，731 部队还准备了一种特别的"鼠疫跳蚤"细菌武器。即让跳蚤吸取感染了鼠疫的老鼠的血后，跳蚤便携带了鼠疫菌，鼠疫菌对跳蚤并不带来危害，但携带了鼠疫菌的跳蚤叮咬人或鼠，则能传播鼠疫。

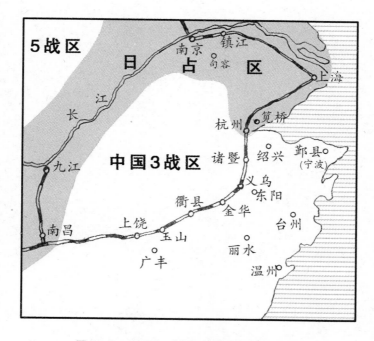

图 2—9 1940 年"浙江细菌战"时期地图

10 月 4 日，731 部队的飞机在衢州投下了 8 公斤鼠疫跳蚤。10 月 27 日又在宁波投下 2 公斤鼠疫跳蚤。① 这些跳蚤是掺杂在谷、麦和破布、棉花等物质中一齐投下。谷麦是吸引老鼠来食用的诱饵，破布棉花是养护跳蚤的物质。

结果，衢州发生鼠疫流行，到次年全城共死亡 274 人。② 在宁波，日

① ［日］金子顺一：《PX（鼠疫跳蚤）效果略算法》（1943 年 12 月 14 日），转引自［日］奈须重雄《〈金子顺一论文集〉的发现及其意义》，罗建忠译，《武陵学刊》2012 年第 3 期。

② 李力：《浙赣细菌战：1940—1944 年》，《战争与恶疫》，北京：人民出版社 1998 年版，第 153—155 页。

军飞机投下跳蚤两天后引发鼠疫,一个月后全城死亡97人。[①]

这样,731部队通过浙江细菌战,初步寻求到一种通过投撒鼠疫跳蚤造成大规模杀伤效果的细菌武器。

---

① 容启荣:《浙江鼠疫调查报告书》(1941年1月),中国第二历史档案馆藏,档案号:2—149—3。

第三章

731 部队对常德实施鼠疫细菌战

一 "鼠疫跳蚤"降临常德

（一）历史资料对日机投掷"异物"的记录

1941 年 11 月 4 日凌晨，一架日军飞机趁着夜色和大雾飞抵常德上空，盘旋数周，在城区中心关庙街、鸡鹅巷和东门一带投下大量谷、麦和破布、棉花等异物。有以下史料记录当时日机投掷"异物"的情况：

1941 年 12 月 12 日陈文贵《常德鼠疫调查报告书》：

> 民国三十年（1941 年）11 月 4 日晨 5 时许，敌机一架于雾中在常德上空低飞，掷下谷麦、絮纸、毡棉及其他不明之颗粒状物多种，分落鸡鹅巷、关庙街及东门一带。①

1942 年 9 月容启荣《防治湘西鼠疫经过报告书》：

> （民国）三十年（1941 年）11 月 4 日上午 5 时许，敌机一架，于大雾弥漫中在常德东城市上空低飞三匝，投下谷麦、絮棉及其他不明颗粒，各坠落于城内关庙街、鸡鹅巷一带。敌机投掷异物时，常德居民目击其状者甚多。②

---

① 陈文贵（1902—1974），当时我国著名鼠疫专家，奉命于 1941 年 11 月 24 日率一医学专家队由贵阳到达常德调查常德鼠疫，在常德进行了 8 天细菌学检验调查。12 月 12 日写成《常德鼠疫调查报告书》向上级报告调查结果。该报告现藏中国第二历史档案馆，档案号：372—2—16。

② 容启荣，时任国民政府卫生署防疫处处长，奉命于 1942 年 5 月到达常德调查常德鼠疫，并指导防疫。9 月写成《防治湘西鼠疫经过报告书》。该报告现藏湖南省档案馆，档案号：74—3—6。

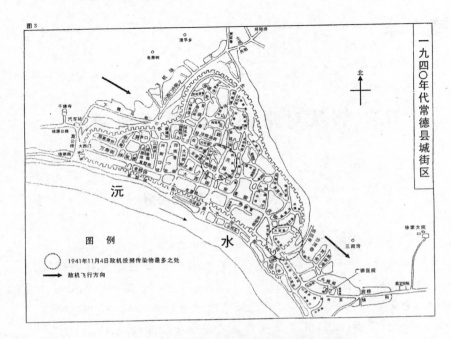

图3—1 日机飞行方向和投掷传染物地点图

资料来源:据1942年9月中国国民政府卫生署防疫处处长容启荣编《防治湘西鼠疫经过报告书》附录图十二绘制。湖南省档案馆藏,档案号:74—3—6。

当时任常德防疫处副处长的邓一韪撰文《日寇在常德进行鼠疫细菌战经过》:

> 1941年11月4日(农历九月十六)早上6时许,天刚破晓,浓雾弥漫⋯⋯有巨型飞机一架由西向东低飞,在常德市上空盘旋三周后⋯⋯在市内鸡鹅巷、关庙街、法院街、高山巷以及东门外五铺街、水府庙一带,投下大量的谷、麦、豆子、高粱和烂棉絮块、破布条、稻草屑等物。⋯⋯警报解除后,市民将这些东西扫集拢来,共约四五百斤,除由警察局取存一点备检外,余尽焚毁。①

---

① 邓一韪:《日寇在常德进行鼠疫细菌战经过》,载《湖南文史资料》第18辑,长沙:湖南人民出版社1984年版。

（二）谭学华、汪正宇对日机投掷物的化验

1940年日军飞机在浙江衢州、宁波投掷"异物"引起当地鼠疫流行后，国民政府于1940年12月5日制定了《防制敌机散播鼠疫菌实施方案》颁行各地。① 因此，常德政府方面和医务部门对敌机投掷"异物"已有防范意识。

1941年11月4日，当日机投下"异物"后，军警在当天下午防空警报解除后，将日机投掷物的一小部分送到当时常德的美国教会医院"广德医院"去化验。见图3—2。

图3—2 广德医院原住院大楼

图片来源：谭家麟《我是见证人》，杭州：浙江天目书院亚太国际出版有限公司2015年版，第6页。

广德医院副院长谭学华（见图3—3）和检验士汪正宇（见图3—4）立即进行化验。他们取日机投下的谷麦少许，经无菌生理盐水浸洗后，将其沉淀质用革兰氏染色法涂片，置于显微镜下检视，发现少量两极着色的疑似鼠疫杆菌。随后又用肝腹水取日机投下的谷麦和粮店的谷麦分别培养，又发现日机投下的谷麦培养液中含有两极着色之疑似鼠疫杆菌，而粮

① 《战时防疫联合办事处二十九、三十年工作报告》，中国第二历史档案馆藏，档案号：372—703。

店谷麦培养液中则无此类杆菌。① 因此，他们联系去年日机在衢州、宁波撒布鼠疫的暴行及目前的化验结果，初步断定日军是在对常德实施鼠疫细菌战攻击。

图3—3　1950年代的谭学华　　　　图3—4　1990年代的汪正宇

(三) 陈文贵对常德鼠疫之鉴定

据历史档案记载，1941年11月12日早晨，常德出现第一例鼠疫患者：一名叫蔡桃儿的12岁②少女（家住日机投掷异物最多的关庙街），由其母亲送到广德医院求治，谭学华医师接诊了该名患者。蔡桃儿11日晚发病，高烧，谭医师给她做血片检验，发现类似鼠疫杆菌，经尽力抢救无效，于13日上午9时死亡。蔡桃儿是否死于鼠疫，关系重大。当时驻常德的红十字会救护总队第二中队队长钱保康医师与谭学华对死者做了尸体解剖，取肝脾血液做染色涂片，诊断为败血性鼠疫。③ 但这一诊断并未做

---

① 谭学华：《湖南常德发现鼠疫经过》（1942年3月1日），《国立湘雅医学院院刊》1942年第1卷第5期；汪正宇：《敌机于常德首次投掷物品检验经过》（1942年12月），重庆医学技术专科学校《医技通讯》创刊号。

② 亦有档案记录为11岁。

③ 谭学华：《关于日本帝国主义强盗在常德施放鼠疫细菌的滔天罪行的回忆》，常德市档案馆藏，档案号：5—13、249—57。

动物实验，因此还不能定论。另外，如果是鼠疫，它与日机投掷物的关系如何，当时没人能说清楚。

为了确证常德鼠疫之问题，国民政府从贵阳派出一个专门的"常德鼠疫调查队"，由当时著名鼠疫专家陈文贵①率领，携带各项检验器材及疫苗和鼠疫药品等，于 11 月 20 日出发，至 24 日到达常德。

到达当天夜晚，正遇关庙街一名患者龚操胜（超盛）死亡，陈文贵于次日主持对其尸体解剖、细菌培养及动物接种等检验，每个环节都十分谨慎，甚至动物接种使用了 3 只豚鼠。到 30 日第 3 只接种实验豚鼠死亡为止，各项检查之结果均证实为腺鼠疫无疑。② 陈文贵又复检了蔡桃儿等病例，均认定为鼠疫。于是得出结论："鼠疫确已于 11 月 11 日后（敌机散掷谷麦之后第 7 日）在常德流行。"③

那么，常德鼠疫是否由 11 月 4 日敌机投掷物引起？陈文贵的检验和分析结论是肯定的：①常德，以及湘北或华中一带，历史上从未发生鼠疫，因此，不是本地自然发生的疫病。②距常德最近的鼠疫流行地是浙江衢州，与常德相去 2000 公里（笔者注：实际距离应为 600 公里），不可能远播到常德。③常德全部鼠疫病例都发生在敌机投下谷麦最多的地点。因此，常德鼠疫源于 11 月 4 日敌机的投掷物。但并不是源于投下的谷麦等物，而是源于谷麦等物中掺杂的"已受鼠疫传染之鼠蚤"（即所谓"鼠疫跳蚤"）。因为，如果是污染的谷麦引起鼠间鼠疫发生，至少要两个星期时间；再由老鼠身上的跳蚤引起人间鼠疫发生，又需要两个星期时间；而常德鼠疫是在敌机投物 7 天后即开始流行，故此只能是敌机在投下谷麦等物的同时也投下了"已受鼠疫传染之跳蚤"，这种染疫跳蚤直接叮咬人，从而导致了常德鼠疫的发生。由于 11 月 4 日敌机投物后，常德从晨 5 时至午后 5 时"竟日警报"，"警报解除后始收集及扫除谷麦等物，鼠蚤早已跳走"，所以军警并没收集到跳蚤。④

陈文贵完成其调查鉴定后，因未见鼠疫继续发生，遂于 12 月 2 日离

---

①　陈文贵，时任军政部战时卫生人员训练总所检验学组主任、中国红十字会总会救护总队部检验医学指导员。1936 年曾应国际联盟卫生部的邀请，赴印度的哈夫金研究所从事鼠疫研究。

②　陈文贵：《常德鼠疫调查报告书》（1941 年 12 月 12 日），中国第二历史档案馆藏，档案号：372—2—16。

③　同上。

④　陈文贵：《常德鼠疫调查报告书》（1941 年 12 月 12 日），中国第二历史档案馆藏，档案号：372—2—16。

开常德,并于 12 月 12 日写成调查报告书,呈递给上级部门。

(四) 伯力士对常德鼠疫之鉴定

1941 年 12 月 21 日,受国民政府卫生署派遣的卫生署外籍鼠疫专家伯力士 (Robert Pollitzer) 也来到常德,对常德发生的鼠疫进行考察。

12 月 30 日,伯力士向中国卫生署署长金宝善提交《关于常德鼠疫——致金宝善的报告》。该报告陈述了他对常德鼠疫的看法,其结论与陈文贵《报告书》大体不谋而合:

①在此次之前湖南没有流行鼠疫的记录,不存在导致鼠疫发生的任何依据。②感染鼠疫的距常德最近的地点是浙江东部和江西南部,那里患鼠疫的人到常德无论如何最少需要 10 天,而 3—7 天的潜伏期使他们在到达常德之前就会发病。③不存在浙江或江西疫区的疫鼠和疫蚤随船只等进入常德的问题。④鼠疫菌难以在非生物上存活,谷麦不能成为常德鼠疫的媒介。⑤常德鼠疫发生的媒介无疑是通过飞机投下染疫的跳蚤来实现,这对于细菌战无疑是 "更为理想" 的选择。⑥棉花和碎布,是用来保护跳蚤的物质。⑦一部分跳蚤咬人导致鼠疫,另一部分跳蚤可能寄生于老鼠间,将来引起鼠间鼠疫,然后再导致人间鼠疫,这个问题需继续关注。①

伯力士得出了与陈文贵一致的结论。他的结论还指出了今后仍可能再爆发鼠疫的问题,这是一个后来被事实证明了的预见。

陈文贵和伯力士对常德细菌战疫源的鉴定和分析,对于当时常德的防疫工作展开;对于中国政府确认日本对华细菌战,日后向国际社会进行揭露;对于进一步防范敌人的细菌战做出尽可能的准备,都具有重要的意义。

二　苏、日史料的证实

日军运用投撒鼠疫跳蚤的方法对常德实施了细菌战,这一历史事实 1949 年被苏联的资料所证实,1993 年又被日本的档案文书所证实,2011 年又被 731 部队本身的细菌战秘密论文所证实。日本军国主义在常德实施

---

① 　解学诗、〔日〕松村高夫等著:《战争与恶疫》,北京:人民出版社 1998 年版,第 210—214 页。

细菌战的历史犯罪是不容抵赖的，它铁证如山。

（一）苏联《伯力审判材料》的记录

1949 年 12 月，苏联在其远东滨海军区伯力城设立军事法庭，对苏军出兵中国东北期间俘获的日军 12 名细菌战犯进行审判，即著名的"伯力审判"。事后以俄、中、日、英等文字出版该审判的记录一书，全名为《前日本陆军军人因准备和使用细菌武器被控案审判材料》（学术界简称为《伯力审判材料》）（见图 3—5）。该书中记录，是关东军 731 部队在 1941 年实施了常德细菌战。

1949 年 12 月 25 日，被苏联俘虏的 731 部队第四部细菌生产部部长（还曾担任 731 部队总务部部长）川岛清少将在伯力法庭的供词中说：

图 3—5 《前日本陆军军人因准备和使用细菌武器被控案审判材料》一书

（1941 年夏季）第二部部长太田大佐有次通知我说，他要到华中去，并且他当即与我告别。过后不久，他回来时又对我说过，在华中洞庭湖附近的常德城一带，曾用飞机向中国人投放过鼠疫跳蚤。……此后太田大佐向第 731 部队长石井做过一次报告，他做报告时有我在场。据他报告说，第 731 部队派出的远征队在常德一带用飞机投放过鼠疫跳蚤，结果发生了鼠疫流行，有相当数量的人染上了鼠疫病。[1]

---

① ［苏］《前日本陆军军人因准备和使用细菌武器被控案审判材料》（中文本），莫斯科：外国文书籍出版局印行，1950 年，第 269 页。

1949 年 12 月 29 日，苏联国家检察官斯米尔诺夫在《国家公诉人的演词》中说：

> 1941 年夏季，(731 部队) 派出了第二次远征队到中国内地去，领导人是该部队里一个部长太田大佐。这次远征队是专门派出散播鼠疫流行病的。日军司令部给予该远征队的基本任务，是要破坏中国军队的交通线，其重要枢纽是常德城。所以要在常德城居民中间引起鼠疫流行病。该远征队内有三十个细菌专家参加，全队人员总数达一百人。在该远征队转回后……太田向石井报告说，该远征队在常德城及洞庭湖一带居民点上空，散播过大量染有鼠疫的跳蚤。太田和石井都非常称赞这次远征的成绩，因为当时在常德一带的居民中间引起了强烈的鼠疫症。[①]

川岛清在伯力法庭受审时，苏联审讯官曾拿出苏制中国地图向他取证，他在该地图上标出了"常德"的位置，并在地图上写下证明此次细菌战的文字及签名。图 3—6 是该份取证档案的复印件。

图 3—6　川岛清在苏制中国地图上证实常德细菌战的手迹

资料来源：[日] 731 部队细菌战被害国家赔偿诉讼律师团编《细菌战裁判资料集》第 6 集，2001 年发行，第 231 页。

---

① [苏]《前日本陆军军人因准备和使用细菌武器被控案审判材料》(中文本)，莫斯科：外国文书籍出版局印行，1950 年，第 478 页。

　　总结上述《伯力审判材料》中的记录，我们可获得如下历史信息和结论：

　　（1）1941 年夏季，731 部队继 1940 年在浙江实施细菌战后，又派出"第二次远征队"到中国南方抗日战场的常德去实施细菌战。

　　（2）这次细菌战"用飞机投放鼠疫跳蚤"，是"专门派出散播鼠疫流行病的"。

　　（3）证实了当年中国鼠疫专家陈文贵和卫生署外籍防疫专员伯力士对日机在常德投撒异物的行为之分析是完全正确的。

（二）日军大本营参谋的工作日记《井本日志》之记录

　　1993 年，日本中央大学教授吉见义明在日本防卫厅防卫研究所图书馆查阅日军慰安妇资料，偶然发现了原大本营参谋本部负责日军细菌战联络实施的作战参谋井本雄男的工作日记——《井本日志》，其中记录了 1940—1943 年日军在中国各地实施细菌战的"工作情形"，尤其记录了常德细菌战的"详情"，成为今天揭露日军侵华细菌战的一份铁证。

　　据《井本日志》记录，常德细菌战是由大本营参谋本部指示 731 部队与南京"荣"1644 部队联合实施的，1941 年 9 月 16 日参谋总长下达了实施常德细菌战的"大陆指"命令。① 这与《伯力审判材料》中"第二次远征队"是由"日军司令部""专门派出散播鼠疫流行病的"记录是相互印证的。

　　《井本日志》对常德细菌战的实施有着相当具体的记述。这一记述是井本雄男根据南京日军司令部作战参谋长尾正夫的报告于 11 月 25 日写成的：

　　　　1941 年 11 月 25 日

　　　　据长尾参谋关于"保"（注："保"是"细菌战"的代号）事件的报告：

---

　　① ［日］井本雄男：《井本日志》第 10 卷，见［日］吉见义明、伊香俊哉《日本军的细菌战》，载［日］战争责任资料中心《战争责任研究季刊》第 2 期（1993 年冬季号），第 13—14 页。

11月4日早上，接到目的地天气良好的报告，一架97轻型飞机出发（以下4字被涂抹掉），0530起飞，0650到达。雾浓，降低h（高度）搜索，h800米附近有云层，在h1000米以下实施（增田少佐驾机操纵，一侧容器箱开启不充分，将此容器箱投落在洞庭湖上）。

谷子36kg（公斤）。其后岛村参谋搜索。

11月6日，常德附近中毒流行（日军飞机在常德附近投掷毒物，与之接触的人引起剧烈中毒）。

11月20日前后，鼠疫猛烈流行，各战区收集卫生情况（反映）。

判断：如果命中，发病确实。①

《井本日志》上述记录（见图3—7）不仅再次证实1941年常德细菌战是731部队所为，而且可使我们获知当年常德细菌战许多细节：

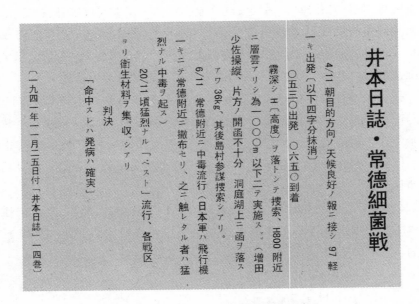

图3—7　日文"井本日志·常德细菌战"

资料来源：［日］731部队细菌战受害索赔诉讼律师团编《细菌战裁判资料集》第1集，2001年发行，第129页。

---

① ［日］《井本日志》第14卷，见［日］吉见义明、伊香俊哉《日本军的细菌战》，载［日］战争责任资料中心《战争责任研究季刊》第2期（1993年冬季号），第14页。

（1）"11 月 4 日早上，接到目的地天气良好的报告，一架 97 轻型飞机出发。"这说明常德地方有日军间谍。

（2）日本时间 5 点 30 起飞，6 点 50 到达常德。当时日本时间与重庆时间相差两小时。中国档案说"5 时许"日机飞抵常德上空，这与《井本日志》记载是相吻合的。

（3）"雾浓，降低 h 搜索，800 米附近有云层，在 1000 米以下实施。"这一记述说明日军原计划在常德上空 1000 米以上实施跳蚤投撒。

（4）驾驶飞机的人是增田美保少佐（见图 3—8），他投撒跳蚤时飞机两翼下有一侧菌箱没完全打开，为防止将残余菌蚤带回基地引起危险，遂将此侧菌箱投入到洞庭湖中。

（5）这次攻击投下"谷子"（"鼠疫跳蚤"的代称）36 公斤。

（6）岛村参谋负责搜索本次细菌战攻击效果："11 月 6 日常德附近开始中毒"、"11 月 20 日前后鼠疫猛烈流行"。

图 3—8 731 部队航空班队员合影，左三为航空班班长增田美保少佐

图片来源：731 部队细菌战受害索赔诉讼律师团编《细菌战裁判资料集》第 3 集，2001 年发行，封面插图。

（7）"判断：如果命中，确实发病。"这是说常德细菌战证实了宁波细菌战的效果：鼠疫跳蚤只要命中居民区，确实会引发鼠疫流行。

（三）731部队资料《金子顺一论文集》的记录

2011年，日本细菌战学者奈须重雄先生在日本国立国会图书馆分馆发现了一本731部队原军医少佐金子顺一于昭和十五年至昭和十九年（1940—1944）写成的细菌战研究秘密论文集《金子顺一论文集》。该《论文集》中有一篇写于1943年12月14日的题为《PX（鼠疫跳蚤）效果略算法》的论文（见图3—9），该论文中有一份《既往PX（鼠疫跳蚤）作战效果概见表》，它记录了731部队从1940年到1942年在中国各地实施鼠疫跳蚤细菌战的"效果"，其中就记录着1941年实施常德细菌战的情况，这又是一份证实日军常德细菌战的重磅资料。见表3—1。

表3—1　　　（731部队）既往PX（鼠疫跳蚤）作战效果概见表

攻击（时间）	（攻击）目标	PX/kg（鼠疫跳蚤/公斤）	效果（死亡人数）		1.0 kg换算值（1公斤鼠疫跳蚤的换算值）		
			一次（感染）	二次（感染）	Rpr（首次感染1公斤跳蚤可造成的死亡人数）	R（1公斤跳蚤可造成的总死亡人数）	Cep（1公斤跳蚤的流行系数）
15.6.4	农安	0.005	8	607	1600	123000	76.9
15.6.4—7	农安大赉	0.010	12	2424	1200	243600	203.0
15.10.4	衢县	8.0	219	9060	26	1159	44.2
15.10.27	宁波	2.0	104	1450	52	777	14.9
16.11.4	常德	1.6	310	2500	194	1756	9.1
17.8.19—21	广信 广丰 玉山	0.131	42	9210	321	22550	70.3

资料来源：[日]奈须重雄《秘密资料〈金顺子一论文集〉发现的意义》，罗建忠译，《武陵学刊》2012年第3期。

笔者注：表中括号内文字在原表中没有，是为了说明而加上去的。

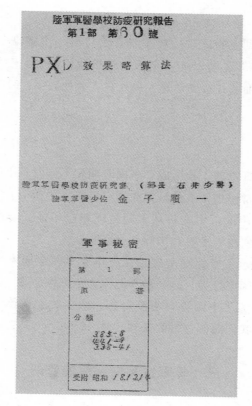

图 3—9 《PX（鼠疫跳蚤）效果略算法》一文封面复印件

图片来源：奈须重雄先生提供。

上表中第 5 项是记录的常德细菌战情况。"16.11.4"，是指昭和十六年（1941）11 月 4 日，这是攻击时间。攻击目标是"常德"。使用的 PX（鼠疫跳蚤）① 是 1.6 公斤。第一次感染造成 310 人死亡，第二次感染造成 2500 人死亡。

《井本日志》记常德投下 36 公斤"谷子"，本《概见表》记使用了 1.6 公斤"PX"，二者数量相差悬殊。

根据其文后列举的参考文献，金子顺一的论文数据来源于 731 部队《昭和十五年至十七年（1940—1942）保号作战战斗详报》等，有很强的可信性。《井本日志》是摘抄件，因当时图书馆不允许复制，而后来又对

————————

① "P"指鼠疫，"X"指跳蚤，"PX"指鼠疫跳蚤。

其封存不再借阅,有可能 36 是 1.6 的误写。

根据上述概见表的记录:常德细菌战"第一次感染"造成 310 人死亡,"第二次感染"造成 2500 人死亡。这给我们提供了一个当年 731 部队本身掌握的常德细菌战造成常德人民死亡人数的数字:310 人 + 2500 人 = 2810 人。

(四) 小结

上述苏联和日本的 3 种形成于不同时期和不同背景下的史料,十分珍贵,对于人们对常德细菌战的认识和研究具有重要价值:

(1) 它们与中国历史资料从不同角度相互印证,使侵华日军常德细菌战作为历史事实被学术界和国际社会所公认。

(2) 它们提示了常德细菌战是在日本大本营参谋本部策划和指令下实施的,是一种国家行为,是一种军国主义的国家犯罪。

(3) 它们补充了中国史料所没有的,众多关于常德细菌战实施的历史细节,丰富了我们对其过程的认知。

三　日军常德细菌战的目的

(一) 从《伯力审判材料》记录看常德细菌战目的

1949 年 12 月 25 日,战犯原 731 部队第四部细菌生产部部长川岛清少将在伯力法庭的供词中说:

　　1941 年夏季,第 731 部队长石井曾召集本部队各部部长去开会,他在会上通知我们,说收到了日军参谋总长的指示信,其内容约如下述:第 731 部队在准备细菌战方面,特别是大批繁殖鼠疫跳蚤方面,已达到相当成绩。鼠疫跳蚤有巨大战略意义,因此要在这方面加紧研究工作。[1]

川岛清供词还说:

---

① ［苏］《前日本陆军军人因准备和使用细菌武器被控案审判材料》（中文本）,莫斯科:外国文书籍出版局印行,1950 年,第 260 页。

1941 年 6 月（苏德战争后），石井将军从东京转回来，他把本部队各部部长召集到自己办公室开会，当时他通知我们说……参谋本部对本部队工作成果极为称赞，并指示我们要特别注意于改进并继续研究细菌作战武器……因为国际形势已发生变化，即德国对苏战争已经开始，以及因为关东军中已在实施反苏军事措施准备的"关特演"计划，所以我们军队应当充分具备有细菌武器，以便能在必要时用去反对苏联。①

还有 731 部队训练部部长西俊英在伯力法庭的供词中说：

……当 1941 年希特勒德国进犯苏联，而驻满关东军集中在苏联边境的时候，第 731 部队内为创造有效细菌战攻击武器的科学研究工作，大体上已经解决，至于部队内往后的活动，则是完善大量生产细菌过程和散布细菌的方法。当时已经确定鼠疫细菌是最有效的攻击武器。②

1949 年 12 月 29 日，苏联国家检察官斯米尔诺夫在《国家公诉人的演词》中说：

1941 年夏季，（731 部队）派出了第二次远征队到中国内地去，领导人是该部队里一个部长太田大佐。这次远征队是专门派出散播鼠疫流行病的。日军司令部给予该远征队的基本任务，是要破坏中国军队的交通线，其重要枢纽是常德城。所以要在常德城居民中间引起鼠疫流行病。

总结上述《伯力审判材料》中的记录，我们可知日军攻击常德目的有二：

①　［苏］《前日本陆军军人因准备和使用细菌战武器被控案审判材料》（中文本），莫斯科：外国文书籍出版局印行，1950 年，第 119—120 页。

②　同上书，第 28 页。

（1）1941 年 6 月苏德战争爆发后，日本大本营参谋本部指示 731 部队准备好"鼠疫跳蚤"这一具有"巨大战略意义"的细菌武器，完善"散布细菌的方法"，以备在"必要时用去反对苏联"。可见常德细菌战的实施具有实验性质，当时其最终目的是准备好对苏联使用的细菌武器。

（2）"这次远征队是专门派出散播鼠疫流行病的，日军司令部给予该远征队的基本任务，是要破坏中国军队的交通线，其重要枢纽是常德城。"这说明日军选中常德作细菌战攻击，是因为它是交通枢纽，具有重要战略地位，因而"要在常德城居民中间引起鼠疫流行病"。

（二）从《井本日志》记录看常德细菌战目的

从《井本日志》的相关记录看，常德细菌战的实施对日军来说有着明显的实验目的。

据《井本日志》记录，1940 年衢州、宁波细菌战后，1941 年上半年日军讨论了怎样"改善"鼠疫跳蚤攻击方法等问题，即《伯力审判材料》中所说的"完善散布细菌的方法"问题。

如 1941 年 1 月 15 日《井本日志》记录："希望有媒介物的补给手段"；"容器操作要简单化"；"可实施重型轰炸或夜间突袭"。①

这就是说：①希望就近在南京 1644 部队或北平 1855 部队产生跳蚤，以免从遥远的哈尔滨运送跳蚤。②飞机施放跳蚤的容器要改进，操作要简单化。③以后可"实施重型轰炸"，大剂量投撒跳蚤；或者以飞机"夜间突袭"，增强攻击的隐蔽性。

2 月 5 日的《井本日志》记录：陆军省、731 部队、1644 部队、1855 部队人员共同讨论了"浙江作战经过"、"将来运用方法"、"假想作战方针"、"外国的非难由谁承担"等问题。② 这说明日军 1941 年上半年曾多次讨论改进鼠疫跳蚤细菌武器等问题。

常德细菌战于 11 月 4 日实施后，11 月 25 日的《井本日志》记录："判断：如果命中，发病确实。"这也表明了一个重要的实验目的。

12 月 22 日的《井本日志》记录："据增田少佐所述'保'之事宜：

---

① 　[日] 井本雄男：《井本日志》第 10 卷，见 [日] 吉见义明、伊香俊哉《日本军的细菌战》，载 [日] 战争责任资料中心《战争责任研究季刊》第 2 期（1993 年冬季号），第 13—14 页。

② 　同上书，第 14 页。

1. 部队士气高涨，对'谷子'充满信心；2. 主要武器，'谷子'第一。"① 这是说通过常德细菌战的实验，因为鼠疫跳蚤（谷子）确实有效，具备大规模杀伤效果，因此 731 部队"士气高涨"，对鼠疫跳蚤"充满信心"，今后鼠疫跳蚤就成为日军最主要的（第一的）细菌武器。

所以，从《井本日志》的记录来看，常德细菌战具有实验目的：①实验夜间突袭；②实验容器操作的简单化；③实验命中之后，是否确实导致鼠疫迅速流行等。

（三）对日军常德细菌战目的的分析

1. 准备对苏作战的细菌武器

1941 年 6 月 22 日，希特勒德国进攻苏联，苏德战争爆发。这使日本十分"兴奋"，日本军部准备"北进"对苏作战，将 30 万关东军增加到 70 万，进行以苏联为假想敌的"关东军特别大演习"②。川岛清在伯力法庭上的供词中说："因为国际形势已经发生变化，即德国对苏战争已经开始，以及因为关东军中已在实施反苏军事措施准备的'关特演'计划，所以我们军队应当充分具备有细菌武器，以便能在必要时用去反对苏联。"

1941 年苏德战争的爆发和"关特演"的进行，应该说成为日军实施常德细菌战的历史背景，在这样的背景下，日军准备好对苏作战的细菌武器，就成为常德细菌战的重要目的。

2. 确定鼠疫跳蚤的效果和完善投撒跳蚤的方法

1940 年衢州细菌战投下跳蚤后一个多月才有受害者死亡，宁波细菌战投下跳蚤后两天就有受害者死亡，日军对宁波作战效果十分满意。那么，怎样确实取得宁波作战那样的效果呢，这是实施常德细菌战的又一个重要目的。另外，实施新的操作简单化的投菌箱装置系统，以及怎样在夜间进行细菌攻击等，这也是常德细菌战的目的之一。因此，常德细菌战对于 731 部队来说，是一项带有多种实验目的的细菌战。

3. 破坏中国军队重要的交通枢纽和粮棉供给地

---

① ［日］井本雄男：《井本日志》第 10 卷，见［日］吉见义明、伊香俊哉《日本军的细菌战》，载［日］战争责任资料中心《战争责任研究季刊》第 2 期（1993 年冬季号），第 15 页。

② ［日］藤原章：《日本近现代史》第 3 册，伊文成等译，商务印书馆 1983 年版，第 83—85 页。

1941年沙市、宜昌相继沦陷后，日军封锁了长江水道，常德成为重庆和大后方联结华中抗日战场重要的交通枢纽：①以常德为中途的湘川公路成为重庆联结华中战场的唯一通道；②常德是向西南通往沅陵、芷江和贵州、云南大后方的"咽喉"之地；③常德向东南经水、陆途径可直抵长沙。因此，日军企图通过鼠疫大流行破坏这一交通枢纽。所以《伯力审判材料》中说："日军司令部给予该远征队的基本任务，是要破坏中国军队的交通线，其重要枢纽是常德城。"

另外，常德是洞庭湖产粮产棉区，重庆政府每年在常德各县采购军粮200—300万石，采购大量的军棉和布匹。鼠疫流行将导致粮棉不能外运，因为老鼠和跳蚤通常随粮棉运输路线移动。所以一场鼠疫细菌战，将封锁破坏中国军队这一重要的军粮军棉供给地。

第四章

常德城区鼠疫流行与政府的防疫

一 常德城区第一次鼠疫流行

从 1941 年 11 月 12 日常德出现第一名鼠疫患者蔡桃儿开始，到 1942 年 1 月 13 日胡嫂死亡为止，这两个月的时间是"第一次鼠疫流行"期。因为这一时期鼠疫的流行是敌机投下的跳蚤直接叮咬人所致，此后又停止流行了两个多月时间，这样就形成了第一个鼠疫流行期。

（一）日机在常德投下了多少鼠疫跳蚤？

据《井本日志》1940 年 10 月 7 日的记录："跳蚤 1 克约 1700（只）。"[1] 那么，日军常德细菌战投下了 1.6 公斤跳蚤，即 1600 克的跳蚤，计算一下，便是 272 万只跳蚤。当年常德城区对居民进行防疫注射时统计全城人口是 62510 人，[2] 从理论上计算，常德居民人均将受到（2720000 只/62510 人）43.5 只跳蚤的威胁。

（二）档案记录的第一次鼠疫流行死亡居民

常德城区第一次鼠疫流行在中国的防疫历史档案中记录的死亡居民是 9 人。当时参加防疫的贵阳医学院派来的医务人员王诗恒在伯力士的指导下于 1942 年 7 月 20 日写成《常德鼠疫及控制方案的报告》，在这份档案中记录了这几名鼠疫患者的发病及死亡情况：

---

[1] ［日］井本雄男：《井本日志》第 14 卷，见［日］吉见义明、伊香俊哉《日本军的细菌战》，载［日］战争责任资料中心《战争责任研究季刊》第 2 期（1993 年冬季号），第 11 页。
[2] 王诗恒：《常德鼠疫及控制方案的报告》（1942 年 7 月 20 日），中国第二历史档案馆藏，档案号：372—06—16。

　　第一个接触到的病例是 11 月 12 日被送到广德医院的一个 12 岁的关庙街女孩（蔡桃儿）。她存在典型的败血症鼠疫临床症状，第一天入院的外围血液检查发现了一定数量的鼠疫杆菌，死前更多。

　　11 月 13、14 日，又发现两个鼠疫病例（聂述生、徐老三），他们都有典型的腹股沟腺炎症状，不久死去。

　　11 月 14 日晨，红十字会的一名医生（肯德）半路拦住一具棺村（死者蔡玉珍①），对尸体进行解剖，从肝、脾切片检验来看，再次发现早就怀疑存在的 B 型鼠疫杆菌。

　　在 11 月 24 日，又有一个鼠疫腹股沟腺炎症病例报告（死者龚超胜②），临床诊断和生物细菌检验都是鼠疫。陈文贵医生那时在常德，对此进行了天竺鼠接种试验，证明结论是正确的，鼠疫的存在被完全证实了。……

　　12 月仅有两例病例（王瑞生、王贵秀），次年 1 月 1 例（胡嫂）。③

　　表 4—1 是第一次流行期常德鼠疫死亡居民一览表。

表 4—1　　　　　常德鼠疫患者经过情形一览表（第一次流行期）

序号	姓名	年龄	性别	职业	住址	发病日期	死亡日期	主症	诊断
1	蔡桃儿	12	女		关庙街蔡洪盛号	1941.11.11	1941.11.13	寒热	败血型
2	聂述生	58	男	商	府庙街 4 保	1941.11.12	1941.11.13	鼠蹊淋巴腺肿	腺型
3	蔡玉珍	27	女	主妇	东门内常清街	1941.11.11	1941.11.13	高热淋巴腺肿	败血型
4	徐老三	27	男	工	北门内皂果巷 5 号	1941.11.12	1941.11.14	高热项痛右鼠蹊腺肿	腺型
5	龚超盛	28	男	工	关庙街 18 号	1941.11.23	1941.11.24	高热右鼠蹊腺肿	腺型

────────

① 有档案亦写作"蔡玉贞"。
② 有档案亦写作"龚操胜"、"龚超盛"。
③ 王诗恒：《常德鼠疫及控制方案的报告》（英文），张华译，中国第二历史档案馆藏，档案号：372—06—16。

续表

序号	姓名	年龄	性别	职业	住址	发病日期	死亡日期	主症	诊断
6	王瑞生	38	男	工	东门内永安街1保	1941.12.13	1941.12.14	同上	腺型
7	王贵秀	15	男	小贩	三板桥9保	1941.12.18	1941.12.20	高热昏迷	腺型
8	胡嫂	30	女	工	关庙街杨家巷	1942.1.11	1942.1.13		腺型

资料来源：容启荣《防治湘西鼠疫报告书》（1942年9月），中国第二历史档案馆藏，档案号：372—706。

表4—2是陈文贵《常德鼠疫调查报告书》记录的第一次流行期死亡的6名患者简表。

表4—2　　　　　　常德腺鼠疫六病例研究与调查结果简表

病例	姓名	性别	年龄	寓址	发病日期	结果	临床及试验室之检查	诊断	检视医师
（一）	蔡桃儿	女	11	A区	1941.11.11	死亡1941.11.13	高烧，血片——有类似鼠疫杆菌（瑞忒氏染色法），尸体解剖——肝脾肿大，肝脾涂片（瑞忒氏染色）——有类似鼠疫杆菌	鼠疫	谭学华（广德医院）。尸体解剖者：谭学华与钱保康（红十字会救护第二中队长）
（二）	蔡玉贞	女	27	B区	1941.11.11	死亡1941.11.13	高烧，检验时已死亡。肝脾涂片（瑞忒氏染色）——有类似鼠疫杆菌	鼠疫	肯德（红十字会救护队队长）
（三）	聂述生	男	58	B区	1941.11.12	死亡1941.11.13	高烧，鼠蹊淋巴腺肿大，淋巴穿刺涂片（瑞染）——有类似鼠疫杆菌	鼠疫？	钱保康（本部第二中队长）
（四）	徐老三	男	25	B区	1941.11.12	死亡1941.11.14	高烧，鼠蹊淋巴腺肿大，淋巴穿刺涂片（瑞染）——有类似鼠疫杆菌	鼠疫？	方德诚（常德卫生院长）、谭学华医师

续表

病例	姓名	性别	年龄	寓址	发病日期	结果	临床及试验室之检查	诊断	检视医师
（五）	胡钟发	男		A区	1941.11.18	死亡 1941.11.19	高烧，谵妄，鼠蹊淋巴腺肿大，尸体解剖结果肝脾涂片（革兰氏染色）——未查出鼠疫杆菌	鼠疫？	方德诚。尸体解剖者：谭学华与石茂年（卫生署第二路防疫大队长）
（六）	龚操胜	男	28	A区	1941.11.23	死亡 1941.11.24	高烧，软弱无力，右鼠蹊淋巴腺肿大。尸体解剖——脾肿大，肝脾及肠之表面有血斑，胸腔及心包膜积水，心血、右鼠蹊淋巴腺、肝及脾之涂片（革兰氏及石炭酸硫堇紫染色法），发现鼠疫杆菌，并由培养及豚鼠试验证实	腺鼠疫	李庆杰（军医署第四防疫大队技正）。尸体解剖者：陈文贵、刘培、薛荫奎（卫训所及红会救护总队部）。细菌培养及动物试验主持者：陈文贵

资料来源：陈文贵《常德鼠疫调查报告书》，中国第二历史档案馆藏，档案号：372—2—16。

　　陈文贵《报告书》后还附有一份"日机投掷污染物及发现鼠疫病例地点图"（见图4—1）。

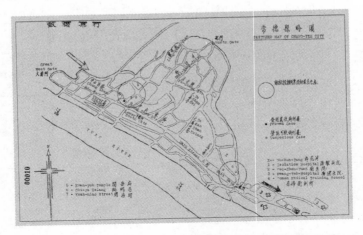

图4—1　日机飞行方向和投掷传染物及发现鼠疫病例地点图

陈文贵《六病例研究与调查简表》中第五例病例胡钟发，由于"尸体解剖结果肝脾涂片（革兰氏染色）——未查出鼠疫杆菌"，故后来的常德鼠疫患者死亡表中没再将他列入数内。

陈文贵这样记述这一病例：

> 第五例（胡钟发），男性，住关庙街钟发医院。11 月 19 日晨往常德卫生院求治，自称已染鼠疫，言时神色张皇，语无伦次，脉搏极速，温度并不甚高，腹股沟淋巴腺肿大，其他病状不详。当即送入隔离医院中，至晚体温增高，并忽然死亡。死后由广德医院谭学华医师及卫生署医疗防疫总队部第二路大队长石茂年医师剖验尸体，发现死者全身皮肤呈深紫色，尤以胸部为甚，各部淋巴腺均未肿大，脾稍肿，腹部内脏无明显变化，脾汁涂片检查及培养试验，仅发现革兰氏阳性球菌及杆菌。惟须注意者，即检验员所用之培养基恐不适宜。①

这一记述可见：①胡钟发居住于关庙街敌机投掷污染物最多的区域；②高热、谵妄、忽然死亡；③死后全身皮肤呈深紫色。这些都符合鼠疫特症，然尸检涂片未见鼠疫杆菌，故不能确定。但陈文贵认为可能是"检验员所用培养基恐不适宜"，故造成上述检验结果。也就是说，胡钟发极可能是一鼠疫死亡者。

二　政府对第一次鼠疫流行的防疫工作

（一）常德地方最初的防疫反应

1941 年 12 月 2 日驻常德的红十字会救护总队第二中队长钱保康撰写了《中国红十字会救护总队第二中队民国三十年（1941）十一月份工作报告》（简称《钱保康报告》）向驻贵阳的救护总队部汇报该月在常德的防疫工作。该报告记录：

> 查 11 月份 4 日上午 6 时雾气蒙蒙之际，敌机一架于常德城郊往返低飞三周，投下谷、麦、絮状等物。警报解除后，由常德警察局及镇公所

---

① 陈文贵：《常德鼠疫调查报告书》，中国第二历史档案馆藏，档案号：372—2—16。

将敌机散布之谷麦等收集少许,送于广德医院,经该院谭学华及检验室技士(检验)……据谭医师声称,将送来谷麦等以无菌之生理食盐水浸洗,经 15 分钟以沉淀器沉淀作涂抹标本,以革兰氏染色镜检,发现多数革兰氏阳性杆菌及少数两极染色(类似鼠疫)杆菌……①

上述可看出,常德警察局及镇公所作出了对敌机投掷物的最早反应:他们在当天"竟日警报"解除后,"将敌机散布之谷麦等物收集稍许,送至广德医院"。

国民政府在 1940 年 12 月就颁布了《防制敌机散播鼠疫菌实施方案》饬行各地。因此,常德警察局及镇公所的反应是正常的。但是,今天来看却不能说是及时的,"及时"的做法应是在第一时间收集投掷物,这样便可能收集到与谷麦一齐投下的跳蚤。当然,这应该说是"苛求"。

广德医院的医师谭学华和检验士汪正宇,随即以医院有限的检验设备和器具对日机投下的谷麦进行了检验:

去岁十一月四日清晨,有敌机一架至常德市空,低飞三周并未投弹,惟掷下谷麦等物甚多。敌机离去后,防空指挥部、警察局及镇公所收集敌人投下之谷麦少许,送至广德医院请求检查。该院谭学华医师查视谷麦之内并无跳蚤,遂作以下各种检查。

以谷麦少许,浸洗无菌生理盐水中,十五分钟后,以离心器得沉淀质。将沉淀质作涂抹片,经革兰氏染法,在浸油显微镜下检查,除大多数革兰氏阳性杆菌外,并有少数两极着色杆菌——疑似鼠疫杆菌。

第二步宜作细菌培养。惟该院限于经费,向无此设备。谭医师乃自一肝硬化患者取出腹水约 30 公撮,分装于三个无菌试管内。以二试管培养敌机所投之谷麦,而以其余一试管培养自一粮商处所取来的谷麦,以资对照。此三试管均置于温箱内,经 24 小时取出视检,见含有粮商处取来谷麦之试管其液较清;而其他含有敌机投掷谷麦之二试管其液较浊。取此浊液作涂抹片,用革兰氏染法,除革兰氏阳性杆

① 钱保康:《中国红十字会救护总队第二中队民国三十年十一月份工作报告》(1941 年 12 月 2 日),贵阳市档案馆藏《救护总队档案》,档案号:40—3—34。

菌外，又有两极着色之杆菌。用测量镜量其大小，平均为 1.5 × 0.5 兆分米。对照培养液内则无此种细菌。①

日本东京医科大学细菌学教授中村明子 2000 年撰文《中国（常德）发生的鼠疫同日军细菌战的因果关系》，在该文中她评价广德医院医生所作的上述检验：

1. 涂抹标本检查：这里所进行的检查，符合鼠疫诊断中"涂抹标本"检查的规范，当然，被检查物是谷物，不是活体。一般说来，检查材料被大量病原体感染时，首先要作成检查材料的标本（切片），对染色标本进行显微镜观察，是现在也利用的手段之一。而且，对检查材料实行无菌处理，可见检查是慎重的，对检查结果也作出了客观的记录。

也就是说，因为谷物含有杆菌类，发现多数革兰氏阳性杆菌是正常的。但在显微镜下发现了少数两极着色的阴性杆菌……因为两极着色的阴性杆菌除了鼠疫菌外没有其他，不能不推断是鼠疫菌。而且，利用显微镜进行观察是早期诊断的特点，所以，推断是充分的。

2. 细菌培养检查：在 20 世纪 40 年代，检查室的设备以及检查材料不能说是完备的。但是，在低劣的条件下，想方设法在没有琼脂培养基的情况下，利用肝硬化腹水的患者的腹液，进行了细菌培养，而且用了两个试管装进投下的谷物，为了对比又用一个试管装入普通谷物，对照检查以求得检查的客观性，这是十分重要的。……

可以看出，他们第一阶段的涂片检查，是对少数细菌的检查；而利用培养液检查，则是对多数细菌的观察，可通过显微镜观察细菌的大小及染色体，推断鼠疫是无疑的。总之，检查的结果是客观的，从细菌学的角度是能够站住脚的。②

如此看来，当时广德医院的医生对敌机投掷物的反应和工作是积极而

---

① 谭学华：《湖南常德发现鼠疫经过》（1942 年 3 月 1 日），载《国立湘雅医学院院刊》第 1 卷第 5 期，湖南省档案馆藏，档案号：67—1—333。
② ［日］中村明子：《中国（常德）发生的鼠疫同日军细菌战的因果关系》，王希亮译，《常德师范学院学报》2003 年第 3 期，第 6—7 页。

正确的。

广德医院将对日机投下物的检验初步结果报告了常德县有关部门。"11月5日（上午），常德各有关机关（县政府、防空指挥部、警察局、县卫生院）召开防疫会议。谭学华代表广德医院出席，提议以下各事：（1）敌机所投之谷麦，除收留小部分严密封存，留待专家检验外，其余一律清扫焚灭；（2）急电省卫生处，请派专门人员来常德检验以便证实，及协助防疫；（3）扩大鼠疫宣传；（4）速设隔离（医院）所。"①

常德的政府部门，在日机突袭第二天就召开了相关会议，这样的反应也是十分迅速的。

钱保康在他的《报告》中说：他"偕肯德②队长于6日至广德医际研究。……（该院）所检验之细菌实有类似鼠疫之疑，虽细菌学不能以形态为凭，但迄未证明以前，事先预防未致大错。乃派魏炳华视导员常驻常德（县）卫生院做调查工作，并更期作进一步之研究。"③

这说明，当时驻常德（德山）的中国红十字会救护总队第2中队的医防人员，也在积极关注和研究怎样应对日机投物事件。救护总队第2中队此后成为常德鼠疫初期防御的重要力量。

（二）成立"常德县防疫委员会"

据常德历史档案记载，11月8日，常德县政府召开防疫会议，成立了"常德县防疫委员会"：

常德县防疫会议记录

　　地点：县政府会议室

　　时间：三十年十一月八日下午四时

　　出席者：三民主义青年团常德分团部袁长理、总司令部喻铉、红十

---

　　① 谭学华：《湖南常德发现鼠疫经过》（1942年3月1日），湖南省档案馆藏，档案号：67—1—333。参见谭学华：《关于日本帝国主义强盗在常德施放鼠疫细菌的滔天罪行的回忆》（1972年3月24日），常德市武陵区档案馆藏，档案号：372—2—16。邓一螳回忆，会议是在下午举行，但谭学华几次回忆均说是上午。

　　② 肯德，奥地利人，中国红十字会救护总队国际援华医生，当时担任救护总队第2中队第731队队长，他的小队驻安乡，但他当时因公务正在常德工作。

　　③ 《钱保康报告》，贵阳市档案馆藏《救护总队档案》，档案号：40—3—34。魏炳华，救护总队第2中队部视导员，此后担任常德防疫处委员。

字会二中队魏炳华、沅安镇龙丕金、国民兵团曾纪敬、金朝章、王雨亚、保安第四大队曾昭月、中医公会长顾三庐、警察局李柏年、县商会李步云、水警第二队（原五分局）刘子阳、卫生院方德诚、启明镇龙凤麒、长庚镇王先金、防空指挥部刘止孝、县党部徐惠陶、李峻

主席：郑达、王秘书雨亚代

记录：金朝章

开会如仪

报告事项（略）

讨论事项：

1. 查敌机于本月支日，在本市散播米麦、棉质、纸等物甚夥，经广德医院化验，确含有鼠疫杆菌。应如何积极防疫案，以策安全案。

决议：

（1）报湖南省政府及卫生处，乞速派医师并携带药品、器材来常以资防范；

（2）即日举行防疫大扫除；

（3）举行防疫宣传大会（与国父诞辰纪念合并举行）由县府严令各镇公所，饬每户派一人参加，并由卫生院及广德医院派人出席讲演；

（4）由卫生院及广德医院编拟防疫特刊，请《民报》、《新潮日报》义务刊登，并拟制标语分发各机关团体缮贴；

（5）推定县政府、卫生院、县商会、首先筹制捕鼠器壹仟俱，款由商会筹垫，三镇公所负责推销；

（6）依照县政府捕鼠竞赛办法，定于本月三十日起，举行捕鼠竞赛，按成绩优劣，分别奖惩（由社会科李科长主办）；

（7）推由警察局在东门外觅借空屋一所，以作临时隔离医院，请由卫生院、广德医院、红十字会负责治疗；

（8）俟省府疫苗发下，定期举行防疫注射。

2. 应否组织防疫委员会请公决案。

决议：

（1）组织常德县防疫委员会，公推请：专员公署欧专员、师管区赵司令、县政府郑县长、防空指挥部彭参谋长、县党部熊书记长、

青年团贺书记、警察局张局长、卫生院院长、县商会郑主席、广德医院、红十字会、中医公会顾主席、国民兵团曾副团长为防疫委员。

（2）组织简则，请卫生院方院长拟定。①

这是日机偷袭后第一次正式的县防疫会议。这次会议决议了两方面的内容：一是如何积极防疫；二是成立县防疫委员会。

关于"如何防疫"问题：①报省政府及卫生处，请求医务人员、药品、器材上的支持；②举行防疫大宣传；③进行防疫大扫除及捕灭老鼠；④准备建隔离医院；⑤等待省府疫苗，准备防疫注射。

关于"成立县防疫委员会"：①决议成立以专员欧冠为处长的党、政、军、团、警、医各方人员组成的"常德县防疫委员会"；②组织"简则"另定。

以今日眼光看此次防疫会议，有诸多缺憾：①敌机投物后第四天才开此会，已属迟缓；②重要的灭鼠竞赛，竟定于 22 天后的"本月 30 日起举行"；③关键的对居民的检疫措施，竟没有讨论和制定，以致 9—11 日城内多处传闻暴病死人和死鼠，而无人顾及；④防疫委员会虽成立，但无各项组织机构，甚至组织简则也待定。

尤其没有制定对居民可能感染鼠疫的检疫措施，是一大失误。

谭学华医师回忆说："在 11 月 9 日，听说城内街道上常有老鼠出现，当时无人将老鼠送来检验，以上述法院街、青阳阁、关庙街等处为多。在 11 月 10 日到 11 日，我们又听说城内发生多人死于急症（发高热及瘀癍等，于 1—2 日死亡），但未有来院诊治者。"②

汪正宇检验士也回忆说："11 月 11 日，有多人传说城内某地一带多有死鼠发现，和急症病人在起病后一二日内即行死亡。我们很想求得此类死鼠或患者来院检验，但终无人送来。"③

常德鼠疫的第一名患者蔡桃儿，是 11 月 12 日由其母亲送至广德医院

_____

① 《常德县防疫会议记录》（1941 年 11 月 8 日），常德市档案馆藏，档案号：100—5—168。

② 谭学华：《关于日本帝国主义强盗在常德施放鼠疫细菌的滔天罪行的回忆》（1972 年 3 月 24 日），常德市武陵区档案馆藏，档案号：372—2—16。

③ 汪正宇：《敌机于常德首次投掷物品检验经过》（1942 年 12 月），重庆医学技术专科学校《医技通讯》创刊号。

来求诊，这才使政府知道常德发生了鼠疫。常德政府是被动地知道常德发生了鼠疫的。

假如 8 日的防疫会议上，政府制定了严密的对居民检疫的措施，甚或在 5 日上午的防疫座谈会上就制定这样的措施，或许政府早在 12 日前就会获知某些鼠疫病人的情报。

《井本日志》记录："11 月 6 日，常德附近中毒流行。"

可见，常德地方最初的防疫反应，广德医院的医生谭学华和汪正宇做了非常了不起的正确应对工作，但县政府的行政官员们虽然也十分重视应对这一事件，可是采取的措施却在关键点上欠"中肯"，流于形式。

（三）鼠疫患者出现后的防疫反应

11 月 12 日第一名鼠疫患者蔡桃儿出现后，13 日、14 日又连续发现患者聂述生、徐老三、蔡玉珍，均死亡。常德防疫部门面对突如其来的疫情，瞬间紧张起来，电告各方寻求支援。

驻常救护总队第 2 中队队长钱保康迅即命令本队医防人员开始在全城检疫急病患者。[①]

14 日，第六战区长官部卫生处长（陈立楷）抵德山，会同德山驻军总司令部刘毓奇主任、军委会俄籍卫生顾问司威威巴克及肯德队长等，商讨防疫纲要，决定先将救护总队第 2 中队各分队急调来常从事防疫工作，并候中央和各地卫生人员派到。[②]

16 日，常德召开了第二次防疫会议：

16 日下午，（钱保康）会同陈处长、刘主任赴湖南省第四区专员公署谒见欧专员冠，并请郑县长及方院长聚集，决定一切防疫问题，并解决工作上之困难，计议决定要案如次：

（1）隔离医院明日起改在东门外徐家大屋，令民从速迁移，以便布置。

（2）由欧专员即日下令，派警察局张局长为疫情情报股股长，

① 《钱保康报告》（1941 年 12 月 2 日），贵阳市档案馆藏《救护总队档案》，档案号：40—3—34。

② 同上。

三镇(启明、沅安、长庚)镇长为情报队长,督促各保、甲长将疫情逐日报告。

(3)于防疫大队未到之前,暂由红会(2中队)派队在卫生院协助检验工作。①

这次紧急的临时防疫会议,针对怎样应付突发的鼠疫病患局面提出了应急措施。那就是开辟新的隔离医院于东门外的徐家大屋,以安置病人;建立警察局—三镇镇长—保甲长为系统的疫情机构,以掌握疫情;由救护总队2中队人员协助县医院开展当前防疫工作。

钱保康的2中队的5个分队,当时纷纷奉调来到常德:472队17日到达,驻西门;522队17日到达,驻东门外韩家大屋,协助隔离医院工作;111队19日到达,驻北门;731队19日到达,驻东门;642队29日到达,驻下南门和南站。"中队部为指挥便利,亦由德山迁驻城中大高山巷91号办公。"② 红十字会救护总队第2中队医护人员在常德鼠疫初期流行最紧急的时候,为防疫工作做出了重要贡献。

(四)成立"常德防疫处"

18日,中央卫生署第2防疫大队大队长石茂年到达常德。③ 20日,湖南省卫生处副处长邓一韪率医事职业学校学生50余人组成的省医疗防疫队到达常德。④ 22日,卫生署第14医防队到达常德。23日,军政部第4防疫大队第1中队到达常德。⑤ 24日,陈文贵"常德鼠疫调查队"到达常德。27日,军政部第9防疫大队第2中队到达常德。⑥

20日,常德再次召开防疫会议,成立了新的防疫机构"常德防疫处"。容启荣《防治湘西鼠疫经过报告书》记载了这次会议情况:

---

① 《钱保康报告》(1941年12月2日),贵阳市档案馆藏《救护总队档案》,档案号:40—3—34。

② 同上。

③ 同上。

④ 同上。参阅邓一韪《日寇在常德进行鼠疫细菌战经过》,《湖南文史资料》第18辑,长沙:湖南人民出版社1984年版。

⑤ 《钱保康报告》(1941年12月2日),贵阳市档案馆藏《救护总队档案》,档案号:40—3—34。

⑥ 同上。

……中央及地方主管军民防疫工作单位先后赶到常德，乃于30年（1941）11月20日在行政专员公署召开大会，决议加强防疫机构，成立"常德防疫处"，即以专员（欧冠）兼任处长负责主持。另由各方面高级卫生技术人员联合组织"设计委员会"。常德防疫处下设：总务、财务、宣传、情报、纠察、补给及防疫7股，由专员公署、省银行、三民主义青年团、警察局、保安大队、商会及卫生署医疗防疫总队第14医防队主管或高级人员分别依次兼任。另设隔离医院及留验所各一所，由县卫生院院长兼任，隔离医院内设病床50张。为便于分工合作起见，各方派往常德参加防疫工作之技术人员，共同组成"联合办事处"，下分设疫情调查、预防注射、隔离治疗及细菌检验等小组，指定工作地点及工作范围，分别负责办理实地防治工作。①

这次会议在中央和地方各防疫官员到达后召开，主要是完成了"常德防疫处"的构建，体现了当时应对常德鼠疫爆发局面的思路和方法及措施。

图4—2是1941年12月2日《钱保康报告》中附录的"常德防疫处组织系统表"。

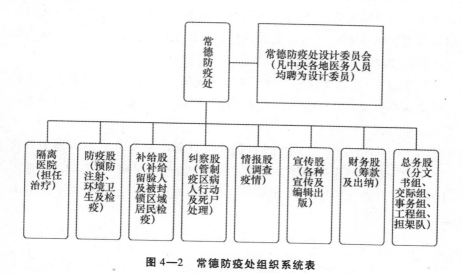

图4—2 常德防疫处组织系统表

---

① 容启荣：《防治湘西鼠疫报告书》（1942年9月），湖南省档案馆藏，档案号：74—3—6。

这一防疫机构组织系统,将防疫工作分为"行政"与"技术"两部分。防疫处长及各股股长等均由常德地方党、政、军、警、医人员担任,中央及各地来常的高级医防人员聘为设计委员会委员。由设计委员会"设计"防疫方案和措施,由防疫处及各股去推行各项防疫工作。这一组织方式符合当时国情、政情。但往往也容易造成"技术"与"行政"的脱节,造成防疫的"迟滞"和"低效"。另外,"设计委员会"也存在弊端,因人员去留频繁,致使"一度曾有无人主持及互相推诿"的情况出现,① 后来伯力士到达常德,并此后常驻本地一年多,这一局面遂有改观。

(五) 重庆政府对常德鼠疫的重视和伯力士来常

常德鼠疫11月12日流行后,引起重庆政府高度重视,目睹日军自去年在衢州、宁波投撒鼠疫后,今又在常德如法炮制,深虑其危害及须竭力遏制。11月21日,委员长蒋介石签署手令:"应特别注意研究常德等地鼠疫及毒气,组织常设机关,实地调查搜集证据,从速防治。"②

中央卫生署战时防疫联合办事处遂于11月下旬制定颁布三个关于防制日军飞机投散鼠疫的文案:《处置敌机掷下物品须知》、《防制敌机散布鼠疫杆菌实施办法》、《补充防制敌机散布鼠疫杆菌实施办法》,③ 饬知全国各地严加防范。

11月24日,陈文贵率"常德鼠疫调查队"抵达常德,他做了8天的细菌学调查检验后写成的《常德鼠疫调查报告书》,就是一次"实地调查搜集证据"的工作。

12月21日,中央卫生署派遣的本署外籍防疫专员伯力士也来到常德,显然,他的一个重要任务也是"实地调查搜集证据",如前述,他于12月30日写成《关于常德鼠疫——致金宝善报告》上呈中央卫生署署

---

① 容启荣:《防治湘西鼠疫报告书》(1942年9月),湖南省档案馆藏,档案号:74—3—6。

② 军政部军医署:《陪都防制敌机散布毒气及病菌会议记录》(1941年12月2日),中国第二历史档案馆藏,档案号:472—1062。

③ 《战时防疫联合办事处二十九、三十年工作报告》,中国第二历史档案馆藏,档案号:372—703。

长，与陈文贵报告异曲同工地揭示了日军常德细菌战的真实手段。

伯力士曾在我国东北获得丰富的防治鼠疫的理论学识和实践经验，他到来后担任了常德防疫处设计委员会的技术顾问。此后，常德防疫的诸种方案和措施基本上都来自于他的设计，他的到来，使此后的防疫工作不再"盲目"。从某个角度说，常德鼠疫的最终被控制，离不开他的辛勤工作和杰出贡献。

（六）常德鼠疫第一次流行结果的考察

常德鼠疫第一次流行的两个月时间里，历史档案记录染疫死亡者为8人。历史事实显然不是这样。

陈文贵《报告书》中说："自第一可疑病例发现后，县卫生院得到警察局及棺木店之协助，曾对全城死亡作确切之调查，有记录可稽。自11月12日起至24日止（十三天间）共死亡17人，内包括鼠疫死亡者6人，至其他病例之死亡原因则未详。"

这就是说通过警察局的调查，当时13天内常德有17人病死，除了其中6人经防疫诊断为鼠疫外，其他11个病例未经检查，"死亡原因未详"。

12月2日的《钱保康报告》中有一份《中华民国红十字部会救护总队第2中队疫情调查未经检验证实病患统计表》，该表记录了他们11月12日至11月29日在常德城区17天内调查到的26名"未经检验证实"的病患者。见表4—3。

表4—3　　　　　　中华民国红十字会总会救护总队部第2中队
疫情调查未经检验证实病患统计表

（1941年12月2日中队长钱保康）

月日	姓名	性别	年龄	地址	调查者	检查结果	备考
11.12	夏幼梅	男	47	鸡鹅巷文家巷6保1甲10户	魏炳华	非鼠疫	病故
11.12	李锡臣	男	17	鸡鹅巷6甲5户天胜馆	魏炳华	非鼠疫	病故
11.12	陈张氏	女	20	北门外土桥街11保8甲16户	第472队	非鼠疫	
11.16	杨正林	男	45	海会寺6甲4户	第472队	非鼠疫	

月日	姓名	性别	年龄	地址	调查者	检查结果	备考
11.19	杨楷	男	34	关庙街16号	第472队	经检验?	查472队刘伦善陪验,经石茂年剖验,又522队邵公鼎、魏炳华等
11.19	胡钟发	男	45	关庙街胡钟发诊所	卫生院	检验?	经石茂年剖验
11.26	满维贤	男	36	大西门外17保6甲	第472队	非鼠疫	病故
11.26	蔡李氏	女	56	长庚街4保3甲	第472队	非鼠疫	
11.26	罗邓氏	女	52	清平乡4保8甲3户	第472队	非鼠疫	
11.26	饶寿会	女	22	清平乡4保8甲5户	第472队	非鼠疫	原住沅安镇7保2甲
11.26	陈吴氏	女	26	清平乡4保12甲	第472队	非鼠疫	
11.26	梅周氏	女	40	清平乡4保11甲1户	第472队	非鼠疫	
11.26	郭焕章	男	63	长庚镇11保12甲甲长	第472队	非鼠疫	
11.26	刘黄氏	女	22	长庚镇11保12甲6户	第472队	非鼠疫	
11.27	周嘉珍	女	19	启明镇10保4甲9户	第522队	非鼠疫	
11.27	刘袁氏	女	22	启明镇10保6甲20户	第522队	非鼠疫	
11.27	张熊氏	女	33	启明镇10保9甲	第522队	非鼠疫	
11.27	朱新和	男	35	小西门外义民收容所	第472队	非鼠疫	
11.27	王倪氏	女	27	南站码头船上	第522队	非鼠疫	
11.27	张熊氏	女	27	皇经阁58号	第731队	非鼠疫	
11.27	魏云阶	男	30	下南门问事处	第731队	非鼠疫	
11.27	丁德珊	男	54	北门内皂角庵	第111队	非鼠疫	
11.28	胡秦氏	女	28	关庙街43号	第111队	非鼠疫	
11.28	刘大发	男	4	大西门外24号	第472队		
11.29	张氏	女	75	长庚镇8保18甲临3户	第472队	非鼠疫	
11.29	张玉林	男	48	长庚镇12保4甲	第472队	非鼠疫	
	合计			26名			

上表"检验结果：非鼠疫"，意指表面检视的结果。这些病患实际都"未经检验证实"。

以下还有一份档案与当时常德鼠疫感染人数有关：

军政部军医署：陪都防制敌机散布毒气及病菌会议记录

地点：重庆市民医院院长办公室

时间：三十年（1941）十二月二日下午二时

主席：卢致德（李穆生代）

记录：蔡方进

甲报告事项

主席报告：本年十一月四日，敌机在常德掷下带有细菌之碎布及谷麦等物，十一月十二日常德即发生鼠疫，据报，至该月十九日止，民众感染者已有55人，现经检验证实确系鼠疫。十一月二十一日并奉委员长蒋手令，饬知应特别注意研究常德等地鼠疫及毒气，组织常设机关实地调查，搜集证据，从速防治等。……鼠疫现已在湘省流行，目前川湘交通频繁，陪都方面亟应预为准备，以防万一。故特召集有关各机关到此讨论。（后略）①

这份档案表明11月20日常德方面上报重庆的报告中，提到12日至19日常德城区的"民众感染（鼠疫）者已有55人"。

陈文贵的《报告》写成于12月12日，钱保康的《报告》写成于12月2日，上述重庆的会议记录形成于12月2日。3份历史档案获取的"死亡"、"病患"、"感染"的信息，看来其渠道各不相同：陈文贵来自警察局，钱保康来自本中队的调查，常德上报重庆的信息大约来自军政部门。

看来第一次鼠疫流行期间，常德的疫情情报系统还处于紊乱状态，疫情检验系统更是不能胜任，钱保康中队调查到26名病患，但却不能检验证实，还有蔡桃儿死亡之前的疫情更是无人知晓。

因此，常德鼠疫第一次流行的两个月时间里，历史档案记录的染疫死

---

① 军政部军医署：《陪都防制敌机散布毒气及病菌会议记录》（1941年12月2日），中国第二历史档案馆藏，档案号：472—1062。

亡者为8人,显然不是历史的事实,有大量病例未被掌握,真正染疫死亡的居民应是一个很大的数字。

邓一蟪曾回忆说:"继蔡桃儿无辜死亡后,关庙街、鸡鹅巷一带相继发生病例多起,往往不及医治而死。染疫人数一天天增多,平均每天在10人以上,传染极为迅速,一人有病,波及全家……"①

从1996年到2001年,常德细菌战受害调查会调查到的第一次鼠疫流行期间常德城区居民死亡人数是87人。见表4—4。

表4—4　　　　　　1941年11月至1942年1月历史档案记录
之外的常德城区居民鼠疫死亡表

序号	姓名	性别	年龄	地址	死亡时间	序号	姓名	性别	年龄	地址	死亡时间
1	熊喜仔	女	30	水巷口	1941.11	45	黄氏	女	36	五铺街	1941.12
2	朱根保	男	28	水巷口	1941.11	46	谢行钧	男	43	长巷子	1941.12
3	何仙桃	女	3	水巷口	1941.11	47	陈香英	女	37	长巷子	1941.12
4	何毛它	男	2	水巷口	1941.11	48	谢春初	男	18	长巷子	1941.12
5	何洪源	男	40	水巷口	1941.11	49	谢大妹	女	9	长巷子	1941.12
6	何洪发	男	50	水巷口	1941.11	50	黄小新	男	18	城西	1941.12
7	方运登	男	8	灵官庙	1941.11	51	杨述初	男	26	城北	1941.12
8	刘栋臣	男	63	关庙街	1941.11	52	梁子宽	男	28	城北	1941.12
9	成美池	男	3	关庙街	1941.11	53	罗子铺	男	23	城北	1941.12
10	柯先福	男	56	关庙街	1941.11	54	罗银航	男	18	城北	1941.12
11	丁春元	男	6	鸡鹅巷	1941.11	55	尹秋云	女	30	青阳阁	1941.12
12	丁浩春	男	4	鸡鹅巷	1941.11	56	刘风山	男	31	青阳阁	1941.12
13	丁淑华	女	1	鸡鹅巷	1941.11	57	刘大华	男	8	青阳阁	1941.12
14	张桂英	女	21	鸡鹅巷	1941.11	58	胡玉连	男	22	青阳阁	1941.12
15	何松林	男	33	鸡鹅巷	1941.11	59	罗运生	男	29	青阳阁	1941.12
16	何恒荣	男	19	鸡鹅巷	1941.11	60	唐焕文	男	27	城北	1941.12
17	蔡牛一	男	29	北门	1941.11	61	唐焕全	男	25	城北	1941.12
18	杨金兰	女	24	落路口	1941.11	62	唐祥林	男	10	水府庙	1941.12
19	魏学湘	男	41	小西门	1941.11	63	胡芳萍	女	38	鸡鹅巷	1941.12

① 邓一蟪:《日寇在常德进行鼠疫细菌战经过》,《湖南文史资料》第18辑,长沙:湖南人民出版社1984年版。

续表

序号	姓名	性别	年龄	地址	死亡时间	序号	姓名	性别	年龄	地址	死亡时间
20	韩秀雅	男	46	大河街	1941.11	64	盛文中	男	40	鸡鹅巷	1941.12
21	吴艳明	女	40	大河街	1941.11	65	祝金翠	女	14	鸡鹅巷	1941.12
22	韩东升	男	18	大河街	1941.11	66	罗忠萍	男	4	鸡鹅巷	1941.12
23	周玉陔	男	37	乔家巷	1941.11	67	罗忠云	女	2.5	鸡鹅巷	1941.12
24	刘氏	女	49	城东	1941.11	68	蒋瑞枝	女	41	鸡鹅巷	1941.12
25	高桂生	男	58	城东	1941.11	69	胡民起	男	54	鸡鹅巷	1941.12
26	高怀山	男	38	城东	1941.11	70	徐井林	男	9	光明巷	1941.12
27	高银山	男	35	城东	1941.11	71	徐伯林	男	7	光明巷	1941.12
28	熊树堂	男	36	城东	1941.11	72	李高祥	男	15	光明巷	1941.12
29	徐丽君	女	5	城东	1941.11.25	73	叶跃明	男	6	火星池	1941.12
30	徐惠珍	女	1	城东	1941.11.27	74	闻昌林	男	10	火星池	1941.12
31	郑圣阳	男	14	郑家巷	1941.11	75	黄舜臣	男	20	五铺街	1941.12
32	陈培采	男	20	杨家坊	1941.11	76	黄仁玉	女	5	五铺街	1941.12
33	黄小妹	女	11	大河街	1941.11	77	黄仁杰	男	3	五铺街	1941.12
34	黄菊妹	女	9	大河街	1941.11	78	徐圣金	男	22	下南门	1941.12
35	黄杰	男	15	大河街	1941.11	79	阳志喜	男	30	下南门	1941.12
36	黄奇	男	13	大河街	1941.11	80	周友福	男	28	下南门	1941.12
37	李爱喜	男	14	大河街	1941.11	81	周德进	男	21	下南门	1941.12
38	陈冬枝	女	37	大河街	1941.11	82	万氏	女	73	灵官庙	1941.12
39	黄新民	男	36	大河街	1941.11	83	陈佑铭	男	25	城东	1941.12
40	李明汉	男	38	大河街	1941.11	84	周玉原	男	24	乔家巷	1941.12
41	李明姣	女	28	大河街	1941.11	85	徐寅阶	男	30	大兴街	1941.12
42	李明凤	女	22	大河街	1941.11	86	郑海珍	女	24	大兴街	1941.12
43	曹碎英	女	48	高山街	1941.11	87	胡菊先	女	4	鸡鹅巷	1942.1
44	马善政	男	39	五铺街	1941.12						

资料来源：常德细菌战受害调查会编《中国湖南常德侵华日军731部队细菌战受害死亡者及其遗属名册》，2002年8月。

说明：①这一死亡表记录的均为历史档案记录之外的死亡者；②这些死亡者均为瞒过了防疫队的检疫而由亲人偷偷埋葬；③这一调查是在60年后完成，故必有大量的病患死亡者遗漏。

日军731部队军医金子顺一1943年的鼠疫细菌战秘密论文《PX（鼠疫跳蚤）效果略算法》中记录："常德，第一次（鼠疫）感染，310人。"可以认为，当时731部队"岛村参谋搜索"的这一结果应有其依据。

三 常德城区第二次鼠疫流行

从 1942 年 3 月 20 日常德再次出现鼠疫患者开始,到当年 7 月 9 日发现最后一例鼠疫患者为止,这 3 个多月时间是"第二次鼠疫流行"期。这一时期鼠疫再度流行的疫源,是 1941 年 11 月日机投下的一部分跳蚤潜藏在当地老鼠身上,隆冬过后随春天老鼠活动的频繁而导致老鼠间的鼠疫爆发,然后引起常德居民间的鼠疫再次流行。

(一)伯力士对老鼠的监视

鼠疫专家伯力士 1941 年在给中央卫生署的《报告》中就担忧:日机投撒的跳蚤除引起常德第一次居民间的鼠疫流行外,还可能引起将来常德老鼠间的鼠疫流行,然后再引起常德居民间鼠疫流行。伯力士说:"为了对这一至关重要的关键问题做出判断,必须进一步延长时间继续调查(监视常德的鼠疫)。"①

调查和监视老鼠间的染疫情况,可以预判人间可能发生的鼠疫,所以伯力士到常德后一项重要工作便是"解剖老鼠",他到处让人抓来老鼠供其解剖检查,以了解老鼠染疫情况。他的助手王诗恒写道:

> 在常德的鼠疫流行中,对鼠疫的研究是绝对必要的。直到 1941 年 12 月,鼠疫研究专家伯力士抵达常德时,常德地区才开始对老鼠进行检查。自此,老鼠由伯力士之手得到正确的研究。研究安排得非常好,他雇佣一些人每周(每人)必须捕捉 3 只老鼠,无论是死是活,一元钱一只老鼠或一只跳蚤。但是,捕捉老鼠非常困难,这使我们没有足够的老鼠来进行研究,因此,我们得到的鼠患鼠疫的百分比数据不是绝对准确的。但是无论如何,这些数据仍显示了(常德)鼠间鼠疫流行病情形的一个大致轮廓。②

---

① 转引自解学诗、[日]松村高夫等著《战争与恶疫》,北京:人民出版社 1998 年版,第 214 页。

② 王诗恒:《常德鼠疫及控制方案的报告》(英文)(1942 年 7 月 20 日),张华译,《湖南文理学院学报》2006 年第 6 期,第 16 页。

伯力士对老鼠的检疫过程和结果怎样？据容启荣《防治湘西鼠疫经过报告书》和战时防疫联合办事处 1942 年 3 月第 1、2 号《疫情旬报》的记载，我们可知：

从 1941 年 12 月 24 日开始，伯力士着手老鼠的解剖检疫，至 1942 年 1 月 3 日为止，检查了 35 只老鼠，但没发现有染疫老鼠。

之后"因战局紧张，伯力士一度离常，至 1 月中旬方返"。1 月 30 日至 31 日又开始检查老鼠，两天解剖了 24 只，结果发现有 5 只染疫老鼠。染疫率 20.8%。

2 月份检查 168 只老鼠，染疫鼠 32 只，染疫率 19.0%。

3 月份检查老鼠达 810 只，染疫鼠 181 只。检查的老鼠越多，染疫率越可靠。此时，染疫率已增至 22.4%。

当老鼠染疫率超过 20% 时，预示着人间鼠疫即将发生。[①]

当时广德医院的代理院长是美国长老会在常德的传教士巴天民，巴天民的女儿巴玉华在 2005 年撰成的《湖南常德是我家》一书中描述了伯力士所进行的检疫老鼠的工作：

> 他（伯力士）在常德工作期间是住在我家的。伯力士医生还在长老会医院（广德医院）特地建了一个办公室，专门研究那些传播鼠疫的老鼠。……人们只要发现一只老鼠并交到医院，就会得到 1 元钱。人们口耳相传，大量的老鼠被交到医院，一共有成百上千只！伯力士医生发现这些老鼠都携带了一种叫印度跳蚤的寄生虫。伯力士医生让我们在显微镜下观察这些寄生虫。它们长着好看的流苏披肩似的硬毛，然而却是鼠疫细菌的携带者，之后这些跳蚤被淹死，老鼠被解剖并进行检查。据伯力士医生说，当 17% 的老鼠携带感染了鼠疫细菌时，一场流行病马上就要蓄势待发了。[②]

---

① 王诗恒：《常德鼠疫及其控制方案的报告》（英文）（1942 年 7 月 20 日），张华译，《湖南文理学院学报》2006 年第 6 期，第 21 页。

② ［美］Phyllis Bannan Woodworth, *From Manchu to Mao: At Home in Hunan, 1909 - 1951.* Portland, Oregon: Printer's Inc., 2009, pp. 316 - 317. 译文由湖南文理学院外语学院李楠芳老师提供。据王诗恒《报告》记录，伯力士到 1942 年 6 月 30 日止，共检查了 1879 只老鼠、3536 只跳蚤。

(二) 档案记录的第二次鼠疫流行

据防疫档案记录,当 1942 年 3 月份常德的老鼠染疫率达 22.4% 时,常德居民中又开始出现鼠疫患者。3 月 20 日家住关庙街附近华严庵 52 号的向玉新发病,24 日死亡。3 月 22 日关庙街湖南旅社的陈孔昭发病,28 日死亡。4 月 1 日皂果树道门口义成烟店 5 岁男孩陈维孔发病,4 日死亡。此后,几乎城区每天都有人患鼠疫死亡。

据伯力士对 4 月份城内老鼠的检验,其染疫率猛增至 44.29%。因此,4 月份是第二次鼠疫流行的高峰期,总计发现鼠疫病人 25 例,其中有可通过(咳嗽)空气传染的肺鼠疫 5 例。

重庆政府急忙调派各路防疫队计达 20 支,防疫人员 200 余人赶赴常德,第六战区司令长官陈诚也下令调派军队协助常德防疫,常德防疫部门也制定了十分严厉的防疫措施,在 5 月中旬基本控制住城区疫情蔓延。5 月病例下降至 5 人,6 月病例 2 人,7 月病例 1 人。7 月 9 日以后未再发现病例,至此第二次鼠疫流行结束。

表 4—5 是防疫档案记录的常德城区第一、二次鼠疫流行病例表格。

表 4—5   常德鼠疫患者经过情形一览表 (1942 年 7 月 9 日止)

病例序号	姓名	年龄	性别	职业	住址	发病日期	死亡日期	主症	诊断
1	蔡桃儿	12	女		关庙街蔡洪盛号	1941.11.11	1941.11.13	寒热	败血型
2	聂述生	58	男	商	府庙街四保	1941.11.12	1941.11.13	鼠蹊淋巴腺肿	腺型
3	蔡玉珍	27	女	主妇	东门内常清街	1941.11.11	1941.11.13	高热淋巴腺肿	败血型
4	徐老三	27	男	工	北门内皂果巷五号	1941.11.12	1941.11.14	高热项痛右鼠蹊腺肿	腺型
5	龚超盛	28	男	工	关庙街十八号	1941.11.23	1941.11.24	高热右鼠蹊腺肿	腺型
6	王瑞生	38	男	工	东门内永安街一保	1941.12.13	1941.12.14	高热右鼠蹊腺肿	腺型
7	王贵秀	15	男	小贩	三板桥九保	1941.12.18	1941.12.20	高热昏迷	腺型
8	胡嫂	30	女	工	关庙街杨家巷	1942.1.11	1942.1.13		腺型

病例序号	姓名	年龄	性别	职业	住址	发病日期	死亡日期	主症	诊断
9	向玉新	50	男	小贩	华岩庵五十二号	1942.3.20	1942.3.24	高热四肢疼腹及胸部有出血点	败血型
10	陈孔昭	52	男	商	关庙街湖南旅舍	1942.3.22	1942.3.28	左鼠蹊腺肿	腺型
11	陈维礼	5	男		皂果树	1942.4.1	1942.4.4	发热项□直晕□	败血型
12	蒋家祖	45	男	小贩	北门内长巷子三十二号	1942.4.1	1942.4.2	高热头痛	腺型
13	邓乐群	32	男	政	法院西街	1942.4.5	1942.4.12	发热头痛鼠蹊腺	腺型
14	杨梅青	8	男	学	五铺街八保	1942.4.4	1942.4.6	尸体呈出血点右腋下腺肿	腺型
15	张金斗	15	男	军	府坪街军警稽查处	1942.4.3	1942.4.7	发热头痛呕吐	败血型
16	陈刘云	33	女	主妇	法院西街三十四号	1942.4.6	1942.4.11	发热寒战右鼠蹊□□□	腺型继发肺型
17	陈淑钧	14	男		法院西街三十四号	1942.4.5	1942.4.11	颈腺肿大	败血型兼腺型
18	葛大亮	27	男	记者	三闾岗	1942.4.9	[治愈]	寒热呕吐咳嗽	肺型
19	金罗氏	28	女	主妇	三板桥九保	1942.4.10	1942.4.12	咳嗽血痰	肺型
20	毛仁山	60	男	工	五铺街一百一十二号	1942.4.10	1942.4.12		败血型
21	周黄氏	24	女	主妇	法院西街三十二号	1942.4.10	1942.4.15	咳嗽	败血型
22	马保林	54	男	工	五铺街八保	1942.4.15	1942.4.17	左颈腺肿大	腺型
23	杨彼得	13	男	学	五铺街九十号	1942.4.13	[治愈]	发热头痛右鼠蹊腺肿	腺型
24	杨珍珠	20	女	学	五铺街九十号	1942.4.14	[治愈]	左鼠蹊腺肿	腺型
25	陈华山	51	男	商	五铺街一〇六号	1942.4.12	1942.4.17	咳嗽血痰	肺型
26	袁罗氏	17	女	主妇	清平乡四保	1942	1942.4.18		肺型
27	谢建隆	32	男	记者	三闾岗	1942.4.16	[治愈]	左鼠蹊腺肿	腺型
28	唐珍秀	17	女	工	北门长巷子三圣宫	1942.4.13	1942.4.19	咳嗽血痰	肺型
29	李祝氏	68	女	主妇	北正街三十三号	1942	1942.4.18	咳嗽半身疼痛	败血型
30	黄周氏	47	女	主妇	大河街十三保	1942.4.13	1942.4.19	恶寒发热咳嗽	败血型

病例序号	姓名	年龄	性别	职业	住址	发病日期	死亡日期	主症	诊断
31	杜玉甫	26	男	商	下南门一号	1942.4.29	[治愈]	左鼠蹊腺肿	腺型
32	梅张氏	49	女	主妇	岩桥	1942.4.17	1942.4.24	高热恶心咳嗽咳血	败血型兼腺型
33	李泉婆	53	男	农	五铺街七十九号	1942.4.27	1942.4.29	高热谵语腹痛	败血型
34	李刘氏	37	女	主妇	五铺街三十九号	1942.4.30	1942.5.3	左腋腺肿大	腺型继发肺型
35	陈正陆	46	男	工	五铺街一〇一号	1942.4.22	1942.5.2	咳嗽	败血型
36	王保元	56	男	小贩	阴阳桥	1942.5.4	1942.5.7	发热头痛咳嗽	败血型
37	李丁氏	26	女	主妇	双忠街二十二号	1942.5.5	1942.5.7	发热身体衰弱	败血型
38	顾卢氏	51	女	主妇	孙祖庙四十一号	1942.5.4	1942.5.7	尸体胸腹部出血点左鼠蹊腺□□□	败血型
39	戴氏	33	女	主妇	五铺街广德医院隔壁	1942.5.15	1942.5.18	左鼠蹊腺及□淋巴腺肿大	腺型
40	龙春生	51	男	商	四铺街五保二甲四号	1942.5.22	1942.6.2	腋腺肿胀	腺型
41	赵丁生	13	男	学徒	三铺街同泰祥铁店	1942.6.13	1942.6.15		败血型
42	赖世芳		女	护士		1942.7.9		少量咳嗽带血	肺型

资料来源:容启荣《防治湘西鼠疫经过报告书》表十;王诗恒《常德鼠疫及控制方案的报告》表一。

上表记录:第一次鼠疫流行常德居民死亡8人。第二次流行鼠疫患者发现34人,其中治愈5人,实际死亡29人。第一、二次流行总计患者42人,实际死亡37人。

对上述42名患者和死亡者,容启荣《报告书》中绘有一张"分布图",该图标注了"敌机11月4日飞行方向",标注了"敌机投掷传染物最多之处",标注了城内各"发现鼠疫地区",还标注了"每一病例号"患者在城内各地的位置。见图4—3。

上述"原图"清晰性稍差,图4—4是据上图新绘的"分布图":

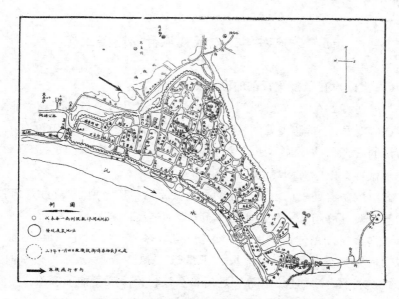

图4—3　湖南常德鼠疫病例分布情形图

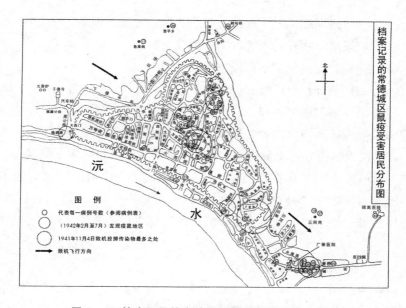

图4—4　档案记录的常德城区鼠疫受害居民分布图

　　资料来源：依照容启荣《防治湘西鼠疫经过报告书》附录图十二《湖南常德鼠疫病例分布情形图》绘制，并参照王诗恒《常德鼠疫及控制方案的报告》。

四　政府对第二次鼠疫流行的防疫工作

（一）政府在鼠疫流行前的准备

常德防疫处在第二次鼠疫流行（始于 3 月 20 日）前是有所准备的，这从这年 3 月 13 日防疫处的一次"防疫会议记录"的档案中可看出。这次会议的召开，估计是由于伯力士检查城内老鼠染疫率已超过 20%，所以需早做准备以应对即将到来的瘟疫。

此时的防疫处长已由新到任的专员张元祜担任，副处长也由新到任的常德县长戴九峰担任。他们主持了此次防疫会议。

这次会议首先传达了重庆军委会一份 1941 年 12 月 19 日的电文（没有说明内容），然后由伯力士报告了最近"鼠、蚤检查结果"和伯力士"对常德防治鼠疫之建议"等，之后，会议讨论决议了如下事项：

（1）往来本埠之船舶货物等应如何管理以免传染鼠疫案；

（2）检疫工作应如何实施案；

（3）应如何训练保甲长及协助之军警以利防疫工作案；

（4）应采取何种有效方式以加强防疫案；

（5）普通防疫注射应如何推进案；

（6）疫情调查及尸体处置应如何办理案；

（7）鼠疫病家如何处理案；

（8）隔离病人与留验者之管理与给养应如何办理案等。①

讨论决议的内容已十分详细，如："检疫站应设皇木关、落路口、北门、小西门 4 处"，"保甲长须一律予以防疫训练 4 小时"，"防疫注射以挨户实施为原则"，"确系鼠疫死亡者即送火葬炉火葬"等。表明常德政府部门已做了相当的应对即将到来的二次鼠疫流行的准备。

（二）各路防疫队的紧急调派

1942 年 3 月 20 日常德鼠疫第二次流行爆发后，重庆政府、军政部、红十字会救护总队，六、九两战区长官部，省卫生处纷纷紧急调派所属防

---

① 《常德防疫处三十一年度第二次会议记录》（1942 年 3 月 13 日），常德市武陵区档案馆藏，档案号：100—3—171。

疫队赶赴常德参与防疫。据历史档案记录，前来常德的至少有如下防疫单位和重要个人：

（1）中央卫生署医疗防疫总队第 2 大队所属之第 14 巡回医疗队、第 2 卫生工程队、第 2 细菌检验队、第 4 防疫医院；

（2）军政部第 4 防疫大队第 1 中队、第 9 防疫大队第 3 中队；

（3）红十字会救护总队第 2 中队之第 111 分队、第 731 分队、第 472 分队；

（4）湖南省卫生处巡回卫生工作队，另加派省卫生处医师及省卫生试验所技正等；

（5）驻常桃各军医院；

（6）常德县卫生院；

（7）私立广德医院；

（8）第 20 集团军两连士兵组成的防疫纠察部队；

（9）前来督导的中央卫生署署长容启荣、第六战区司令长官部卫生处长陈立楷、第九战区司令长官部卫生处长冯启琮、湖南省卫生处长张维和前来参与领导防疫的卫生署防疫总队第 2 大队大队长石茂年、军政部第 4 防疫大队技正李庆杰、红十字会救护总队第 4 大队队长林竟成等。①

当时常德的防疫器材准备也"尚称充裕"："有足供 17 万人用量之鼠疫疫苗"；治疗鼠疫之新特效药"磺胺噻唑"一部分已运到，"足供 6 万病例"使用；灭鼠灭蚤之化学药品"最近亦由美国运到"。②

可见，常德二次鼠疫爆发后，从防疫队伍和人员及药品器材来看，是力量和数量均较充足的，这为控制本次瘟疫提供了基础。

（三）4 月份的紧张防疫

4 月是常德二次鼠疫流行的高峰期，几乎每天有人死亡。尤其 10 日在"法院西街 34 号发现最危险之肺鼠疫"。11 日防疫处立即召开防疫会议，由专员张元祜主持，伯力士在会上提出各项紧急措施：①调派武装士兵 200 名由伯力士训练，协助全城严格检疫；②凡可疑病人一律送入隔离

---

① 容启荣：《防治湘西鼠疫报告书》（1942 年 9 月），湖南省档案馆藏，档案号：74—3—6。

② 同上。

医院；③民众捕送老鼠的奖励由 1 元一只提高为 1.5 元一只；④停止火葬炉，改用公墓埋葬疫尸；⑤学校停课，旅馆、剧院、浴堂、饮食店、妓院及各公共场所一律停业。①

13 日，防疫处再次召开会议。伯力士首先报告目前疫情。见图 4—5。

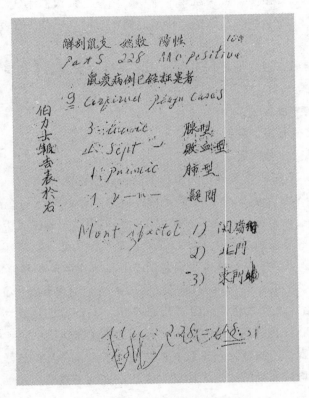

图 4—5　伯力士报告手迹扫描件

资料来源：《常德防疫处三十一年度第三次会议记录》（1942 年 4 月 13 日），常德市武陵区档案馆藏，档案号：100—3—171。

（1）解剖鼠只总数 228 只

阳性 110 只

染疫率 48.3%

---

① 《常德防疫处设计委员会第二次会议记录》（1942 年 4 月 11 日），常德市武陵区档案馆藏，档案号：100—3—171。

（2）鼠疫病例已证实者：

腺型 3 例

败血型 4 例

肺型 1 例

疑似 1 例

（3）鼠疫病例发现地点：

1）关庙街

2）北门

3）东门外①

会议随后传达讨论昨日（12 日）第六战区长官部司令陈诚对常德防疫的指示电："（1）由集团军协助防疫处强制执行一切防疫措施；（2）由卫生署伯力士主持指挥各项技术工作；（3）所有军民均强制执行防疫注射；（4）江中船只一律不准靠岸，通往各县之大道厉行检疫；（5）强化隔离治疗；（6）用各种方法灭鼠，必要时不顾一切实行焚烧房屋等。"②

会议决议："遵照电令办理"，"切实实施"。为"强制执行一切"，从师管区调派士兵 200 名，并电请驻桃源的第 20 集团军霍揆章司令"派兵两连，担任检疫工作"。③

从上述接连两次防疫会议的召开以及其内容记录可见，4 月份常德的防疫形势和防疫工作均极为紧张。

（四）防疫机构的加强：湘西防疫处

第二次鼠疫流行期间的 6 月，为加强常德防疫机构工作能力，也考虑到 5 月已有鼠疫传至桃源，遂将原常德防疫处改组为"湘西防疫处"。④

湘西防疫处处长由专员兼任，设副处长 2 人，聘卫生署防疫大队长石茂年为技术督察长，聘伯力士为技术顾问"咨询一切设计实施事项"，聘

---

① 《常德防疫处三十一年度第三次会议记录》（1942 年 4 月 13 日），常德市武陵区档案馆藏，档案号：100—3—171。

② 同上。

③ 同上。

④ 战时防疫联合办事处：《鼠疫疫情紧急报告》第 34 号（1942 年 6 月 5 日），中国第二历史档案馆藏，档案号：372—706。

省卫生处主任技正邓一韪为"湘西防疫处特派员"。下设"总务、会计、疫情、检验、检疫、宣传、卫生工程、卫生材料"8组,并附设下列8个工作单位:①疫情诊察队;②常德水陆交通检疫所;③常德鼠疫隔离医院;④卫生工程队;⑤鼠疫病理检验所;⑥防疫纠察队;⑦防疫担架队;⑧鼠疫留验所。

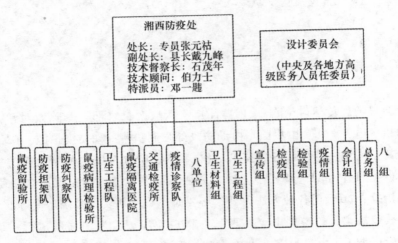

图4—6 湘西防疫处机构系统

资料来源:容启荣《防治湘西鼠疫报告书》(1942年9月),湖南省档案馆藏,档案号:74—3—6;并参阅《湖南省防治常桃鼠疫工作报告书》(1943年4月),湖南省档案馆藏,档案号:73—3—67。

(五)各项防疫措施

1.疫情报告

①所有医院及开业中、西医生,若发现鼠疫或疑似鼠疫病人时,应即时报告防疫处;②警察局、所暨乡、镇公所应督饬保、甲长随时查询所辖各户,遇有疑似鼠疫病人,即刻报告防疫处;③城区所有居民死亡应由其家属当日分报保、甲长及警察局、所,转报防疫处经检验后填发安葬许可证;④有死鼠发现之地带,应由防疫处派员收集,并侦察有无染疫患者;⑤办理疫情报告应列入警察及乡镇保甲长之考绩。[1]

---

[1] 容启荣:《防治湘西鼠疫经过报告书》(1942年9月),湖南省档案馆藏,档案号:74—3—6。

2. 隔离治疗

"鼠疫传染至烈，尤以肺鼠疫最危险，故染疫者必须强制隔离以防蔓延传染。"常德隔离医院1941年11月20日成立，地点在东门外徐家大屋，四周掘有防疫沟，沟内灌水，人员进出须经木板吊桥，内设病床50张。由县医院院长方德诚兼任隔离医院院长及医师，医护人员6人，人手不够，另由卫生署防疫2大队增派医防人员加强队伍。医防人员进入隔离医院须穿防蚤衣，佩戴口罩，以防传染。常德中医界主张另设"中医鼠疫医院"，未获防疫处批准，但准许中医医师在隔离医院挂牌诊治病人。①

3. 病家消毒

鼠疫病人经送医院隔离治疗，或染疫尸体已经妥善处理后，所有患者居住地及日常用具，均应在医防人员指导下予以彻底消毒，必要时予以局部焚毁，并应同时杀灭染疫鼠族及蚤类，以杜绝传染源。②

4. 患者家属留验

患者之家属及其他短期内与患者曾密切接触之人，均须予以强制留验，逐日检验是否已染鼠疫，留驻期为7日。留验所附设于隔离医院内，设备不周，留验者多不愿入住，故遇有鼠疫发生，多有隐匿不报或潜逃者。后来规定：曾与肺鼠疫患者密切接触之人，必须强制留验；而腺鼠疫之家属等人可以不留验（因腺鼠疫传染源为跳蚤），但必须迁出原住址，并报新址于警局。③

5. 尸体处置

按国际防疫条例，鼠疫尸体须火葬。故在西门原千佛寺遗址建火葬炉，初期一座，后增至三座。但"因布置未周，据闻曾有并非染疫尸体亦予火葬，并有时数具尸体一同焚毁，甚或用同一火葬炉焚毁疫鼠，遂引起死者家属之怨恨及一般民众之反感，由是染病者乃隐匿不报，或分向四乡逃避"。1942年4月间，经伯力士建议，防疫处决定停止火葬，改设鼠疫公墓于东门郊外，按严格的尸体消毒办法处理后

---

① 容启荣：《防治湘西鼠疫经过报告书》（1942年9月），湖南省档案馆藏，档案号：74—3—6。

② 同上。

③ 同上。

进行土葬。①

6. 防疫注射

鼠疫防疫注射（需两次注射），不能完全免除人患鼠疫，但可增强免疫力。常德春季鼠疫再流行时，有染病者31人，其中24人死亡，均未预防注射，其他7人因曾接受预防注射，得告痊愈，可见预防注射确有效用。②

1942年3月13日制定了如下防疫注射措施：①本城居民除孕妇、婴儿及重病者外，一律予以鼠疫疫苗注射；②防疫注射以挨户实施的原则，由保、甲长领导，军警协助，按户籍名册一一举行，注射后登记姓名发给"注射证"；③第二次注射后，加盖印章为凭，方免再受注射；④注射日期由保甲长预先通知，借故躲避或故意违反者，由县政府勒令疏散或封闭其住宅；⑤注射后，由县政府派员按户籍册查验"注射证"，无证者押解附近医务机关补行注射，并查明原因分别惩处。③

上述措施虽严密而严厉，但注射率并不乐观。后又采取"挨户注射，设站注射、交通管制强迫注射"三结合的办法实施，但到5月，全城居民仍只有28.6%的人接受了注射。④

7. 杀鼠灭蚤

为解决常德鼠疫问题，最理想的方法是完全消灭当地鼠族和蚤类。无论如何，尽量减少鼠、蚤，即可减少鼠疫传染之机会。

常德最初灭鼠措施是全城发放1000只捕鼠笼，并举行捕鼠竞赛。后采取奖励捕鼠，上交一只老鼠奖币1元，后增至1.5元。鼠疫流行最严重的时候同时采取诱、毒、熏的方法，其中熏的方法最有效，即利用氰酸气施用于鼠洞，可同时杀死老鼠和跳蚤。

---

① 容启荣：《防治湘西鼠疫经过报告书》（1942年9月），湖南省档案馆藏，档案号：74—3—6。参阅满大启《我所知道火化鼠疫死尸的情况》，《武陵古今》1997年第5—6期合刊。《常德防疫处设计委员会第二次会议记录》（1942年4月11日），常德市武陵区档案馆藏，档案号：100—3—171。

② 容启荣：《防治湘西鼠疫经过报告书》（1942年9月），湖南省档案馆藏，档案号：74—3—6。

③ 《常德防疫处三十一年度第二次会议记录》（1942年3月13日），常德市武陵区档案馆藏，档案号：100—3—71。

④ 王诗恒：《常德鼠疫及控制方案的报告》（1942年7月20日），中国第二历史档案馆藏，档案号：372—6—16。

伯力士由于监视疫情需要，从 1941 年 11 月 24 日至 1942 年 7 月 20 日，共检疫了 1879 只老鼠和 3536 只跳蚤。①

8. 交通检疫

交通检疫是控制鼠疫向外扩散的重要措施，它对出入常德的人群及货物等按防疫要求进行严格的检查和控制。①常德及桃源城郊之水陆交通要道应设置检疫站，次要水陆路设检查哨，其不重要之小路在距城数里地带予以破坏；②所有经过检疫站、哨之船舶车辆及肩舆，均须接受检查，若发现鼠疫或疑似鼠疫病人，立即送隔离医院，其行李应予消毒灭蚤之处理；③所有出入疫区之旅客，须一律接受防疫注射；④凡由各产地或商埠通过常德、桃源之船只，如专载运往他县之五谷棉花及其他能隐藏鼠类之货物，应严禁停靠；⑤凡由外埠运入常德、桃源城区之货物，可自由运输，但五谷棉花被服等绝对禁止由常德城区外运；⑥常德属境准备外运之五谷棉花，应存贮于疫区范围之外，各仓库须具有防鼠设备，其设置点由防疫处指定；⑦经过常桃准予停留的船只，夜晚须于离岸两丈以外抛锚，并应抽去跳板，所有上下行船只，黄昏与天明之间一律严禁通行；⑧凡由疫区出境之病人，必须向防疫处请领出境许可证，始可放行；⑨凡由疫区迁运出境之尸体，必须领有防疫处颁发之安葬证，始可放行；⑩凡发现疫鼠及鼠疫病人之船只，应施行灭鼠灭蚤之消毒处置，无预防注射证之船员及旅客，应留验 7 日，如发现肺鼠疫，所有旅客及船员均须留验 7 日始可放行；⑪遇有肺鼠疫流行时，得由军警协助完全断绝交通，其无特别通行证者，一概不得出入疫区。②

9. 防疫宣传

从历史资料看，常德政府做了许多宣传工作，但效果相当差。其措施如：①举行宣传大会，由县府严令各镇公所饬每户派一人参加，由卫生院及广德医院派人出席讲演；②由卫生院及广德医院编写防疫特刊，请《民报》、《新潮日报》刊登，并在各处张贴防疫标语；③采用墙壁防疫漫画、壁报、街头剧、传单及不定期特刊等方式宣传，由宣传股设计进行，

----

① 参阅容启荣《防治湘西鼠疫经过报告书》（1942 年 9 月），湖南省档案馆藏，档案号：74—3—6。《常德县防疫会议记录》（1941 年 11 月 8 日），常德市武陵区档案馆藏，档案号：100—5—168。

② 容启荣：《防治湘西鼠疫经过报告书》（1942 年 9 月），湖南省档案馆藏，档案号：74—3—6。

费用由防疫处拨发。

然而常德民众多不能理解、配合和支持政府的防疫工作。[①] 容启荣在他的《报告书》中说:

　　　　一切紧急措施,均难得一般民众之谅解。即就施行预防注射一项论,许多具有高等教育者尚且拒不接受,是则知识水准较低之民众更难期乐于接受。常德自敌机散布鼠疫后,卫生人员不避艰苦,不顾危险,努力工作以期消灭敌人施用细菌战之企图,庸讵知当地民众反视卫生人员如寇仇,竟有殴打防疫工作人员者。同时谣言四起:有谓常德鼠疫系卫生人员所伪造,以骗取防治经费;有谓检验尸体实因外籍医生伯力士欲挖眼睛及睾丸以制造汽油;亦有谓得病死之人系因曾被强迫接受所谓"预防注射"所致。凡此种种谣言,其影响防治工作之推进甚大。[②]

　　政府的宣传措施,自有其流于形式、命令式、惩罚式的诸种弊端。居民对防疫政策不理解也自有"民众知识浅陋"等缘由。但造成常德民众对防疫措施的不配合甚至抗拒,其根本原因,从历史资料中看,应在于国民政府及其官员的高高在上,与民众间是一种冷漠的统治者与被统治者的关系所使然。

　　10. 培训防疫人员

　　鼠疫在我国是少见的传染病,当时来常的医务人员具有防治经验者十分缺乏。防疫处聘请伯力士医师在常德举办多种鼠疫人员训练班,培训了一批防疫专技人员。容启荣《报告书》中说,"八月底止,已开班两次,每期一月,培训医师 4 人,护士 6 人,检验员 7 人,共计 17 人"[③]。谭学华回忆说:"1942 年春,伯力士来常指导预防和治疗鼠疫工作,开办了一个短期鼠疫检验训练班,他写了一本《鼠疫检查指南》,我曾替他当过义

---

　　① 《常德县防疫会议记录》(1941 年 11 月 8 日),常德市武陵区档案馆藏,档案号:100—5—168。《常德防疫处三十一年度第二次防疫会议记录》(1942 年 3 月 13 日),常德市武陵区档案馆藏,档案号:100—3—71。

　　② 容启荣:《防治湘西鼠疫经过报告书》(1942 年 9 月),湖南省档案馆藏,档案号:74—3—6。

　　③ 同上。

务翻译，并将这篇讲稿翻成了中文。"① 汪正宇回忆说："伯力士博士驻常……同时创办鼠疫专门训练班，余亦曾参加受训。"② 1942 年 4 月 14 日常德防疫会议记录："……由常益师管区、保安第四大队各派士兵 100 名，请伯力士训练，先行担任一星期之检疫。"③

　　培训防疫人员也是当时一项重要防疫措施，伯力士为此做出了杰出的贡献。见图 4—7。

图 4—7　参加常德防治鼠疫技术人员全体合影（1942 年 5 月 19 日）
图中第二排系领带者为伯力士

图片来源：川籍收藏家樊建川提供。转引自刘雅玲、龚积刚《细菌战大诉讼》，湖南人民出版社 2004 年版，书前插图。

---

① 谭学华：《关于日本帝国主义强盗在常德施放鼠疫细菌的滔天罪行的回忆》，常德市武陵区档案馆藏，档案号：372—2—16。

② 汪正宇：《敌机于常德首次投掷物品检验经过》（1942 年 12 月），重庆医专《医技通讯》创刊号。

③ 《常德防疫处三十一年度第三次防疫会议记录》（1942 年 4 月 14 日），常德市武陵区档案馆藏，档案号：100—3—171。

第五章

常德城区鼠疫受害调研

一 调查得知档案之外的常德城区居民死亡情况

（一）常德细菌战受害调查委员会

1996年12月，常德成立了"细菌战受害调查委员会"。这是一个民间的调查组织，它由一些退休教师、退休医生、退休工人和细菌战受害者遗属等组成。他们设立"日本侵华细菌战受害者接待处"（见图5—1）对外联络和展开工作。他们经过长期不懈的努力，至2002年经7年辛勤工作，在常德周边十多个区、县范围调查走访了约30万人次，取得

图5—1　日本侵华细菌战受害者接待处

15000多份受害人控诉材料，经认真整理和甄别审核，确定其中7643份（人）应为日军细菌战受害者（死亡者）。

他们在调查工作中对受害者的鉴别采取严谨求实的工作方法：一是"疫源求证法"，即参考历史档案记录和结合口述历史调查，考察受害人是否具有可信的染病途径；二是"时间求证法"，即考察受害人的受害年代、季节、月份、日期等，看是否与当时鼠疫流行的时间等相吻合；三是"症状求证法"，即考察受害人染病症状和死后尸体表症状况等是否符合鼠疫的基本特症；四是"旁证求证法"，即对受害人的受害材料听取其他知情人的证言。

图5—2　常德细菌战受害死亡者名册

资料来源：常德市细菌战受害者协会提供。

因此，常德细菌战受害调查委员会经7年工作而于2002年编成的《中国湖南常德侵华日军731部队细菌战受害死亡者及其遗属名册》（以下简称《死亡名册》，见图5—2）的调查结果应是真实可信的，并为日本法庭从法律层面采信和认定。

（二）调查委员会的调查结果

据常德细菌战受害者调查委员会《死亡名册》，1941年11月4日日机在常德投撒细菌后，城区至1941年12月底共计疫死86人；1942年全年共计疫死 174 人；1943 年全年疫死 28 人；1944 年疫死 8 人，1945 年疫死 2 人。总计 5 个年份共死亡 297 人，分属 163 个家庭。

表5—1 是《死亡名册》中记录的城区各年鼠疫死亡居民情况：

表5—1　　　　1941 年 11 月—1945 年 8 月历史档案记录之外的
常德城区居民鼠疫死亡表

受害家庭序号	死亡序号	姓名	性别	年龄	地址	死亡时间	备注
(1)	1	熊喜仔	女	30	水巷口	1941.11	受害人何英珍一家死去六口人：嫂嫂、姐夫、侄子、弟弟、叔叔、伯伯
	2	朱根保	男	28	水巷口	1941.11	
	3	何仙桃	女	3	水巷口	1941.11	
	4	何毛它	男	2	水巷口	1941.11	
	5	何洪源	男	40	水巷口	1941.11	
	6	河洪发	男	50	水巷口	1941.11	
(2)	7	方运登	男	8	灵官庙	1941.11	受害人方运胜死去的哥哥
(3)	8	刘栋臣	男	63	关庙街	1941.11	受害人刘开国死去的祖父和弟弟
	9	成美池	男	3	关庙街	1941.11	
(4)	10	柯先福	男	56	关庙街	1941.11	受害人柯高茂死去的叔父
(5)	11	丁春元	男	6	鸡鹅巷	1941.11	受害人丁爱芝死去的两个哥哥和一个姐姐
	12	丁浩春	男	4	鸡鹅巷	1941.11	
	13	丁淑华	女	1	鸡鹅巷	1941.11	
(6)	14	张桂英	女	21	鸡鹅巷	1941.11	受害人程启秀死去的母亲
(7)	15	何松林	男	33	鸡鹅巷	1941.11	受害人何静美死去的父亲
(8)	16	何恒荣	男	19	鸡鹅巷	1941.11	受害人何静华死去的哥哥
(9)	17	蔡牛二	男	29	北门	1941.11	受害人蔡万松死去的父亲
(10)	18	杨金兰	女	24	落路口	1941.11	受害人龚伯祥死去的母亲
(11)	19	魏学湘	男	41	小西门	1941.11	受害人魏成云死去的兄弟
(12)	20	韩秀雅	男	46	大河街	1941.11	受害人韩兵死去的伯祖父、伯祖母和伯父
	21	吴艳明	女	40	大河街	1941.11	
	22	韩东升	男	18	大河街	1941.11	
(13)	23	周玉陔	男	37	乔家巷	1941.11	受害人周冬生死去的父亲
(14)	24	刘氏	女	49	城东	1941.11	受害人丁腊珍死去的婆婆

续表

受害家庭序号	死亡序号	姓名	性别	年龄	地址	死亡时间	备注
	25	高桂生	男	58	驼古堤	1941.11	受害人陈以珍死去的夫祖父、夫父、夫叔父、夫舅父
(15)	26	高怀山	男	38	驼古堤	1941.11	
	27	高银山	男	35	驼古堤	1941.11	
	28	熊树堂	男	36	驼古堤	1941.11	
(16)	29	徐丽君	女	5	城东	1941.11.25	受害人徐善真死去的姐姐、妹妹
	30	徐惠珍	女	1	城东	1941.11.27	
(17)	31	郑圣阳	男	14	郑家巷	1941.11	受害人郑圣义死去的哥哥
(18)	32	陈培采	男	20	杨家巷	1941.11	受害人陈培芳死去的哥哥
(19)	33	黄小妹	女	11	大河街	1941.11	受害人李运年死去的大表姐、二表姐
	34	黄菊妹	女	9	大河街	1941.11	
(20)	35	黄杰	男	15	大河街	1941.11	受害人刘冬梅死去的大表哥、二表哥
	36	黄奇	男	13	大河街	1941.11	
(21)	37	李爱喜	女	14	大河街	1941.11	受害人李运初死去的堂姐
(22)	38	陈冬枝	女	37	大河街	1941.11	受害人李运喜死去的伯母、姑父
	39	黄新民	男	36	大河街	1941.11	
	40	李明汉	男	38	大河街	1941.11	受害人李西庭死去的哥哥、大姐、二姐
(23)	41	李明姣	女	28	大河街	1941.11	
	42	李明凤	女	22	大河街	1941.11	
(24)	43	曹碎英	女	48	高山街	1941.11	受害人刘勤死去的祖母
(25)	44	高绪文	男	13	鸡鹅巷	1941.12	受害人高绪官死去的两位哥哥
	45	高绪武	男	11	鸡鹅巷	1941.12	
	46	谢行钧	男	43	长巷子	1941.12	受害人谢璇死去的父、母、兄、妹
(26)	47	陈香英	女	37	长巷子	1941.12	
	48	谢春初	男	18	长巷子	1941.12	
	49	谢大妹	女	9	长巷子	1941.12	
(27)	50	黄小新	男	18	城西	1941.12	受害人李明庆死去的伯父
(28)	51	杨述初	男	26	城北	1941.12	受害人杨杏初死去的弟弟
(29)	52	梁子宽	男	28	城北	1941.12	受害人梁文远死去的叔叔
(30)	53	罗子镛	男	23	城北	1941.12	受害人罗纯武死去的父亲
(31)	54	罗银舫	男	18	城北	1941.12	受害人罗梅舫死去的哥哥

续表

受害家庭序号	死亡序号	姓名	性别	年龄	地址	死亡时间	备注
（32）	55	尹秋云	女	30	青阳阁	1941.12	受害人尹金生死去的姐姐、姐夫和外甥
	56	刘风山	男	31	青阳阁	1941.12	
	57	刘大华	男	8	青阳阁	1941.12	
（33）	58	胡玉连	男	22	青阳阁	1941.12	受害人胡国才死去的哥哥
（34）	59	罗运生	男	29	青阳阁	1941.12	受害人罗配英死去的丈夫
（35）	60	唐焕文	男	27	城北	1941.12	受害人唐友怀死去的两个叔叔
	61	唐焕全	男	25	城北	1941.12	
（36）	62	唐祥林	男	10	水府庙	1941.12	受害人唐吉麟死去的弟弟
（37）	63	胡芳萍	女	38	鸡鹅巷	1941.12	受害人祝伯海死去的姨父、姨母和姐姐
	64	盛文中	男	40	鸡鹅巷	1941.12	
	65	祝金翠	女	14	鸡鹅巷	1941.12	
（38）	66	罗忠萍	男	4	鸡鹅巷	1941.12	受害人罗忠谋死去的大姐、二姐
	67	罗忠云	女	3	鸡鹅巷	1941.12	
（39）	68	蒋瑞枝	女	41	鸡鹅巷	1941.12	受害人胡名恋死去的外祖母
（40）	69	胡民起	男	54	鸡鹅巷	1941.12	受害人郭德枝死去的公公
（41）	70	徐井林	男	9	光明巷	1941.12	受害人徐丽春死去的大哥、二哥
	71	徐伯林	男	7	光明巷	1941.12	
（42）	72	李高祥	男	15	光明巷	1941.12	受害人李德利死去的哥哥
（43）	73	叶跃明	男	6	火星池	1941.12	受害人李启春死去的儿子
（44）	74	闻昌林	男	10	火星池	1941.12	受害人闻宗云死去的二哥
（45）	75	黄舜臣	男	20	五铺街	1941.12	受害人黄汤臣死去的二哥和八妹、九妹
	76	黄仁玉	女	5	五铺街	1941.12	
	77	黄仁洁	女	3	五铺街	1941.12	
（46）	78	徐圣全	男	22	下南门	1941.12	受害人徐圣前死去的大哥
（47）	79	阳志喜	男	30	下南门	1941.12	受害人徐小妹死去的哥哥
（48）	80	周友福	男	28	下南门	1941.12	受害人周德武死去的父亲、哥哥
	81	周德进	男	10	下南门	1941.12	
（49）	82	万氏	女	73	灵官庙	1941.12	受害人王家英死去的母亲
（50）	83	陈佑铭	男	25	城东	1941.12	受害人陈仁中死去的父亲
（51）	84	周玉厚	男	24	乔家巷	1941.12	受害人梁银珍死去的哥哥

续表

受害家庭序号	死亡序号	姓名	性别	年龄	地址	死亡时间	备注
(52)	85	徐寅阶	男	30	大兴街	1941.12	受害人郑艳萍死去的姑父、姑母
	86	郑海珍	女	24	大兴街	1941.12	

以上1941年11月至1941年12月共计52个家庭死亡86人。见图5—3。

受害家庭序号	死亡序号	姓名	性别	年龄	地址	死亡时间	备注
(1)	87	胡菊先	女	4	鸡鹅巷	1942.1	受害人郭德枝死去的大女
(2)	88	陈云华	男	38	乔家巷	1942.2	受害人陈德才死去的祖父
(3)	89	李作廷	男	28	鸡鹅巷	1942.3	受害人李子儒死去的二叔和婶母
	90	王秀珍	女	26	鸡鹅巷	1942.3	
(4)	91	吴秋庭	男	28	城东	1942.3	受害人吴秋兰死去的哥哥
(5)	92	马自强	男	55	清真东寺	1942.3	受害人马信真死去的父亲、姑姑、大哥
	93	马秀英	女	57	清真东寺	1942.3	
	94	马长松	男	22	清真东寺	1942.3	
	95	黄升福	男	33	清真东寺	1942.3	
(6)	96	尹冬生	男	39	大河街	1942.3	受害人尹尧成死去的父亲、母亲、二伯父、二伯母和哥哥
	97	申九福	女	36	大河街	1942.3	
	98	尹秋生	男	44	大河街	1942.3	
	99	沈秀姑	女	38	大河街	1942.3	
	100	尹大成	男	7	大河街	1942.3	
(7)	101	左金桂	男	39	东门斗码头	1942.3	受害人左文昌死去的祖父和祖母
	102	郭先珍	女	35	东门斗码头	1942.3	
(8)	103	石兴皓	男	53	大河街	1942.3	受害人石太雄死去的父亲和兄弟
	104	石太文	男	15	大河街	1942.3	
41年(40)	105	胡群先	女	2	鸡鹅巷	1942.3	受害人郭德枝死去的二女
(9)	106	汪菊成	男	25	城东	1942.3	受害人汪阳春死去的哥哥
(10)	107	杨庆贵	男	48	城东	1942.3	受害人杨万荣死去的曾祖父
(11)	108	熊新堂	男	20	樟树坊	1942.3	受害人熊先福死去的伯父
(12)	109	李幺妹	女	38	袁家巷	1942.3	受害人袁湘山死去的祖母
(13)	110	毛妹子	女	18	常清街	1942.4	受害人张礼忠死去的姐姐和两个弟弟
	111	张国民	男	5	常清街	1942.4	
	112	张国成	男	5	常清街	1942.4	

续表

受害家庭序号	死亡序号	姓名	性别	年龄	地址	死亡时间	备注
（14）	113	黄奕秋	男	4	四铺街	1942.4	受害人黄炳辉死去的两个哥哥
	114	黄元武	男	2	四铺街	1942.4	
（15）	115	马善君	男	8	小西门	1942.4	受害人马善梅死去的大哥、二哥、三哥
	116	马善民	男	5	小西门	1942.4	
	117	马善杰	男	3	小西门	1942.4	
（16）	118	陈发若	男	59	东湖巷	1942.4	受害人陈瑞声死去的祖父、祖母、伯父、伯母
	119	陈黄氏	女	58	东湖巷	1942.4	
	120	陈庚堂	男	41	东湖巷	1942.4	
	121	严三姑	女	37	东湖巷	1942.4	
（17）	122	毛仁山	男	60	五铺街	1942.4	受害人毛文丕死去的父亲
（18）	123	李锡成	男	20	黑神庙	1942.4	受害人夏新年死去的丈夫
（19）	124	吴秋舫	男	23	东门河洲	1942.4	受害人吴秋兰死去的弟弟、哥哥
	125	吴秋庭	男	28	东门河洲	1942.4	
（20）	126	覃永长	男	38	杰云旅馆	1942.4	受害人覃隆桂死去的祖父
（21）	127	曾秦川	男	42	杰云旅馆	1942.4	受害人曾金钟死去的父亲、母亲、哥哥、嫂嫂、大妹、小妹和伯父
	128	包凤英	女	41	杰云旅馆	1942.4	
	129	曾起夫	男	23	杰云旅馆	1942.4	
	130	张永金	女	20	杰云旅馆	1942.4	
	131	曾大妹	女	18	杰云旅馆	1942.4	
	132	曾幺妹	女	16	杰云旅馆	1942.4	
	133	曾茂林	男	50	杰云旅馆	1942.4	
（22）	134	黄生荣	男	28	关天坪	1942.5	受害人黄民恒死去的父亲
（23）	135	罗丕元	男	42	三闾桥	1942.5	受害人罗金枝死去的父亲
（24）	136	周友方	男	42	三闾桥	1942.5	受害人周占荣死去的祖父
（25）	137	铁正和	男	48	北门老屋	1942.5	受害人彭其国死去的祖父
（26）	138	秦李氏	女	42	泮池街	1942.5	受害人秦建新死去的祖母
（27）	139	彭公明	男	65	黄金台	1942.5	受害人彭新山死去的祖父、祖母
	140	陈桂香	女	62	黄金台	1942.5	
（28）	141	伍大姐	女	38	回水湾	1942.5	受害人伍作善死去的姑母

续表

受害家庭序号	死亡序号	姓名	性别	年龄	地址	死亡时间	备注
（29）	142	徐四妹	女	48	高山街	1942.5	受害人钟克华死去的母亲、姐姐和弟弟
	143	钟克召	女	26	高山街	1942.5	
	144	钟克首	男	12	北正街	1942.5	
（30）	145	徐成福	男	61	北正街	1942.5	受害人魏广德死去的姑父、表嫂、表侄
	146	陈大妹	女	22	北正街	1942.5	
	147	徐程	男	1	贺八巷	1942.5	
（31）	148	苏万祥	男	69	贺八巷	1942.5	受害人苏昌德死去的祖父、大伯、三伯、姐姐、叔叔、哥哥
	149	苏世顺	男	48	贺八巷	1942.5	
	150	苏巴元	男	45	贺八巷	1942.5	
	151	苏金枝	女	19	贺八巷	1942.5	
	152	苏世昆	男	39	贺八巷	1942.5	
	153	苏昌定	男	22	贺八巷	1942.5	
（32）	154	何明禄	男	58	东堤	1942.5	受害人何凤桥死去的祖父和母亲
	155	龙芝兰	女	34	东堤	1942.5	
（33）	156	张保凤	男	24	东堤	1942.5	受害人张桂清死去的四祖父
（34）	157	袁本华	男	40	袁家巷	1942.5	受害人彭湘山死去的祖父
（35）	158	莫家顺	男	35	大河街	1942.6	受害人黄志红死去的伯祖父
本年（28）	159	伍幺妹	女	24	回水湾	1942.6	受害人伍作善死去的二姑母
（37）	160	陈汉伯	男	22	小西门	1942.6	受害人陈义华死去的伯父
（38）	161	胡述根	男	35	小西门	1942.6	受害人朱重艳死去的叔父
（39）	162	李宏桂	男	42	小河街	1942.6	受害人姜桃枝死去的祖父、父亲
	163	李万清	男	48	小河街	1942.6	
本年（18）	164	李天明	男	40	黑神庙	1942.6	受害人夏新年死去的公公
（41）	165	杨松柏	男	26	五铺街	1942.6	受害人杨树生死去的父亲
（42）	166	王西破	男	8	鸡鹅巷	1942.6	受害人王德喜死去的大叔叔和小叔叔
	167	王腊破	男	6	鸡鹅巷	1942.6	
（43）	168	何松枝	男	35	大河街	1942.6	受害人何樵云死去的父亲
（44）	169	郭建清	男	45	独狮子	1942.6	受害人袁云清死去的外祖父
（45）	170	盛炳炎	男	28	黄金阁	1942.7	受害人黄伯平死去的舅父

受害家庭序号	死亡序号	姓名	性别	年龄	地址	死亡时间	备注
(46)	171	陈清芝	男	33	三板桥	1942.7	受害人陈桂娥死去的父亲
(47)	172	樊荣皆	男	38	城东门	1942.7	受害人樊老三死去的父亲
(48)	173	黄祖壁	男	6	高山街	1942.7	受害人黄祖祥死去的弟弟、妹妹
	174	黄祖英	女	4	高山街	1942.7	
(49)	175	易梅珍	女	20	南竹山	1942.8	受害人易孝信死去的姐姐和外甥
	176	张德星	男	1	南竹山	1942.8	
(50)	177	陈文新	男	30	小西门	1942.8	受害人陈振源死去的父亲
(51)	178	杨成彦	男	55	城西	1942.8	受害人杨修银死去的祖父
(52)	179	张力华	男	42	岩桥	1942.8	受害人李正超死去的姑父、姑祖父、姑祖母、大表兄、二表兄
	180	张万伯	男	65	岩桥	1942.8	
	181	袁元圆	女	61	岩桥	1942.8	
	182	张文	男	18	岩桥	1942.8	
	183	张武	男	15	岩桥	1942.8	
(53)	184	李国友	男	41	小西门	1942.8	受害人李正新死去的叔父、堂兄、堂姐、堂兄、婶母
	185	李正源	男	20	小西门	1942.8	
	186	李正秀	女	18	小西门	1942.8	
	187	李正勇	男	15	小西门	1942.8	
	188	朱幺妹	女	40	小西门	1942.8	
(54)	189	李金春	女	9	小西门	1942.8	受害人李文立死去的姐姐
(55)	190	熊庭献	男	46	城西	1942.8	受害人熊德球死去的父亲
(56)	191	席座堂	男	40	小西门	1942.8	受害人席凤枝死去的父亲、母亲
	192	肖冬莲	女	38	小西门	1942.8	
(57)	193	罗昌应	男	52	小西门	1942.8	受害人罗志鹏死去的祖父
(58)	194	张成安	男	27	大高山街	1942.8	受害人张凤初家死去的父亲和学徒
	195	李德容	男	16	大高山街	1942.8	
(59)	196	杨松廷	男	38	箭道街	1942.8	受害人杨冬珍死去的伯父
(60)	197	程桃儿	女	49	四眼井	1942.8	受害人张兴元死去的父母
	198	张文华	男	51	四眼井	1942.8	
(61)	199	丁富生	男	27	大西门	1942.8	受害人周小妹死去的二伯父
(62)	200	王本习	男	38	北正街	1942.9	受害人王先丽死去的叔祖父

续表

受害家庭序号	死亡序号	姓名	性别	年龄	地址	死亡时间	备注
(63)	201	徐明健	男	3	长巷子	1942.9	受害人徐武死去的叔祖父
	202	徐六妹	女	2	长巷子	1942.9	
(64)	203	于海堂	男	22	北门老屋	1942.9	受害人于兴林死去的祖父
(65)	204	喻承德	男	42	三闾桥	1942.9	受害人万喻枝死去的外祖父
(66)	205	顾母	女	50	丹阳楼	1942.9	受害人罗爱珍死去的姑母
(67)	206	吴希银	男	12	三闾桥	1942.9	受害人罗希金死去的祖父
(68)	207	易德阶	男	43	三闾桥	1942.9	受害人易友胜死去的祖父
(69)	208	胡毛儿	男	41	三闾桥	1942.9	受害人胡明谷死去的祖父、姑姑
	209	胡小妹	女	9	三闾桥	1942.9	
(70)	210	易孝堂	男	38	三闾桥	1942.9	受害人易焕玉死去的祖父、姑姑
	211	易友芝	女	8	三闾桥	1942.9	
(71)	212	易孝慈	男	39	三闾桥	1942.9	受害人刘年柏死去的外祖父
(72)	213	易德经	男	30	三闾桥	1942.9	受害人易友喜死去的祖父、外祖父
	214	喻垮儿	男	42	三闾桥	1942.9	
(73)	215	易孝荣	男	42	三闾桥	1942.9	受害人易焕明死去的祖父
(74)	216	汤金阶	男	41	大河街	1942.9	受害人汤永顺死去的祖父
(75)	217	程元氏	女	25	城北	1942.9	受害人程淑桃死去的母亲和弟弟
	218	程小毛	男	1	城北	1942.9	
(76)	219	喻正清	男	43	东堤	1942.9	受害人喻万新死去的大伯
(77)	220	陈华山	男	42	岩坪	1942.9	受害人陈喜连死去的二伯父、二伯母、堂兄
	221	李翠姐	女	40	岩坪	1942.9	
	222	陈圣魁	男	22	岩坪	1942.9	
(78)	223	陈满姑	女	56	西围墙	1942.10	受害人李明庭死去的祖母
(79)	224	蔡老三	男	19	城北	1942.10	受害人肖金菊死去的叔父
(80)	225	胡焕清	男	29	乌龙巷	1942.10	受害人胡利民死去的叔父
(81)	226	高在礼	男	54	城西	1942.10	受害人高德华死去的二祖父、大祖父
	227	高在堂	男	59	城西	1942.10	
(82)	228	徐明仲	男	19	鸡鹅巷	1942.10	受害人徐明贤死去的小哥
(83)	229	何在昌	男	21	鸡鹅巷	1942.10	受害人李伯全死去的姑父
(84)	230	罗世泽	男	13	夹街寺	1942.10	受害人罗静死去的小哥

受害家庭序号	死亡序号	姓名	性别	年龄	地址	死亡时间	备注
(85)	231	谢庆弟	男	43	关庙街	1942.10	受害人谢陆泉死去的祖父、叔祖父、叔叔、祖母、叔祖母
	232	谢庆岳	男	35	关庙街	1942.10	
	233	谢汉清	男	18	关庙街	1942.10	
	234	刘幺妹	女	42	关庙街	1942.10	
	235	唐大妹	女	35	关庙街	1942.10	
(86)	236	何国基	男	21	城北	1942.10	受害人何可仁死去的堂弟、堂弟媳
	237	柳长秀	女	20	城北	1942.10	
(87)	238	罗祥生	男	70	骡马甸	1942.10	受害人李贵宝死去的公公、婆婆
	239	刘氏	女	68	骡马甸	1942.10	
本年(47)	240	周意姑	女	40	城东门	1942.10	受害人樊老三死去的母亲
(88)	241	石才保	男	50	城西	1942.11	受害人石子文死去的祖父、祖母
	242	肖玉枝	女	46	城西	1942.11	
本年(47)	243	张学新	男	2.5	城东门	1942.11	受害人樊老三死去的表弟
(89)	244	陈振华	男	46	麻阳街	1942.11	受害人陈春仙死去的祖父
(90)	245	胡焕清	男	29	乌龙巷	1942.12	受害人胡利明死去的叔叔
(91)	246	郑福庭	男	27	北门土桥	1942.12	受害人郑孝文死去的叔父、婶母、堂兄
	247	王爱珍	女	23	北门土桥	1942.12	
	248	郑孝德	男	9	北门土桥	1942.12	
(92)	249	徐洪义	男	38	梳子巷	1942.12	受害人徐阳清死去的大叔父、大婶母、二叔父、二婶母、三叔父
	250	肖银珍	女	34	梳子巷	1942.12	
	251	徐洪方	男	26	梳子巷	1942.12	
	252	张雪梅	女	21	梳子巷	1942.12	
	253	徐洪智	男	19	梳子巷	1942.12	
(93)	254	张小弟	男	6	柳堤巷	1942.12	受害人张昌福死去的大弟、小弟
	255	张幺婆	男	3	柳堤巷	1942.12	
(94)	256	史玉成	男	62	小西门	1942.12	受害人王贵枝死去的外祖父、外祖母、舅父、舅母、表哥
	257	张玉花	女	59	小西门	1942.12	
	258	史子林	男	38	小西门	1942.12	
	259	陈红英	女	37	小西门	1942.12	
	260	史建年	男	19	小西门	1942.12	

续表

受害家庭序号	死亡序号	姓名	性别	年龄	地址	死亡时间	备注
以上1942年全年共计94个家庭死亡174人。见图5—4。							
(1)	261	滕九高	男	31	北正街	1943.1	受害人滕维周死去的祖父
(2)	262	彭明伯	男	51	大兴街	1943.8	受害人杨秀梅死去的祖父、祖母
	263	郭三妹	女	50	大兴街	1943.8	
(3)	264	陈约齐	男	28	卫门口	1943.12	受害人陈学德死去的父亲和妹妹
	265	陈小芳	女	3	卫门口	1943.12	
(4)	266	李贵生	男	24	东湖巷	1943.3	受害人李先思死去的哥哥、嫂嫂、弟弟、侄儿
	267	蒯氏	女	23	东湖巷	1943.3	
	268	李九三	男	18	东湖巷	1943.3	
	269	李毛弟	男	2	东湖巷	1943.3	
(5)	270	刘吉成	男	30	大河街	1943.3	受害人谢陆泉死去的外祖父、叔外祖父、大舅、二舅
	271	刘吉功	男	30	大河街	1943.3	
	272	刘善文	男	15	大河街	1943.3	
	273	刘善武	男	10	大河街	1943.3	
(6)	274	张文朗	男	32	乌龙巷	1943.4	受害人张义元死去的父亲
(7)	275	黄承义	男	46	康家巷	1943.4	受害人黄祖死去的父亲、母亲、伯父、堂兄
	276	蒯万美	女	44	康家巷	1943.4	
	277	黄承会	男	50	康家巷	1943.4	
	278	黄祖贯	男	28	康家巷	1943.4	
(8)	279	江升平	男	8	北堤	1943.3	受害人江升静死去的弟弟
(9)	280	欧阳石琴	男	60	三板桥	1943.8	受害人欧阳捷死去的父亲、母亲
	281	罗氏	女	52	三板桥	1943.8	
(10)	282	徐宏发	男	43	二里岗	1943.5	受害人徐和春死去的祖父
(11)	283	高在生	男	20	高家冲	1943.3	受害人高伯祥死去的堂伯
(12)	284	刘雨生	男	26	城东	1943.10	受害人刘湘林死去的父亲
(13)	285	黄六儿	男	32	城东	1943.10	受害人黄金枝死去的祖父
(14)	286	代仁本	男	43	王家巷	1943.10	受害人代吉本死去的哥哥
(15)	287	魏德枝	女	29	北正街	1943.6	受害人魏德广死去的姐姐

以上1943年全年共计死亡27人。见图5—5。

续表

受害家庭序号	死亡序号	姓名	性别	年龄	地址	死亡时间	备注
	288	杨腊翠	女	26	打铁街	1944.8	
	289	汪菊香	女	27	打铁街	1944.8	
	290	汪满堂	男	5	打铁街	1944.8	
(16)	291	汪建堂	男	3	打铁街	1944.8	受害人汪少新死去的嫂嫂、大姐、大侄、二侄、二姐、父亲、大外甥、二外甥
	292	汪菊芳	女	17	打铁街	1944.8	
	293	汪福生	男	59	打铁街	1944.8	
	294	何大明	男	5	打铁街	1944.8	
	295	何小明	男	3	打铁街	1944.8	

以上1944年8月死亡8人。见图5—5。

	296	贵立发	男	30	城西	1945.8	受害人贵体望死去的父亲、祖父
(17)	297	贵应福	男	46	城西	1945.8	

以上1945年8月死亡2人。见图5—5。

资料来源:常德细菌战受害调查委员会编《中国湖南常德侵华日军731部队细菌战受害死亡者及遗属名册》,2002年8月编定。

(三) 上述调查所得受害家庭分布图

图5—3   调查所得1941年11—12月常德县城区鼠疫受害家庭分布图
说明:〇代表每一受害家序号数(参阅"档案记录外的常德城区居民鼠疫死亡表")。

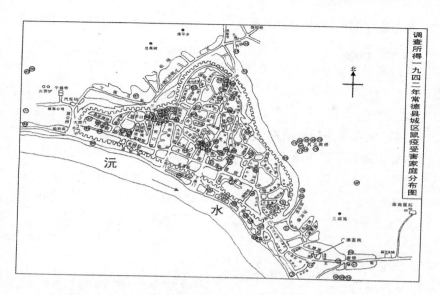

图 5—4　调查所得 1942 年常德县城区鼠疫受害家庭分布图

说明：〇代表每一受害家庭序号数（参阅"档案记录外的常德城区居民鼠疫死亡表"）。

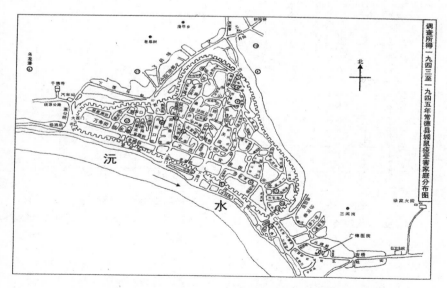

图 5—5　调查所得 1943—1945 年常德县城区鼠疫家庭分布图

说明：〇代表每一受害家庭序号数（参阅"档案记录外的常德城区居民鼠疫死亡表"）。

据上述三图,1941 年常德城区受害家庭共计 52 户,死亡居民 86 人。1942 年全年受害家庭 94 户,死亡居民 174 人。1943—1945 年,城区还有零星鼠疫发生,受害家庭共 17 户,死亡居民 37 人。6 个年份共计受害家庭 163 户,总计死亡之居民 297 人。

(四) 调查结果的可信性分析

常德细菌战受害调查委员会的上述死亡调查具有相当的可信性。我们从容启荣《报告书》中可知 1942 年 1 月至 7 月常德城区的老鼠染疫率:1 月 20.03%;2 月 19.04%;3 月 22.35%;4 月 44.29%;5 月 13.68%;6 月 3.47%;7 月 0.78%。见图 5—6。

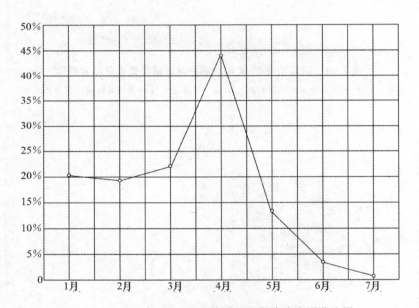

图 5—6　1942 年 1—7 月常德城区老鼠染疫率百分比图

资料来源:根据容启荣《防治湘西鼠疫经过报告书》附表一《湖南常德鼠疫分类检验结果统计表》绘制。

我们再看"常德细菌战受害调查委员会"调查所得 1942 年 1 月至 7 月各月死亡的人数:1 月 1 人;2 月 1 人;3 月 21 人;4 月 24 人;5 月 24 人;6 月 12 人;7 月 5 人。见图 5—7。

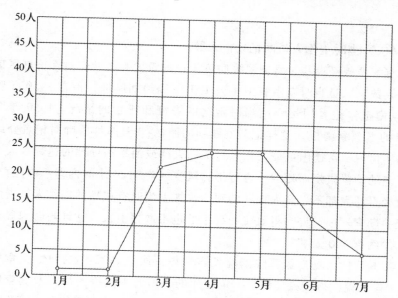

图 5—7　1942 年 1 月至 7 月常德城区死亡人数表示图
资料来源：常德细菌战受害调查委员会《死亡名册》（常德城区部分）。

　　比较以上疫鼠百分率图和城区各月死亡人数图，我们会发现，1942年 3、4、5 月 3 个月城区鼠间鼠疫流行高峰时，常德细菌战受害调查委员会调查所得的死亡人数也呈现着同步的高峰。这种 60 多年前的资料和 60多年后的调查结果不谋而合的状况，证实了该调查结果具有坚实的可信性；由此我们可以推断整个调查结果的可信性。

二　常德城区鼠疫死亡的总人数

（一）档案数与调查数不是总数

　　历史档案记录的常德城区死亡人数是 37 人，常德细菌战受害调查委员会调查所得是 297 人，二者共计 334 人。看来，历史档案的记录只是实际死亡的一个很少的数字；常德受害调查会的数字，也是一个与实际死亡有很大距离的数字，因为他们的调查从 1996 年才开始，距事件发生已五六十年，这期间常德原有居民变动极大，大量的受害者及其遗属无法找寻。

（二）当时工作人员回忆死亡人数

有三位曾经参与过常德鼠疫防疫工作的重要人员回忆过常德城区鼠疫死亡人数。一是当时湖南省卫生处卫生工程师刘厚坤，他在 1950 年曾向《新湖南报》记者回忆介绍当时常德的染疫和死亡的情况。1950 年 2 月 11 日的《新湖南报》这样记载刘厚坤的回忆："刘厚坤医师对记者介绍当时的实情说：常德因鼠疫死亡经过他们火葬或消毒等处理的达数十人，有全家老幼均罹鼠疫而死的，也有得肺鼠疫急症于 24 小时内即不治死亡的。但因老百姓大都不忍亲人火葬的观念，加上当时有些坏的工作人员借此进行威胁勒索，因此许多得鼠疫而死了的也不敢报上来，估计当时因鼠疫而死亡的约有 400 人。"

二是当时常德广德医院副院长谭学华，他于 1972 年的回忆文章中写道："群众说：得了鼠疫病是一定会死的，因此患鼠疫的病人及其家属均不愿住隔离医院，而宁愿死在家里。有些鼠疫患者怕死后烧尸，而偷偷跑到乡间，所以 1942 年的常德鼠疫曾一度蔓延到镇德桥、石公桥等处，另外在桃源有一农民在常德贩布，感染鼠疫后带回该处而导致流行，听说死了不少人，这次常德鼠疫的流行及被鼠疫毒害而死的当在 500 人以上。"[①] 这里他加上了桃源莫林乡和常德乡下石公桥的死亡人数，所以他的估计与刘厚坤差不多。

三是当时湖南省卫生处主任技正、湘西防疫处特派员邓一韪，他于 1965 年写文章回忆道："继蔡桃儿死亡后，关庙街、鸡鹅巷一带相继发生病例多起，往往不及医治而死。染疫人数一天天增多，平均每天在 10 人以上，传染极为迅速，一人有病，波及全家。……这一段时间内，死于鼠疫的约在 600 人以上，其中大多数是腺鼠疫。"[②]

（三）死亡人数的分析与估计

三位当年的亲历者中，邓一韪的死亡 600 余人的估计应更接近实际。一是因为他是当时常德防疫部门的高层领导者，了解掌握的实情较前二位

---

① 谭学华：《关于日本帝国主义强盗在常德施放鼠疫的滔天罪行的回忆》，常德市档案馆藏，档案号：5—13，249—57。

② 邓一韪：《日寇在常德进行鼠疫细菌战的经过》（1965 年 11 月），原载《湖南文史资料选辑》第 18 辑，长沙：湖南人民出版社 1984 年版。

更多，估计会更准确些。二是因为他的估计是有根据的，他回忆当时隔离医院收治的鼠疫病人是 120 余人，容启荣《报告》中记收治鼠疫病人 25 名；但曾入住隔离医院，后治愈的受害者杨志惠说住院患者有 200 多人，多数死亡，火化炉到 1942 年 4 月火化的疫尸是 360 余具，4 月以后不再火化而改为将大批疫尸在指定的公墓土葬，这三地（隔离医院、火化炉、指定公墓）的死者加起来约为 600 之数。

其实邓一趸的死亡数字估计还遗漏了一个重大部分，即大量隐瞒未报的由亲人偷运出城掩埋的死者。查阅常德细菌战受害调查委员会的《死亡名册》，城区死者是 297 人，这其中有 275 人是偷运出城自己埋葬的。

自 1996 年以来，经常德细菌战受害调查委员会的调查可以得知，很多鼠疫受害者家庭都把尸体秘密运到城外埋葬了。同时，受害调查委员会近 7 年的调查是在 50 多年后进行，不可能寻找到全部受害者及其遗属，他们调查到的估计不足实际受害死亡的 50%。因此，城区当年的实际死亡数字估计在 1000 人左右恐不为过。

三 日军鼠疫对和平居民的深刻危害

（一）常德城区的死者

仅依据常德细菌战受害调查会 7 年来的受害调查材料，日军细菌战对常德实施的鼠疫细菌攻击，从 1941 年 11 月至 1945 年 8 月在常德城区造成长达 5 个年份的鼠疫流行，共使 163 个和平居民家庭受害，死亡 297 人（未包括档案记录的死亡），其中妇女 85 人，15 岁以下的儿童 72 人。163 个家庭中，全家死去 8 口人的 1 户，死去 7 口人的 1 户，死去 6 口人的 2 户，死去 5 口人的 6 户，死去 4 口人的 7 户，死去 3 口人的 12 户，死去 2 口人的 38 户，死去 2 口人以上的受害家庭共计 67 户。常德城区 1942 年居民人数为 62150 人，调查鼠疫死亡人数 297 人加上档案记录死亡人数 37 人合计 334 人，则日军鼠疫攻击造成的死亡率是 1/186，如按邓一趸死亡 600 余计算，则死亡率约为 1/100。

（二）鼠疫感染者遭受的痛苦

据现代传染病学著作的描述，鼠疫病是一种死亡率很高而且极为痛苦的恶疫：它起病急骤，病情加重迅速，高热伴畏寒寒战，全身毒血症状，有乏力、头痛、头晕及全身疼痛,也可有呕吐、腹泻;出血表现有皮肤瘀点瘀斑、鼻出血、呕血、咯血、血便或血尿;亦可有呼吸急促、发绀、脉搏细速、血压下降及全身极度衰竭。主要有腺型、败血型、肺型三种。腺鼠疫主要表现为严重的急性淋巴结炎、淋巴结迅速肿大以致化脓破溃,疼痛剧烈,可3—5天死亡。败血症鼠疫多继发于腺鼠疫或肺鼠疫,病情凶险、高热寒战,伴全身严重的毒血症状,呼吸急促,神志不清甚至昏迷,可于数小时至2—3天死亡。肺鼠疫可继发于腺鼠疫,典型症状为高热及全身毒血状况并伴剧烈咳嗽、胸痛、呼吸困难及咯血沫血痰,死亡率70%—100%,死后全身皮肤呈黑紫色。①

　　日军在常德人为地撒播这种恶性传染病,至少造成城区334名和平居民死亡,并使他们在死亡过程中遭受到极大的肉体痛苦。如受害者遗属刘开国(当年14岁),2004年向笔者诉说他祖父刘栋成(当年63岁,《死亡表》第8号)死时痛苦状况说:"祖父在鸡鹅巷染病后不敢入医院,怕被解剖、火化,抬回乡下,我当时看到祖父脸发红,额头滚烫,双目紧闭,十分痛苦的模样,他已不能讲话,只能向我们打手势,这样熬了三天后死亡,死时口鼻溢出血泡,身上多有紫块,乡下医生说是'鬼打青'。"

(三) 受害者亲属、遗属受到的精神伤害

　　日军人为的鼠疫不仅给鼠疫受害人造成极大的肉体痛苦,而且给其亲人(遗属)造成极大的精神上的伤害。从所列《常德城区居民鼠疫死亡表》上我们可以看到,有子女死去父亲、母亲的;有父亲、母亲死去儿子、女儿的;有祖父、祖母死去孙子、孙女的;有妻子死去丈夫、丈夫死去妻子的;等等。这些失去至爱亲人的儿子、女儿、父亲、母亲、祖父、祖母、妻子、丈夫,要承受何等悲惨残酷的精神伤害啊!

　　《死亡表》上第7号受害者方运登,1941年11月时,只有8岁,他染疫死亡后他的祖母为之精神失常,常年在夜间穿街走巷呼唤着他的名字,希望他还能"回家"。

　　《死亡表》上第25号受害家庭,1941年12月,这个位于鸡鹅巷的5口之家,死去两个男孩,13岁的高绪文,11岁的高绪武,他们的母亲为两个儿子的死日夜哭泣,为此眼睛几乎失明,并一度两个多月精神失常。

---

① 王季午:《传染病学》,上海:上海科技出版社1998年版,第507页。

这种受害者亲属精神上的伤害，不仅是当时的，而且是长期的、持续到现在的。我们每次去做受害调查，总会引起被调查者的痛苦回忆，许多老人常常是泪流满面哭诉那段心酸的历史。《死亡表》上第 1 号受害家庭，1941 年 11 月死去 6 位亲人，这个家庭的幸存者今年 80 岁的何英珍老人，每年的清明节都要率领全家去给在那场黑色灾难中死去的 6 位亲人扫墓。

（四）　日军细菌战对平民的家庭和生活造成的伤害

日军细菌战对常德和平居民家庭和家庭经济的伤害是摧毁性的。中国有一个形容人生遭受最大伤害的成语，叫做"家破人亡"，日军细菌战给常德城区各受害家庭带来的正是这样一种伤害。在《死亡表》中所受到伤害的 163 个家庭中，有些是中产家庭，而更多的是贫民家庭，他们当中有许多在日军制造的这场黑色灾难中倏遭破产，或者家道中落，或者一贫如洗，或者流离失所……

例如《死亡表》上第 3 号家庭，受害者刘栋成原是常德城内最大两个酱园铺的老板，属于富有中产阶级，但由于他死于鼠疫，他的铺子被迫关闭，其家道迅速中落。其孙刘开国说："当时我家住在鸡鹅巷华严庵 30 号，共 7 口人，爷爷、奶奶、父母亲，还有两个弟弟。家里的生活很好，爷爷经营德丰祥、德丰南两个酱园。我家的房子值 3000 银元，高大的窨子屋很漂亮，但爷爷死后，两个酱园倒闭，我家也破产了。"

例如《死亡表》上第 26 号家庭，受害人谢行钧是常德城北"兴盛祥南货铺"的老板，家产殷实，但 1941 年 12 月全家 5 口人有 4 口在 7 天内染疫死亡，只剩下他在外读书的 13 岁的二儿子谢璇幸存。他家真可谓"家破人亡"。此后他幸存的儿子谢璇只能孤身一人在乡下的叔叔家寄养长大。谢璇说，"那年我在城外的清平乡中心小学寄宿念书，没有在家住，结果我父母、哥哥、姐姐都在城里感染鼠疫死了，而我得以幸免。但我的幸免又有什么意义呢?!"

又例如，容启荣报告书中《常德鼠疫患者一览表》第 22 号受害者马宝林，他是一个建筑工匠，人称"马瓦匠"，住常德城东五铺街，1942 年 4 月，他妻子黄雪梅先于他染疫死在隔离医院，随后他也于 4 月 17 日染疫死在广德医院，留下他一个 14 岁的儿子成为孤儿，完全没有了生活来源，后来吃尽人间苦难才得以长大成人。

（五）常德今天仍存鼠疫的潜在威胁

2004 年笔者走访了常德市疫病预防控制中心（原常德市卫生防疫站），该单位主任钟发胜介绍说：他们从 1984 年开始每年对常德城区、常德石公桥镇、桃源城关镇三个 1940 年代鼠间鼠疫曾剧烈流行的地区的老鼠进行鼠疫监测。1990 年在常德城区发现 2 例、1991 年在桃源城关镇发现 1 例老鼠的血清中鼠疫抗体呈阳性。这显示着今后鼠疫仍有潜在发生的危险。

在细菌战诉讼案中，日本法庭也关注到这一问题，在 2002 年对常德、浙江细菌战受害诉讼的一审判决书中指出："鼠疫本来是啮齿类动物的疾病，但在人之间流行后，病原体在生物界留存，使人受感染的可能长期存在。从这个意义上说，鼠疫不仅造成区域社会崩溃，而且也造成环境的长期污染。"①

四　城区 12 名受害者的受害陈述

（一）马培成受害陈述

我叫马培成，生于 1955 年 2 月 16 日，世居常德。现（指 2003 年时——笔者注）为常德市环境卫生管理处临时工，居常德城东贺八巷红卫居委会环卫东所职工宿舍 1 单元 302 号。

我父亲在世时告诉我，我的祖父和祖母是 1942 年 4 月死于常德鼠疫的。那时候，我家住在常德城东的"五铺街"，祖父叫马宝林，是瓦匠，那年 53 岁；祖母叫黄雪梅，是家庭妇女，那年 57 岁。那年常德城里发"人瘟"，死了很多人，4 月初，我祖母染病，被政府送入隔离医院，几天后死亡。当时隔离医院病人死后要火化，祖父不想让祖母火化，花 4 块银元偷买回尸体，葬在乡下八斗湾。祖母死后大约一星期，祖父也染病，被政府送到广德医院，入院后很快死亡。当

---

① 《东京地方法院就侵华日军细菌战国家赔偿诉讼案一审判决书》（2002 年 8 月 27 日），载王希亮、周丽艳编译《侵华日军 731 部队细菌战资料选编》，北京：社会科学文献出版社 2015 年版，第 608 页。

时我父亲只有 14 岁，祖父的尸体他看也没看到，就由医院处理了。

我父亲说，祖父、祖母死后，他真是苦，他只身一人成了孤儿，举目无亲，每日以泪洗面。后来为了生活，他只好去卖鱼，学做小贩谋生。父亲年岁稍长，又被"卖壮丁"，即人家给他一笔钱，他顶替别人去充当壮丁；还曾"卖坐牢"，即人家给他一笔钱，他顶替别人去坐牢。我父亲真是吃尽了人间苦难，而这苦难的根源就是日本 731 部队没有人性的罪恶的细菌战。①

查阅 1942 年 9 月中国国民政府卫生署防疫处处长容启荣（他 1942 年 5 月至 6 月在常德督导防疫）所写的《防治湘西鼠疫经过报告书》，其中所列《常德鼠疫患者经过情形一览表》中，有受害者"马宝林"的名字（第 22 号患者），及住址和染病、死亡等情况，现抄录于下："姓名：马宝林；年龄：54；职业：工（人）；住址：五铺街；发病日期：1942.4.15；死亡日期：1942.4.17；诊断：腺型（鼠疫）。"

（二）刘开国受害陈述

我叫刘开国，生于 1927 年农历十月二十七日。现（指 2003 年时——笔者注）为常德市建设委员会退休干部，住常德市城东红卫居委会 40 组斗姆阁巷 119 号。

1941 年 12 月，我祖父刘栋成（当年 63 岁）、弟弟成美池（随母姓，当年 6 岁）死于常德鼠疫。那年我 14 岁，祖父和弟弟受害死亡的情况我都曾亲见。

那时候，我家住在鸡鹅巷华严庵 30 号，全家有 7 口人：祖父、祖母、父亲、母亲、我和两个弟弟。家境不错，祖父是"德丰祥"和"德丰南"两个酱园的老板，住宅是花三千银元购买的一座很不错的房子。

但 1940 年前后，日本飞机几乎日日来轰炸常德城，许多市民被炸死，出于安全考虑，祖父让我们全家搬到常德乡下去住，只有祖父

---

① 陈致远：《2004 年 7 月 15 日呈递东京高等法院 1941 年日军常德细菌战对常德城区和石公桥和平居民的加害鉴定书》（中文本），第 42 页。

留在城内带几个店员看守酱园铺。1941 年底，祖父在城里染上鼠疫，因为祖父的"德丰祥"酱园就在城里鼠疫中心地带的鸡鹅巷和关庙街。祖父病得厉害，又不敢入医院，因为怕死在医院后被解剖、被火化，便请人抬回乡下（常德北部白鹤山周家岗）家中。祖父当时发高烧，脸发红，已不能讲话，只能向我们做手势，三天后死亡，死时口鼻溢出血泡，身上多有紫块，乡下土医生说是"鬼打青"。祖父死后尸体运到德山湘阴会馆坟地（也叫老虎窝）埋葬。

我小弟弟成美池是祖父最疼爱的小孙子，平时和祖父非常亲近。祖父染病回家后，不懂事的弟弟趁家人不备跑到祖父床前亲昵，结果他也染病。祖父刚死被葬，他便发病，其病况也是发烧、气喘，身上发红发紫，与祖父相同，发病两日后即死亡。死后被埋在我家屋后陈小山。

祖父死后，我家在城里的两个酱园铺子垮了，很多账目也因祖父来不及交代就死去而不清楚了，很快我家破产，由一殷富人家破落得一贫如洗，后来全家生活仅靠父亲在隽新中学教书的薪水勉强维持。日军细菌战是我家这一巨大灾变的祸源。[①]

（三）李明庭受害陈述

我叫李明庭，生于 1934 年农历七月初八。现（指 2003 年时——笔者注）为常德市三中退休教师，住常德市三中北院 3 栋 1 单元 501 室。

1942 年 4 月，我的祖母陈满姑死于常德鼠疫，死时年龄 56 岁。那时我家住在常德城东的西围墙岩巷子，那年我 9 岁，记得当地的甲长叫潘茂棋。当时鼠疫已在城内流行，我们家在疫区范围之内，政府挨家挨户给居民注射防疫针。我家 6 口人，祖母、父亲、母亲、哥哥、我、妹妹。祖母听说要打针，害怕，不愿打，在保长带人到我家打针之前躲了出去，结果我们全家只有祖母没有打防疫针。4 月的一天，我祖母忽然发病，畏寒、高烧、寒战、腋下坨（淋巴肿大）疼

---

① 陈致远:《2004 年 7 月 15 日呈递东京高等法院 1941 年日军常德细菌战对常德城区和石公桥和平居民的加害鉴定书》（中文本），第 46 页。

痛，后来身上发现红紫斑块，这都是我亲眼所见。不敢到医院看病，请郎中（中医）看的病，吃了药无效，第三天的下午死亡。死后不敢声张，怕邻居知道报告政府，要把尸体弄去解剖、火化。当晚悄悄地把祖母尸体运到东门河边斗码头，用小船载往德山平江会馆墓地埋葬（现在的德山永丰村 7 组）。①

（四）张礼忠受害陈述

我叫张礼忠，生于 1932 年农历二月初五。现（指 2003 年时——笔者注）为常德工程公司退休职工，居常德市武陵区西校场横街 25 号（贾家湖居委会 2 组）。

1942 年 4 月，我家死于常德鼠疫的人有 3 名：我的四弟张国民（当年 5 岁）、我的五弟张国成（当年 3 岁）、我家佣人张国华（女，18 岁）。

当时我家住在常德城区的常清街，我父亲在常清街经营"张文化刻字店"。记得那年 4 月份，我家佣人张国华带着我的四弟和五弟到高山街②一带玩耍，回来后不久即三人都发高烧，颈部起坨，肿痛，口渴，病重时还抽搐。我父亲请郎中（即中医）给他们看病，郎中说怕是染了正在流行的鼠疫，治不了。我父亲很害怕，马上把佣人张国华送回她的乡下老家（苏家渡）。佣人刚送走，两个弟弟在两天内死亡，死后身上发紫发青。我父母亲和家人不敢哭，怕被人知道报告政府要把尸体解剖和火化。次日清早，我父亲趁躲防空警报的机会，用箩筐挑起两个弟弟的尸体，一个箩筐装一个，尸体用衣服遮盖起来，混出城去，草草埋葬在小西门外乱葬岗。我家佣人送回乡下家中后，也很快死亡，佣人的父亲随即找到我家，说是我家害死了他女儿。日本丧尽天良的细菌战真是把我家害苦到了极点！

我的祖父张友元 1942 年下半年也死于鼠疫。我祖父当时是住在乡下韩公渡龙阁村，他走亲戚到距石公桥、镇德桥不远的牛牯陂

---

① 陈致远：《2004 年 7 月 15 日呈递东京高等法院 1941 年日军常德细菌战对常德城区和石公桥和平居民的加害鉴定书》（中文本），第 49 页。

② 据历史防疫档案记载，1942 年 4 月是常德鼠疫流行高峰期，高山街一带是疫区。

村①，回来后即患病，高烧、拉肚子、吐血泡，不到三天即死去，死时尸体发黑。日本细菌战夺去了我家无辜的 4 口人的生命，这笔血债一定要算清!②

（五）何英珍受害陈述

我叫何英珍，生于 1934 年农历四月二十六。现（指 2003 年时——笔者注）为常德市鼎城区血防办退休干部，居鼎城区教师进修学校（丈夫单位）。

1941 年秋末冬初，我家有 6 位亲人死于常德鼠疫。

当时我家住在常德东门外水巷口（四铺街南面临江一带），住房是面积 300 平方米左右的木板平房，在临街开一家叫作"保元堂"的中药店，兼营酒类和辣椒，生意不错，家境尚可，全家 18 口人（伯伯、伯娘、父亲、母亲、叔叔、婶婶、大姐、二姐、二姐夫、哥哥、嫂子、弟弟、两个侄子、一个侄女、两个外甥、我），家庭和睦。

那年大约 11 月下旬，我嫂子熊喜仔（年 29 岁）忽然发病，上厕所时倒在地上，扶她起来，发现已发高烧，呼吸困难，不能讲话，颈部淋巴肿大，身上有红紫斑块。我父亲和哥哥前几日入城时在城门口被打了防疫针，知道常德正流行瘟病，患病后要送隔离医院，死了要解剖、火化，父亲非常着急。果然，第二天吃晚饭时，嫂子死去。死后我家不敢作声，怕邻居和保、甲长知道，便在半夜雇小船将尸体运往德山埋葬。过了三天，吃早饭时，我二姐夫也发病了，晒辣椒时倒在地上，症状与嫂子一模一样，次日死亡，也是雇舟埋在德山。天无不透风的墙，邻居知道我家几天内死了两口人，报告甲长、保长。结果政府派来防疫队进行检验，认定是鼠疫，随即用竹夹板将我家围起来隔离，对我家熏烟、打药进行了消毒。

我家刚被隔离，我的小弟弟（3 岁差一个月）何毛它也患病，两

---

① 据历史防疫档案记载，1942 年下半年石公桥、镇德桥一带正流行鼠疫。
② 陈致远：《2004 年 7 月 15 日呈递东京高等法院 1941 年日军常德细菌战对常德城区和石公桥和平居民的加害鉴定书》（中文本），第 52 页。

天死去。再过两天，我侄女（2岁半）何仙桃也患同样病，两天死去。父亲把我们小孩和家人赶快送回乡下我外婆家避难，自己在常德死守那点家产。当时正在江西探亲的伯伯和叔叔闻知家遭变故，日夜兼程赶回家来，谁知没几天，他俩也患同样的病相继死亡（伯伯何洪发，死年52岁；叔叔何洪源，死年43岁）。

日本对常德的细菌战使我家受害太深了！我家前后18天，死去6位亲人，我家生意经营也停顿中断，全家生活失去经济来源，二姐被迫改嫁，原来好端端的一个家庭就这样家破人亡。①

（六）蔡正明受害陈述

我叫蔡正明，生于1943年农历二月二十五。现（指2003年时——笔者注）为个体商业经营者，居鼎城区武陵镇常沅居委会2组123号。

我的姐姐是常德细菌战的第一个受害者蔡桃儿。②

我家祖居常德。1941年的时候，我家住在常德城中心地带关庙街。那时我家4口人：父亲蔡德松（48岁）、母亲高金秀（38岁）、姐姐蔡桃儿（12岁）、哥哥蔡正法（8岁）。我当时还未出生。我父亲在关庙街开了一个炭铺，叫"蔡宏盛炭号"。

1941年11月4日，日军飞机在关庙街、鸡鹅巷一带投下许多鼠疫毒物。听我父母亲说，11月4日之后的某天，父亲在下南门码头进炭，我12岁的姐姐打着赤脚去给父亲送饭，这样沾染上了日机撒下的毒。11月11日我姐开始发病，到傍晚已病得很重，高烧、神志不清，遍身发红。我母亲赶快把她背到广德医院住院治疗，但很快只一个晚上，次日早晨就死在医院。我姐死后，医院又不准把尸体运回来而把我姐尸体在东门外驼古堤上火化了。我母亲为此哭得死去活来。很多书上都说，我姐是常德细菌战第一个受害死亡者。我真是非常悲痛愤怒，日本恶魔731，为什么要对我姐这样一个12岁的无辜

---

① 陈致远：《2004年7月15日呈递东京高等法院1941年日军常德细菌战对常德城区和石公桥和平居民的加害鉴定书》（中文本），第55页。

② 所有历史档案都记录了蔡桃儿是常德第一个鼠疫受害死亡者，并被解剖。

女孩下毒手!①

(七) 谢璇受害陈述

我叫谢璇,生于 1941 年农历十二月二十三。祖居常德。现(指 2003 年时——笔者注)为常德市建装公司离休干部,居常德市武陵区湘北一村 D 区 3 栋 4 楼 1 号。

1941 年,我家 5 口人有 4 口死于常德鼠疫,只剩我 1 人得以活下来。

那时我家住在常德城北的长巷子口上,我父亲在那里开了一南货店,店名叫做"兴盛祥南货铺",旁边是当时较有名的旅店,叫"明月楼旅店"。那年我在城外的清平乡中心小学(现七里桥)读书寄宿,没住在家中;家中 4 口人:父亲(谢行钧,40 岁)在家忙生意,母亲(陈香英,36 岁)主持家务,哥哥(谢春初,18 岁)协助父亲做生意,妹妹(谢大妹,8 岁)随父母在家。

1941 年 11 月 4 日,日军飞机在常德投下鼠疫。11 月中旬,我姨父来学校看我,对我说:"这段时间你不要回家,现在城里发人瘟,要你回家时我再通知你。"两个星期后,我姨父再次来到学校,要接我回去,他告诉我:"孩子,你爸爸妈妈和哥哥妹妹全部得瘟疫死去了,好在你在外读书,幸得活命。"从姨父转述中我得知:因父亲每日须外出采购货物,日机投毒最多的地方如关庙街、鸡鹅巷、大河街一带是他必经之地,因此染上鼠疫,家里他最先得病,很快妹妹也发病,母亲在最后也发病,病状与父亲一样,都是发烧、咳嗽、身上起红斑。哥哥在两三天内死去,妹妹和母亲也相继很快死去。姨父说,我家四口人在七天内全部死亡。我家人死后,不敢让别人知道,怕政府解剖、火化。由我姨父请人将尸体在晚上偷运出城草葬在北门外乱葬岗(今柳堤一带)。

我当时 13 岁,全家人死亡,成为孤儿,心灵受到巨大创伤。尤其此后生活备受艰辛,只能依靠家里原在乡下的 7 石田产寄居在同房

---

① 　陈致远:《2004 年 7 月 15 日呈递东京高等法院 1941 年日军常德细菌战对常德城区和石公桥和平居民的加害鉴定书》(中文本),第 59 页。

叔叔家里度过凄苦的少年时光。①

（八）杨志惠受害陈述

我叫杨志惠，生于1922年农历正月十二。祖居常德。现（指2003年时——笔者注）为常德市第一人民医院退休护士，居常德市第一人民医院宿舍。

我在1942年春感染了日本飞机在常德投下的鼠疫，但我历经劫难活了过来。

当时我家住在教会医院广德医院的对面，是一间没有地板的木板平房。家里三口人：母亲、我和弟弟。父亲在前两年被日机轰炸常德时炸死。我家临街，靠母亲在家门口卖些香烟等杂货（做小生意），维持一家生活。我母亲是一个虔诚的基督教徒，当时教会办了一所教会学校（懿德中学），教徒子女可以免费入学，所以我和弟弟都在那里上学。

1942年4月的一天，我和弟弟放学回来，忽然同时发病，两人病况一样，高烧，抽搐、淋巴起坨，病势急重。当时常德流行瘟疫，急重病人都送入隔离医院。我家左边隔壁一崔姓邻居（开棕索绷子铺）和右边隔壁一罗姓邻居（开香肠店铺），见我母亲无能为力，把我和弟弟抬到隔离医院去治疗。我母亲知道瘟疫死人很多，入了隔离医院很难活着回来。于是去找同是教会教徒的教友广德医院谭学华院长，谭院长可怜我家，将我和弟弟转到了广德医院来治疗。结果我和弟弟都被治愈，我腿肚子处至今还有给我淋巴开刀放脓的伤痕。我弟弟现在在贵州。

日本鬼子把我家害苦了。我现在83岁了，一身疾病，（哭），我也成了一个废人了，活不了几天了。日本的官司为什么还不打完，我也看不到那一天了！（哭），我父亲也是被日本鬼子飞机炸死的……（哭）②

---

① 陈致远：《2004年7月15日呈递东京高等法院1941年日军常德细菌战对常德城区和石公桥和平居民的加害鉴定书》（中文本），第63页。
② 同上书，第65页。

查容启荣《防治湘西鼠疫经过报告书》中《常德鼠疫患者经过情形一览表》，其中第 23、24 号患者为杨志惠姐弟俩。

（九）方运胜受害陈述

我叫方运胜，1945 年生。世居常德城。现（指 2003 年时——笔者注）为个体商业经营者，居常德市武陵区城北柏子园居委会 3 组。

我的哥哥方运登 1941 年死于常德鼠疫。

我哥哥受害情况是我父亲、母亲后来告诉我的，因我当时还未出生。1941 年我家住在常德城北的灵官庙街，全家 6 口人：父亲、母亲、奶奶、姑姑、姐姐、哥哥。当时哥哥只有 8 岁，还是个孩子。

那年深秋，大约是 11 月下旬。因我家开米粉店，大家都很忙，没人照看我哥哥，以致我哥哥误吃了老鼠爬过的冷饭。不久我哥哥发病，症状是发高烧，呼吸困难，脸上发黑，发病一天就死去了。死后埋在城外赵家山（今气象局旁）。

我哥哥当时是独儿，暴死之后，我奶奶非常悲痛，因此精神失常，常常一人在街上穿行，呼唤着我哥哥的名字。记得我做孩子的时候，奶奶还时常牵着我的手在街上呼唤着我哥哥的名字……①

（十）高绪官受害陈述

我叫高绪官，生于 1944 年农历十月初五。现（指 2003 年时——笔者注）为津市市三洲驿街道办事处干部，居津市市澹津路 72 号。

我的两个哥哥 1941 年死于常德鸡鹅巷鼠疫。

我家祖籍原在汉寿县新兴嘴。1941 年投靠亲戚迁居到常德城的鸡鹅巷，在那里搭一个窝棚为家。那时我家 5 口人：父亲、母亲、大姐、大哥、二哥。当时生活十分艰难，靠父亲挑河水卖，兼做小水果生意养家糊口，有时母亲还带姐姐、哥哥外出讨饭。那年 11 月份的时候，我的两个哥哥忽然病倒，发高烧，大哥病情厉害些，口里还吐

---

① 陈致远：《2004 年 7 月 15 日呈递东京高等法院 1941 年日军常德细菌战对常德城区和石公桥和平居民的加害鉴定书》（中文本），第 68 页。

白沫，神志不清，有时还抽搐，母亲急得哭。父亲连夜租小船将两个哥哥运回老家汉寿新兴嘴八角村。次日上午，大哥高绪武（当时 13 岁）死亡；下午两点多钟，二哥高绪文（当时 11 岁）也死亡。两人尸体都呈青乌色。我父亲用木板钉两副匣子，将他们葬在老家附近老林山。

两个哥哥死后，父母亲悲痛万分，尤其母亲，一度精神失常两月，眼睛也几乎哭瞎。事后，父母不敢再住在常德，带着姐姐迁到汉寿荒无人烟的围堤湖，在那里开荒种地过日子。①

（十一）柯高茂受害陈述

我叫柯高茂，生于 1925 年农历腊月二十四。祖籍湖北洪安，1934 年随养父（亲叔叔）迁居常德。现（指 2004 年——笔者注）为常德市港航监督处退休职工，居常德市自来水公司职工宿舍 6 栋 2 单元 1 号。

大约 1941 年 11 月中下旬，我的养父柯先福（时年 56 岁）死于鼠疫。

当时我家住在常德城的关庙街刘义茂线铺斜对面，木板房，地面铺木地板，我家在那里开五金铺。家里 7 口人：养父、养母、我、3 个弟弟、1 个姐姐。当时我（16 岁）在乡下隽新中学读书，家里人则住在乡下芦狄山（那时日本飞机常轰炸常德，住在城里不安全），只有我的养父一人住在城里照看五金铺。那年 11 月中旬的一个星期六下午，我回城里看望养父，同时准备向他要点零花钱回学校用。养父见到我说："你回来干什么？前些时候，日本飞机在我们这里投了毒物，政府把我家对面的胡家巷都封锁了，你住一晚，明天赶快回学校去。"我记得当时在家里的屋角看到两只死老鼠。我在次日清早五六点钟离家回学校了。但过了六七天，我弟弟到我学校告诉我：父亲死了，你赶快回去！

回去后知道，我养父在我上星期看望他后，不久就发病，发高

---

① 陈致远：《2004 年 7 月 15 日呈递东京高等法院 1941 年日军常德细菌战对常德城区和石公桥和平居民的加害鉴定书》（中文本），第 71 页。

烧，颈部起坨，肿痛，病急而重。家里人便把他抬回乡下芦狄山，一两天后死去。我看到养父的尸体，脖子肿得很大，身上皮肤红一块、紫一块。我是长子，我和家人披麻戴孝，将养父运到德山湖北会馆墓地埋葬。

养父死后，我家的五金铺也就倒闭了，全家经济生活的来源没有了，我们全家此后的状况真是苦不堪言。我不能继续升学，几个弟弟和姐姐都各奔东西，一个家就这样被日本鬼子毁坏了。①

（十二）黄炳辉受害陈述

我叫黄炳辉，生于 1945 年农历三月初六。祖居常德。现（指 2004 年——笔者注）为常德市武陵区检察院离岗干部，居常德市图书馆职工宿舍。

1942 年 3、4 月份，我的两个哥哥黄奕秋（4 岁多）、黄元武（2 岁多）死于常德鼠疫。

1938 年前，我家住在常德城中心地带的小梳子巷，家有 200 多平方米木质结构私房两栋，我父亲在那里开茶楼，家境殷富。但 1938 年 12 月，日本飞机轰炸常德，我家房子被日机投下的燃烧弹击中烧毁。我家从此一贫如洗，成为难民，只好逃到常德东门外的寺庙"红庙"中寄居，靠父亲给人帮工维持生计（我父亲能双手打算盘，在店铺给人帮工）。寄居红庙时，我家 5 口人：父亲黄金海、母亲李爱清、姐姐黄泳桃、大哥黄奕秋、二哥黄元武。1942 年 3、4 月份的时候，当时我家住的红庙就在流行鼠疫死人不少的五铺街附近，一天，我大哥黄奕秋和二哥黄元武忽然发病，畏寒、高烧，人像打摆子似的，呕吐，脖子很快肿大起来，话也讲不出来。父母亲非常恐惧，怕是染上了五铺街流行的"人瘟"（那时不知是鼠疫，老百姓叫"人瘟"），不敢去看病，也没钱去看病，又怕别人知道，听说政府要把得"人瘟"死的人解剖、火化。很快，两个哥哥在 3 天内相继死亡，

---

① 陈致远：《2004 年 7 月 15 日呈递东京高等法院 1941 年日军常德细菌战对常德城区和石公桥和平居民的加害鉴定书》（中文本），第 74 页。

死时身上皮肤发乌。我两个舅舅李仲诚和李元冬来我家帮忙钉两个木匣子把他俩埋在红庙附近的土岗上。这些事今天我的小姨 76 岁的李芳清（我母亲的妹妹）还能述说。

　　我家 1938 年由于日机轰炸，从一小康殷富人家破败到难民的地步，1942 年我的两个年幼的哥哥又被日本飞机投下的鼠疫害死，日本的侵略真是使我家家破人亡。两个哥哥死后，我母亲每日以泪洗面，精神恍惚，1945 年生下我后悲伤之情才有所好转。记得 1960 年元宵节时，父亲忽然对我说："今天是二哥元武的生日，元武生于元宵节，所以取名叫元武，元武要不死，今年应该是 22 岁了，唉……"可见我两个哥哥的死给我父亲心灵的创伤，多少年后还未抚平。①

---

　　①　陈致远：《2004 年 7 月 15 日呈递东京高等法院 1941 年日军常德细菌战对常德城区和石公桥和平居民的加害鉴定书》（中文本），第 79 页。

第六章

桃源莫林乡李家湾的鼠疫流行

一　李家湾地理位置及鼠疫的传入

（一）地理位置

1942 年桃源县莫林乡即今桃源县马鬃岭乡，当年的李家湾今称吉安村。它们位于常德城西北约 25 公里处的丘陵地带。见图 6—1。

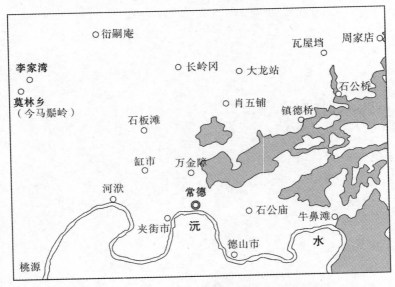

图 6—1　桃源莫林乡李家湾地理位置图〔据 1930 年代地图绘制〕

（二）鼠疫的传入

这次鼠疫的传播者是莫林乡李家湾村民李佑生。历史档案记录："李家湾居民李佑生于 5 月 4 日在常德染疫，潜返故乡，于 10 日死亡，因系由腺鼠疫所转成之肺鼠疫，能直接由人传人"，结果导致李家湾肺鼠疫流行。[①]

当年 6 月 11 日《大公报》报道："李佑生者，桃源莫林乡第十保李家湾人，年 40 余岁，贩布卖盐为生。古历三月二十日（5 月 4 日），由常德返家，二十六日（5 月 10 日）遽告病死"，结果导致本乡村鼠疫流行。[②]

湖南省卫生处所编《三十二年 5 月桃源莫林乡肺鼠疫流行原因调查报告》记载："李佑生，年 40 余，莫林乡第十保李家湾人，以贩布卖盐为生，（5 月）4 日由常德返家，10 日死亡"，此后导致当地鼠疫流行。[③]

当年任湘西防疫处特派员的邓一韪回忆说："有一个家住桃源县马鬃岭的李姓布贩到常德贩布，住在旅社中。他不愿注射防疫针，而买了一张注射证，以便出境。忽一日头痛发热，怕被发现送进隔离医院，于当夜雇舟潜行返家，第三天就死了"，结果导致他的村子肺鼠疫流行。[④]

从上述历史资料可见李家湾鼠疫传入之原因：①村民李佑生于常德鼠疫最严重时期在常德染疫后回家，他成为李家湾鼠疫流行的疫源。②他在城里是染上的腺鼠疫，但回来后变成了肺鼠疫，传染性极强。③他在常德城里做生意，不愿注射防疫针，买了一个假注射证，从而躲过城内的防疫检查；民众对防疫政策的不配合以及防疫措施的"漏洞"也是原因之一。

二　李家湾肺鼠疫的传染过程和结果

（一）传染的过程

据《防治常德桃源鼠疫工作报告》记载：李佑生 4 日回到家中，10 日死亡。4—10 日期间与他接触的亲戚邻居纷纷受到传染而死亡。

13 日他的妻子和堂兄李耀金两人同时发病，其症状与李佑生同（咯吐血痰），堂兄 15 日死亡，妻子 19 日死亡。

---

① 容启荣：《防治湘西鼠疫经过报告书》（1942 年 9 月），湖南省档案馆藏，档案号：74—3—6。

② 彭可清：《不可忽视的常德鼠疫》，《大公报》1942 年 6 月 11 日第 3 版。

③ 湖南省卫生处：《湖南省防治常德桃源鼠疫工作报告》（1943 年 4 月），湖南省档案馆藏，档案号：73—3—6。

④ 邓一韪：《日寇在常德进行鼠疫细菌战经过》，《湖南文史资料》第 18 辑，长沙：湖南人民出版社 1984 年版。

16日,堂兄李耀金又成为自家灾难的带入者,这天李耀金妻和李耀金次子发病,两人分别于21日和20日死亡。

18日,李佑生家其次子李新陔和幼子李惠陔以及女儿谢李氏(已出嫁,当时回来探视父亲)三人同时发病,并同于21日死亡。

20日,李耀金11岁的幼子和隔壁邻居李润宫(贯)发病,分别于22日和24日死亡。

21日,李耀金的姐姐和李耀金的姑姑因曾来探视染病,于是日死亡。

23日,李佑生的儿媳(李新陔妻)、李佑生亲家谢李氏、邻居向国恒三人发病,分别于24日、26日、25日死亡。

27日,李佑生次媳之义母李氏(曾来李家探视)发病,30日死亡。

其间,曾给李佑生死后做"超度"的一名临澧王化乡的道士也染疫死亡。共计20日内17人死亡。

表6—1是历史档案登记的李家湾鼠疫患者死亡表。

表6—1　　　　　　　　　桃源莫林乡肺鼠疫患者登记表

序号	姓名	性别	年龄	发病日期	死亡日期	传染原因	备考
1	李佑生	男	40以上	不明	5月10日	由常德返莫林乡李家湾	
2	李佑生妻	女	40以上	5月13日	5月19日		
3	李新陔	男	20以上	5月18日	5月21日	侍其父母	李佑生次子
4	李新陔妻	女	20以上	5月23日	5月24日	侍其夫	
5	李惠陔	男	16	5月18日	5月21日	侍其父母	
6	李耀金	男	50以上	5月13日	5月15日	佑生隔壁邻居	
7	李耀金妻	女	50以上	5月16日	5月21日	侍其夫	
8	李耀金次子	男	21	5月16日	5月20日	侍其父	
9	李耀金幼子	男	11	5月20日	5月22日		
10	李润宫(贯)	男	23	5月20日	5月24日	耀金隔壁邻居	
11	谢李氏	女	20以上	5月18日	5月21日	返母家探视得病送回	李佑生之女,已嫁
12	谢李氏婆	女	50	5月23日	5月26日		
13	向国恒	男	32	5月23日	5月25日	曾赴李佑生家探视	

续表

序号	姓名	性别	年龄	发病日期	死亡日期	传染原因	备考
14	李氏	女	50 以上	5 月 27 日	5 月 30 日	李佑生次媳之义母，曾赴李家探视	
15	李耀金姊	女	50 以上		5 月 21 日	往李耀金家探视	
16	李耀金姑母	女	74		5 月 21 日	探视	
17	道士 1 名	男	？	？	5 月 20 日	给李佑生做道场	临澧王化乡

资料来源：容启荣：《防治湘西鼠疫经过报告书》，湖南省档案馆藏，档案号：74—3—6。
参阅《防治常德桃源鼠疫报告书》，湖南省档案馆藏，档案号：73—3—6。

（二）李玉仙对那场鼠疫的回忆

李佑生的小女儿李玉仙当年逃过了那场鼠疫灾难。50 年后的 1993 年，她面对调查人员做了如下惨痛的回忆：

图6—2　李玉仙（2001 年）

我叫李玉仙，今年 78 岁，是李佑生的小女儿。辛巳年爹患病时，我 26 岁，是两个孩子的妈妈，家住吉安保猫儿垭。

那天上午，我正在屋里纺纱，忽见我小弟李惠陔气喘吁吁地闯进来，一进门就喊"拐嗒"（不好了），哭着说："姐姐，你还不回去，爹爹快病死了，你怕是送不到了啦。"

我一惊，心想父亲平素身体健壮，从未生过什么大病，什么病这么厉害呢?! 我心慌意乱，急忙将两个孩子交给婆婆，马上和弟弟上了路。当时，我倒不是怕孩子得上外公的病，是担心他们年纪小走不动，耽误了时间。但当时没带俩孩子去，这真是不幸中之万幸!

当我赶回娘家一看，发现父亲已经不行了，话也讲不出来了，眼睛也直直的，嘴里吐着血沫。我妈哭着说："玉儿，你爹怕是不行了，赶快为他准备后事吧。"

　　于是，我便给父亲做寿衣；两位哥哥俯在床边，不停地为父亲擦洗吐出来的血泡。

　　又过了两个时辰，父亲便告别了人世，由于他一发病就不能讲话，一句遗言也没有留下。那时，我们根本不知道是鼠疫，以为把父亲送上了山，便了结了这幕人间悲剧。可是5天后，我大伯父李耀金又死了，而且和我父亲的症状一模一样。我们全家人惊恐不已，这究竟是什么怪病？！

　　在我们百思不得其解时，更大的人间悲剧发生了，那短短的半月中，我家有8位亲人告别了人世，发病的时间一个比一个短，一个比一个死得惨。人死了，葬事无人操办，棺材无人抬，就是那些"捉鬼拿妖"的道士们，也不敢到李家湾来，说是我们李家湾出了厉鬼。周围方圆十里的人，只要听到讲"李家湾"三个字，都吓得毛根子直竖。

　　我母亲死后的第二天，柩也没有出，我已哭得再没有泪水流了，我自己也病倒了，人事不省。

　　我丈夫陈海燕（于1962年病故），怕我死在娘屋里，一肩把我背了回去。我丈夫把我这个"死人"作活人诊，请来了老中医杨春柏。他来我们家后，将冰糖、甘草、雄黄、石灰、山茶熬成药水，先给我灌了两碗。他看看不见效，便用一根竹竿往我鼻子里吹这种药水。倒也怪，第三天，我竟然苏醒过来了。又过几天，便可以坐起来吃饭了。

　　此后，我那奄奄一息的丈夫陈海燕（他后我10天发病）及我二哥李松陔等10人，都是杨春柏用这种往鼻子里吹药液的土方子治好的。后来，我们都叫杨春柏为"活神仙"。

　　过了几个月，我们才知道李家湾发生的人间悲剧，原来是日本人撒下的细菌造成的。对此我是永远不会忘记的。尽管50多年过去了，我已是一位年逾古稀的老人，但只要一提起当时的情景，我全身都打战。①

（三）李宏华对那场鼠疫的回忆

李宏华生于1931年，是李佑生长子李松陔之子，即李佑生的孙子。

---

　　①　罗永常调查整理：《幸存者李玉仙的惨痛回忆》，《辛巳劫难》，北京：中共中央党校出版社1995年版，第81—82页。

东京女子大学聂莉莉教授 1998 年就 1942 年那场鼠疫采访他，他做了如下回忆：

> 我们李家移居到李家湾村到祖父佑生一代已经是第四代。1940 年代初，我家有 10 口人，只有 6 亩田，从地主家租了几亩耕种。
>
> 光靠种田无法养家，1935 年祖父李佑生在常德县城鸡鹅巷开了一家小餐馆。1938 年日军轰炸常德，同年沅江涨大水淹没了城内一些民房。社会不安定，生意很难做，祖父就开始做买猪卖猪的生意。我父亲李松陔在家收购，祖父一两个月跑一趟常德把猪运到城里卖。开餐馆时，祖父和鸡鹅巷一家小旅馆的老板成了朋友，每次去常德城就住在那家小旅馆。
>
> 1942 年 5 月，祖父去常德贩猪回家第二天病倒在床，几天后去世。祖父去世后，嫁到约 10 里外的包家山村的姑姑春香回家探望祖父，伏在祖父的身上放声痛哭，随即春香姑姑感染鼠疫身亡。之后，春香姑姑的婆婆也感染了鼠疫去世。当时人们虽然不知道是什么病，接二连三地死人，却知道有传染的危险。春香的婆婆为了不传染家人，感到不舒服时就把房门紧闭，不让别人帮忙，自己一个人擦洗了身体，换上衣服躺在床上直到安静地死去。
>
> 之后，祖母陈梅姑、二叔李新陔和二婶贾凤仙、三叔李惠陔紧跟着去世。帮忙给祖父换衣服的叔祖父李耀金和妻子朱菊英，耀金叔祖的二儿子宗桃、三儿子元成也被传染死去了。然后，来家里探望的祖父姑母李福英、耀金的姐姐李玉姑也去世了。再有，祖父的堂姐妹也是二婶覃凤仙母亲的月英，参加女儿的丧事后，回到离李家湾 20 里远的永泉村后也很快就死了。李家以及亲戚家一共死了 16 人。[①]

三　常德防疫部门对李家湾鼠疫的防治

（一）档案记录的防疫情况

历史档案并无对李家湾鼠疫防治的详细记载，甚至哪一天派出防疫队

---

① 聂莉莉：《伤痕：中国常德民众的细菌战记忆》，刘云、金菁琳译，北京：中国社会科学出版社 2015 年版，第 104—105 页。

开始防治工作也不明确,其防治经过只能从各种史料中去探寻。

可靠史料战时防疫联合办事处编发的 1942 年 5 月下旬《疫情旬报》记载:"桃源漆家河莫林乡,5 月下旬发现肺鼠疫,死亡 16 人,现有患者 10 人。"从档案登记表看,第 16 名死亡者死亡时间是 5 月 30 日,如果算进 20 日左右死去的道士 1 人,第 16 名死亡者死亡时间是 5 月 26 日。故防疫部门获知莫林乡鼠疫最早就在 30 日或 26 日。

战时防疫联合办事处同时编发的《鼠疫疫情紧急报告》(1942 年 6 月 5 日第 34 号)记载:"军政部第 4 防疫大队技正李庆杰 5 月 28 日电:桃源漆家河莫林乡发现肺鼠疫,死亡 16 人,现有患者 10 人。"对照《疫情旬报》和《紧急报告》,可知常德防疫部门至迟在 28 日已知李家湾鼠疫,当然也可能早到 26 日。

1942 年 6 月 11 日的《大公报》发表的据"6 月 6 日中央社讯"写成的报道《不可忽视的常德鼠疫》中说:"桃源莫林乡近发现鼠疫……从古历三月二十六日(5 月 10 日)起,至四月十一日(5 月 25 日)调查时止,死 14 人,在垂危中 6 人,其后尚待调查者,犹未计入。卫生署防疫处容处长、湖南省卫生处长张维等闻讯,当(即)调派防疫工作人员 24 人,率武装兵一排,对疫区严加封锁,实施隔离、治疗消毒,及施行检疫与免疫注射。"

这样,从当时的报媒报道来看,25 日防疫部门已知李家湾鼠疫,死者《登记表》上第 14 名死亡者正是死亡于 25 日。可见《大公报》报道是确实可信的。

派出防疫队到李家湾的时间,大体可认定为 25 日,至迟 26 日。派出的防疫队是"工作人员 24 人",并"率武装兵一排,对疫区严加封锁"。

另《鼠疫疫情紧急报告》(1942 年 6 月 15 日第 35 号)记载:

> 卫生署专员伯力士 6 月 2 日电:……桃源莫林乡自 5 月 10 日至今,疫死 16 人。第一例系由常德来此,5 月 10 日死亡,最后 1 人系 5 月 30 日死亡。……卫生署防疫处处长容启荣偕陈立楷、张维两处长,及伯力士专员于 5 月 31 日至桃源,督导防治鼠疫,并促成立桃源防疫处。桃源莫林乡第三、八、十保在严密监视中,已成立隔离病院及检验所开始检验,并在漆家河及大田乡、罗家店,成立防疫委员会,注意情报及检查。

　　图6—3是《防治常德桃源鼠疫报告书》中所附录的关于莫林乡李家湾防治鼠疫的一张地图，图中信息可帮助了解当时的防疫工作。

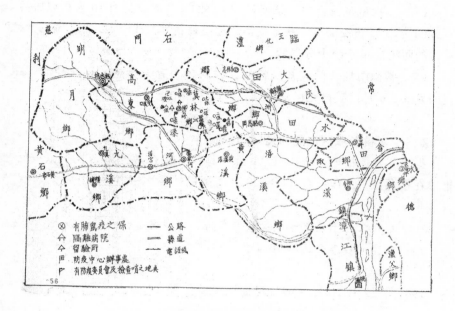

图6—3　桃源莫林乡与其他各乡关系图

资料来源：《湖南省防治常德桃源鼠疫工作报告》（1943年4月），湖南省档案馆藏，档案号：74—3—6。

　　从上图我们可知：①当时莫林乡有11保，其中第十保（李家湾）、第八保（谢家湾）和第三保发生了肺鼠疫；②在莫林乡乡公所建立了隔离病院、留验所、防疫中心办理处；③在漆家河等地建立了防疫委员会和交通检查哨。

　　从20世纪90年代的调查材料来看，当时还采取了如下一些防疫措施：①采取了严格的隔离措施，在3个月内，禁止李家湾人外出，也不准任何人进入李家湾。②对全县50万人口进行了鼠疫预防注射，莫林乡特别是李家湾民众做到一人不漏。

（二）李家湾鼠疫小结

　　（1）本次鼠疫流行的原因，是由于"常德检疫工作未臻完善"，使李家湾居民李佑生在常德染疫后得以"潜返故乡"造成。

（2）本次肺鼠疫流行中，"患者病势极重"，"民国十年哈尔滨流行时曾见之"，所有患者均经细菌检验证实。

（3）本次鼠疫流行中，染疫27人，死亡17人，另有10人得以脱险。

（4）25日防疫部门才获知疫情，已是疫情发生15天以后，可见常德乡村的防疫情报系统十分迟缓。

（5）常德防疫部门获知疫情后，采取各项有力措施，迅速控制了鼠疫的发展，6月以后再无民众患病。

（三）对桃源城区出现的疫鼠的控制

据当年媒体报道，1941年11月4日，日机在常德城区投下鼠疫后，也曾在桃源撒布。1941年11月20日《国民日报》报道：

> 本报耒阳十八日专电：敌寇卑劣，在我常、桃一带，以飞机散布鼠疫细菌，被难者已达10余人……①

1941年12月20日《解放日报》报道：

> 敌机于上月（十一月）四日，在常德、桃源等地播散鼠疫菌，现经美国广德医院协同详细化验，确系鼠疫杆菌。该地已发现鼠疫患者22人，正在救治中。②

因此，常德防疫部门在救治常德鼠疫的同时，也早就关注着桃源的疫情。

据历史档案记载，从1942年4月17日开始，防疫部门开始了对桃源县城老鼠的检疫。这项工作由红十字会救护总队第2中队开展，据当时担任第2中队队长的肯德在当年4月30日写的该月工作报告中说：本中队731分队的队员王继炽，已（跟随伯力士）学毕鼠疫化验工作，返回桃源，设鼠疫化验室一处，桃源现已设防疫分处，王（继炽）经派赴伯力

---

① 转引自邢祁、陈大雅主编：《辛巳劫难》，北京：中共中央党校出版社1995年版，第131页。
② 同上书，第106页。

士处学习化验工作，至今技术超群，于桃源已检验老鼠 90 只……①

据容启荣《防治湘西鼠疫经过报告书》中记载，从 4 月 17 日至 4 月 30 日，检查桃源老鼠 83 只，中有疑似疫鼠 1 只；5 月检查老鼠 204 只，发现疫鼠 5 只，染疫率 2.45%；6 月检查老鼠 227 只，有染疫鼠 8 只，染疫率 3.52%。经在桃源展开积极的灭鼠工作，至 7 月老鼠染疫率下降为 1.2%，8 月份为 0，9 月仅发现疑似染疫鼠 1 只。总之，桃源的疫鼠百分比一直控制在很小的范围，桃源城区也一直未发现鼠疫病人，防疫部门对桃源鼠疫的控制还是十分成功的。表 6—2 是容启荣《报告书》中的《桃源鼠族检验结果统计表》。

表 6—2　　　　　　　　桃源鼠族分类检验结果统计表（卅一年）

类别	月份	四月（17—30 日）	五月	六月	七月	八月	九月
检验鼠族分类数目	沟鼠	5	15	19	21	15	10
	家鼠	79	189	208	61	35	19
	小鼠	0	0	0	1	6	1
	合计	84	204	227	83	56	30
染疫鼠族分类数目	沟鼠	0	0	1	0	0	1
	家鼠	1	5	7	1	0	0
	小鼠	0	0	0	0	0	0
	合计	1	5	8	1	0	1
染疫鼠族分类百分数	沟鼠	0	0	5.26	0	0	10.00
	家鼠	1.26	2.64	3.36	1.64	0	0
	小鼠	0	0	0	0	0	0
	合计	1.20	2.45	3.52	1.20	0	3.33

作者注：四月份有疑似鼠族一例，九月份疑似家鼠一例。

资料来源：容启荣：《防治湘西鼠疫经过报告书》，湖南省档案馆藏，档案号：74—3—6。

① 肯德：《第 2 中队部民国三十一年四月份工作报告》（1942 年 4 月 30 日），贵阳市档案馆藏《救护总队档案》，档案号：40—3—37。

第七章

石公桥和镇德桥的鼠疫

一 历史档案中记录的石公桥、镇德桥鼠疫

（一）石公桥、镇德桥地理位置

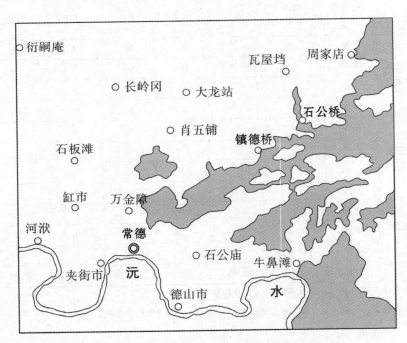

图7—1 石公桥、镇德桥地理位置图（据1930年代地图绘制）

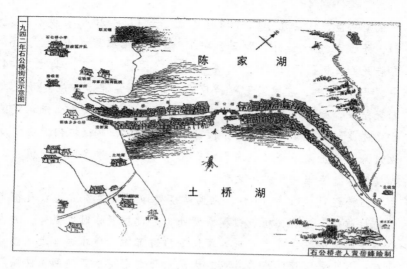

图7—2　1942年石公桥街区示意图

　　60多年前的常德石公桥和镇德桥，是距常德城东北20多公里，濒临于洞庭湖西岸的两处商贸集镇。石公桥镇隶属于当时常德县新德乡，镇德桥镇隶属于当时的广德乡，两镇相邻，仅距5公里。石公桥镇有大小商铺和居民约400家，人口约2000人；镇德桥镇有商铺和居民约300家，人口约1500人。

（二）5份防疫历史档案

　　1942年石公桥和镇德桥发生和流行鼠疫的情况，今天可以查找到当时的5份防疫历史档案，这是我们今天考察那场灾难的最基本的史料依据，现摘录于下：

　　（1）中国第二历史档案馆藏，国民政府战时防疫联合办事处1942年12月上旬编发的"第26号《疫情旬报》"，其中记载了石公桥鼠疫的发生及防治情况：

　　　　本年1月间，常德城内关庙街胡姓子，于城内染疫回新德乡石公桥（距县城45华里）之家中，发病死亡，继之其家中女工亦染疫致死。曾经卫生署医疗防疫总队第十四巡回医防队派员前往处理调查，以后即未再发，更未见有疫鼠。直至10月27日，该地方突告发现第一鼠疫病例,此后几乎每日均有死亡,至 11 月 20 日,共计发现 35 例,死亡 31 例。此外,距石公桥 10 华里之镇德桥,于 11 月 20 日,亦告死亡 2 例,至 25 日止共死亡 9 例。综计以上两地共发现 44 例中,死亡 40 例,在隔离医院治疗中者 4 例。经湘西防疫处派往人员调查结果,知在未发现病例前,即已有死鼠发现,惜民众未谙疫鼠死亡之先兆,致酿此流行惨剧。按:自 7 月以后,常德城内过去之疫区近月来疫鼠虽渐增高,然尚无病例发现之报告。惟乡间已告流行,是知疫区已逞逐渐向外扩大之势。

防治经过:11 月 14 日,湘西防疫处即调派各项防治人员携带大批药材前往,在石公桥、镇德桥两处,分设防疫临时办事处,并在石公桥设隔离分院,并由当地驻军协助推进工作。现在该地之防疫单位计有:卫生署医疗防疫总队第二大队所属之十、十四巡回医防队、第三卫生工程队、第二细菌检验队、军政部第九防疫大队第二中队、中国红十字会总会救护总队第五二二队、常德中心卫生院、湘西防疫处之医防总队及隔离分院等九单位;在防疫专家伯力士博士指导之下从事工作者计有 30 余人。此外,卫生署第十五巡回医防队、军政部第四防疫大队第一中队亦相继赶往疫区协防。①

(2)中国第二历史档案馆藏,战时防疫联合办事处 1942 年 12 月中旬编发的"第 27 号《疫情旬报》",其中继续记载石公桥、镇德桥疫情及其防治情况:

卫生署专员、湘西防疫处技术顾问伯力士博士 12 月 16 日电告:常德县石公桥、镇德桥两处鼠族中疫势仍继续流行,12 月 13 日石公桥又发现患者 1 例,现在治疗中。镇德桥疫区前经驻军协助封锁,近以军队突然调动,无形又开放。卫生署已电请第六战区兵站卫生处陈立楷处长设法补救。又军政部第四防疫大队第一中队已奉命携带防疫器材开往常德协防,已于 11 月 21 日到达石公桥疫区开始工作。②

① 中国第二历史档案馆藏,档案号:476—198。
② 同上。

（3）中国第二历史档案馆藏，战时防疫联合办事处主任委员容启荣于1942年12月4日签发的标有"密"字的第37号《鼠疫疫情紧急报告》，其中涉及常德石公桥和镇德桥鼠疫的内容有：

> 湖南省疫情：（一）卫生署医疗防疫总队第二大队代理大队长施毅轩11月16日电告：常德县属之新德乡石公桥，距城45华里，于11月6日发现腺鼠疫，至11月15日死亡20人，曾经伯力士专员检验鼠类涂片证实。（二）湘西防疫处兼处长张元祜、副处长戴九峰11月26日电告：距石公桥10华里之镇德桥于20日发现疫鼠，23日发现病例，情形严重。（三）施大队长毅轩及伯力士专员11月28日电告：近三日来，石公桥病4、死2；镇德桥病1、死8。
>
> 防治经过：……（二）卫生署医疗防疫总队第二大队代理大队长施毅轩11月16日电告：新德乡鼠疫已派一队前往防治，本人即会同伯力士博士率领第二批人员前往督导一切。（三）施毅轩、伯力士11月28日电：石公桥已设隔离病院积极处理，该地疫区已筑沟隔离，准备移民。惟镇德桥之棉花絮输往湘西一带，传播堪虞，正拟管制办法。（四）湘西防疫处兼处长张元祜、副处长戴九峰26日电：石公桥、镇德桥疫势严重，除加派医药人员及设隔离病院外，并派防疫纠察兵一排，前往管制交通。①

（4）中央档案馆藏，战时防疫联合办事处主任委员容启荣于1942年12月21日签发的标有"密"字的第38号《鼠疫疫情紧急报告》，其中记载石公桥和镇德桥鼠疫情况的内容有：

> 湖南省疫情：（一）卫生署医疗防疫总队第二大队大队长施毅轩及专员伯力士12月16日电告：常德县属石公桥、镇德桥两处鼠族中之疫势仍继续流行，12月13日，石公桥发现鼠疫患者一例，在治疗中。（二）施毅轩大队长12月3日电告：石公桥共发现疫死40余人。近一周来，尚无新病例发现。②

---

① 中国第二历史档案馆藏，档案号：372—706。
② 同上。

（5）湖南省档案馆藏，1943 年 4 月湖南省卫生处撰写的《湖南省防治常桃鼠疫工作报告》，其中简略记载了石公桥、镇德桥鼠疫情况，并列有一份《常德新德乡石公桥、广德乡镇德桥鼠疫病人登记表》：

> 三十一年 11 月 6 日，常德县属新德乡石公桥，约距城 45 华里，发现鼠疫，距石公桥 10 华里之镇德桥，于 20 日相继发现鼠疫，前后共死 40 余人，经检验均为腺鼠疫。兹将……常德石公桥、镇德桥鼠疫病人登记表（表 7—1）附列于后：

表 7—1　　常德新德乡石公桥、广德乡镇德桥鼠疫病人登记表

序号	姓名	性别	年龄	住址	发病日期	死亡日期	备考
1	丁尾臣	男	26	新德乡二保四甲五户北横街	11.17	11.17	
2	丁月兰	女	12	同（上）	11.7	11.13	系丁尾臣之侄女
3	丁鲁氏	女	49	同（上）	11.10	11.13	系丁尾臣之兄嫂
4	丁长发	男	44	同（上）	11.11	11.17	系丁尾臣之兄，搬移六保死亡
5	丁甫臣	男	30	同（上）	11.15	11.17	同上
6	丁刘氏	女	64	同（上）	11.15	11.17	系丁尾臣之母，迁移六保死亡
7	贺第卿	男	32	同（上）	10.15	10.29	系丁尾臣之雇工，移崇孝乡死亡
8	魏乐元	男	35	同（上）	10.19	10.28	同上
9	覃东生	男	32	同（上）	11.20	11.24	系丁尾臣之雇工，移居十一保死亡
10	张毛芝	女	14	新德乡二保四甲北横街	11.4	11.5	
11	张盛氏	女	54	同（上）	11.9	11.11	系张毛芝之母
12	张伯钧	男	19	同（上）	11.14	11.16	系张毛芝之兄，移居五保死亡

序号	姓名	性别	年龄	住址	发病日期	死亡日期	备考
13	张春国	男	52	同（上）	11.10	11.18	系张毛芝之父，移居五保死亡
14	丁腊秀	女	42	新德乡二保十甲一户北横街	10.25	10.27	
15	石刘氏	女	35	新德乡二保四甲十三户北横街	11.8	11.11	
16	阳书生	男	16	新德乡二保四甲十四户北横街	11.6	11.7	
17	丁田氏	女	36	新德乡二保四甲六户北横街	11.6	11.8	
18	丁子男	男	1	同（上）	11.8	11.9	系丁田氏之子
19	丁三元	女	56	新德乡二保四甲十户北横街	11.8	11.9	
20	丁大禪	男	20	新德乡二保七甲九户北横街	11.17	11.20	
21	丁国毫	男	56	新德乡二保七甲五户北横街	11.12	11.15	
22	王清秀	女	29	新德乡二保七甲七户北横街	11.8	11.15	
23	彭星陔	男	60	新德乡二保四甲二户北横街	11.19	11.21	移居崇孝乡死亡
24	彭善中	男	32	同（上）	11.19	11.21	同上
25	张鸿儒	男	60	新德乡二保八甲六户北横街	11.20	11.24	
26	王小茂	男	24	新德乡二保七甲五户北横街	11.20	11.24	
27	蒋菊先	女	16	新德乡二保七甲八户北横街	11.20	11.24	
28	王周氏	女	45	新德乡一保六甲南正街	11.21	11.23	住医院
29	熊瑞皆	男	47	新德乡二保六甲十一户北横街	11.17	11.21	赴城买货在城内得病死亡
30	丁左氏	女	35	广德乡镇德桥	11.20	11.24	
31	殷群林	男	49	广德乡一保六甲十八户	11.18	11.20	
32	李启坤	男	15	广德乡一保八甲二十户	11.20	11.20	

续表

序号	姓名	性别	年龄	住址	发病日期	死亡日期	备考
33	周念苟	男	60	广德乡一保七甲十七户	11.18	11.22	
34	唐保禄	男	58	广德乡天主堂	11.17	11.22	
35	彭李氏	女	30	广德乡一保八甲一户	11.17	11.22	
36	任腊枝	女	13	广德乡一保五甲七户	11.15	11.23	

　　附注：本表共列死亡人数计36人。另外广德乡镇德桥在11月19日以前死亡7人，因未证实，故未列人。

　　资料来源：湖南省档案馆藏，档案号：74—3—6。表中"序号"为笔者所加。

　　图7—3为上表档案扫描件：

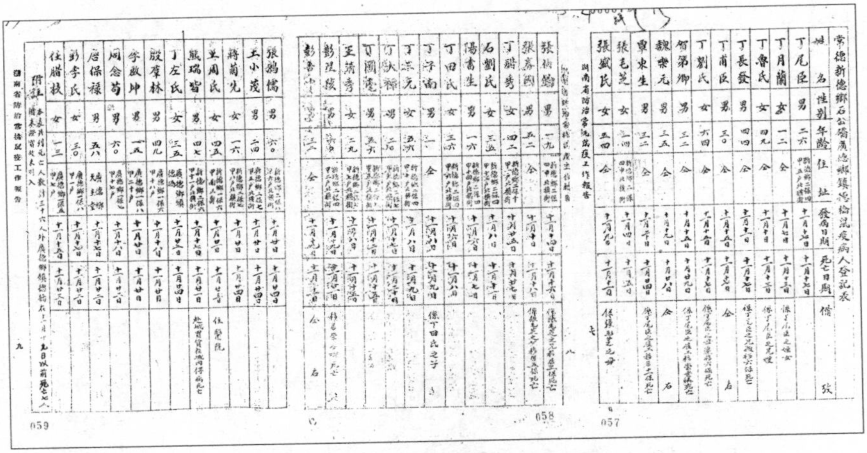

图7—3　常德新德乡石公桥、广德乡镇德桥鼠疫病人登记表

二　对档案记录的疫情的分析考察

（一）疫源、疫病的流行方式和疫病性质

　　关于石公桥鼠疫的疫源：第26号《疫情旬报》说："本年（1942年）1月间，常德城内关庙街胡姓子，于城内染疫回新德乡石公桥之家中，发病死亡，继之其家中女工亦染疫致死。"看来当时防疫部门将此视

为石公桥当年秋冬鼠疫可能的疫源。

关于疫病流行方式：第 26 号《疫情旬报》说："经湘西防疫处派往人员调查结果，知在未发现病例前，即已有死鼠发现，惜民众未谙疫鼠死亡之先兆，致酿此流行惨剧。"这就是说，其流行方式是，先有老鼠间的鼠疫发生，然后传染流行到人间。

关于石公桥鼠疫的性质：据第 37 号《鼠疫疫情紧急报告》说："常德县属之新德乡石公桥……于 11 月 6 日发现腺鼠疫……经伯力士专员检验鼠类涂片证实。"可见，石公桥、镇德桥流行的鼠疫是腺鼠疫。

（二）石公桥疫病流行情况

关于石公桥疫病开始流行的时间：第 26 号《疫情旬报》说："10 月 27 日，该地方突告发现第一鼠疫病例。"可见 1942 年 10 月 27 日是石公桥鼠疫流行的开始。1943 年湖南省卫生处在《防治常德桃源鼠疫工作报告》中所列的《石公桥、镇德桥鼠疫病人登记表》中也证实 10 月 27 日是石公桥首次出现死亡病例的日子，第一位死亡者叫丁腊秀，女，42 岁，家住新德乡石公桥北横街 2 保 10 甲 1 户，10 月 25 日发病，27 日死亡。

关于石公桥的鼠疫死亡：《石公桥、镇德桥鼠疫病人登记表》出自于 1943 年 4 月湖南省卫生处撰写的《防治常德桃源鼠疫工作报告》，该表详录了鼠疫死亡者的姓名、性别、年龄、家庭住址、发病时间、死亡日期等，其可信性是不容置疑的。据它记载，10 月 27 日死亡第 1 名受害者丁腊秀；10 月 28 日死亡第 2 例魏乐元；10 月 29 日死亡第 3 例贺第卿。此后至 11 月 4 日有 6 天没有死亡。11 月 5 日开始发生第 4 例死亡患者张毛芝，此后几乎每日有人死亡：11 月 7 日死亡第 5 例阳书生；11 月 8 日死亡第 6 例丁田氏；11 月 9 日死亡第 7、第 8 例丁子南、丁三元；11 月 11 日死亡第 9、第 10 例张盛氏、石刘氏；11 月 13 日死亡第 11、第 12 例丁月兰、丁鲁氏；11 月 15 日死亡第 13、第 14 例丁国毫、王清秀；11 月 16 日死亡第 15 例张伯钧；11 月 17 日死亡第 16、第 17、第 18、第 19 例丁尾臣、丁长发、丁甫臣、丁刘氏；11 月 18 日死亡第 20 例张春国；11 月 20 日死亡第 21 例丁大襌；11 月 21 日死亡第 22、第 23、第 24 例彭星陔、彭善中、熊瑞皆；11 月 23 日死亡第 25 例王周氏；11 月 24 日死亡第 26、第 27、第 28、第 29 例覃东生、张鸿儒、王小茂、蒋菊先。共计 28 天内死亡29人。其中28人皆居于石公桥北横街,只有1人王周氏居于石公桥南正街;其中丁长发一家死去9人,张伯钧一家死去4人。

据第37号《鼠疫疫情紧急报告》说:"……11月16日电告:常德县属之新德乡石公桥……至11月15日已死亡20人。"但据上引《石公桥、镇德桥鼠疫病人登记表》,至11月15日石公桥死亡者被登记的只14人。可见该表至少漏登了6名死亡者。

据第26号《疫情旬报》说:"10月27日,该地方突告发生第一鼠疫病例,此后几乎每日均有死亡,至11月20日,共计发现35例,死亡31例。"但据上引《石公桥、镇德桥鼠疫病人登记表》,至11月20日石公桥死亡者被登记的只21人。可见该表至20日止至少漏登了10名死亡者。

据第38号《鼠疫疫情紧急报告》说:"施毅轩大队长12月3日电告,石公桥共发现疫死40余人。"据此可知,当时石公桥疫死人数到12月3日为止,是"40余人"。但上引《石公桥镇德桥鼠疫病人登记表》总共只登记了石公桥29名死者,可见至少漏登了10余人。

因此,历史档案记录的石公桥鼠疫死亡情况可概括为:1942年10月27日死亡第1例鼠疫患者,19天后,至11月15日,死亡鼠疫患者20人,至11月20日,死亡鼠疫患者31人,至12月3日死亡鼠疫患者40余人。

但这只是防疫部门掌握的死亡情况。据1993年常德市党史办在石公桥的调查,当时居民因害怕解剖尸体和火化尸体,他们大多千方百计隐瞒疫死亲人不报,而悄悄在夜晚用船运出石公桥进行土葬,因此,石公桥在当时那场鼠疫灾难中,实际死去的受害者多达160人。

据笔者2004年的调查,现在可知的石公桥镇上当年家里有亲人感染鼠疫的受害家庭共计77户,这些家庭鼠疫受害者共计115人(均有姓名,有住址,有亲人可以述其受害事实),其中111人死亡,另有4人因在隔离医院治愈幸免于难。石公桥镇1942年时,人口约2000人,居民约400家,如按当年全镇鼠疫死亡111人计算,全镇人口鼠疫死亡率为0.5%;全镇鼠疫受害家庭77户,其家庭受害率为19%。

关于石公桥鼠疫流行结束的时间:我们未能在档案中查阅到明确时间,也不知防疫队何时撤离石公桥(包括镇德桥)。据第38号《鼠疫疫情紧急报告》记载:"卫生署医疗防疫总队第二大队大队长施毅轩及专员伯力士12月16日电告：常德县属石公桥、镇德桥两处鼠族中之疫势仍继续流行，12月13日，石公桥发现鼠疫患者一例，在治疗中。"第27号《疫情旬报》中也记录了同样的内容。据此我们可知，至12月中旬，石公桥的鼠疫仍在流行中。1943年4月，湖南省卫生处写成了常德鼠疫防治的总结报告《湖南省防治常德鼠疫工作报告》。可见，石公桥、镇德桥鼠疫流行此时应已结束。从流行病学看，腺鼠疫的流行在寒冷的冬季会受低温的抑制，而当时防疫部门派往石公桥、镇德桥的防疫队达10支之多，防疫力量是较充足的。因此估计：1942年12月下旬至1943年1月严冬期间，石公桥、镇德桥的鼠疫流行应已被控制而停止。那么，石公桥鼠疫流行从1942年10月27日开始，至当年12月下旬或次年1月结束，至少流行了两个月或两个半月的时间。

（三）镇德桥疫病流行情况

关于镇德桥鼠疫的疫源：历史档案未有明确记录。但从档案记录镇德桥"距石公桥10华里"，并镇德桥鼠疫在石公桥鼠疫发生后20多天发生（11月20日），且流行同样性质的腺鼠疫来看，其鼠疫似由石公桥传染过来。

关于镇德桥鼠疫发生的时间：第26号《疫情旬报》说："11月14日，湘西防疫处即调派各项防治人员携大批药材前往，在石公桥、镇德桥两处，分设防疫临时办事处，并在石公桥设隔离分院。"从这一记录看，11月14日在该镇设了"防疫临时办事处"，似乎当时该镇已有疫情。但该《旬报》前文又说："镇德桥，于11月20日，亦告死亡2例。"而第37号《鼠疫疫情紧急报告》中又说："湘西防疫处兼处长张元祜、副处长戴九峰11月26日电告：距石公桥10华里之镇德桥于20日发现疫鼠，23日发现病例。"而在湖南省卫生处的《石公桥、镇德桥鼠疫病人登记表》中则记载，镇德桥11月20日死亡2人，是镇德桥1保8甲18户的殷群林和1保8甲20户的李启坤。因此，镇德桥是否11月14日已发生疫情或者是11月20日才发生疫情？这在档案记录中难以明辨事实。但11月20日镇德桥死亡2例鼠疫患者，此时鼠疫已发生应是可以确定的。

关于镇德桥的鼠疫死亡：第26号《疫情旬报》记载："镇德桥，于11月20日，亦告死亡2例，至25日止共死亡9例。"湖南省卫生处的

《石公桥、镇德桥鼠疫病人登记表》中记载，11 月 20 日至 24 日，共死亡
7 人：11 月 20 日死亡 2 人，殷群林（男，49 岁，镇德桥 1 保 6 甲 20
户），李启坤（男，15 岁，镇德桥 1 保 8 甲 20 户）；11 月 22 日死亡 3 人，
周念苟（男，60 岁，镇德桥 1 保 7 甲 17 户），唐保禄（男，58 岁，镇德
桥天主堂），彭李氏（女，30 岁，镇德桥 1 保 8 甲 1 户）；11 月 23 日死亡
1 人，任腊枝（女，13 岁，镇德桥 1 保 5 甲 7 户）；11 月 24 日死亡 1 人，
丁左氏（女，35 岁，广德乡镇德桥）。与《疫情旬报》死亡数相差 2 人，
并只记录至 24 日止。

　　应该指出的一个情况是，在《石公桥、镇德桥鼠疫病人登记表》后
有《附注》说："广德乡镇德桥在 11 月 19 日前死亡 7 人，因未证实，故
未列入。"如果加上这 7 人，那么镇德桥死亡人数达 16 人。"因未证实"
应为此 7 人暴死后已埋葬，未及做医学检验。

　　第 37 号《鼠疫疫情紧急报告》中说，施毅轩大队长和伯力士专员 11
月 28 日电告："近三日来……镇德桥病 1、死 8。"如此则 26、27、28 日
三天，镇德桥又有 8 人死亡。那么加上 25 日之前的 17 人，共计死亡
25 人。

　　关于镇德桥的情况，我们在 2005 年 3 月 9 日上午到镇德桥调查访问
了三位老人，熊协堂，85 岁；陶兴全，81 岁；顾少甫，76 岁，均世居镇德
桥。[①] 据他们回忆，镇德桥发生鼠疫与石公桥差不多同时，但死人没石
公桥那么厉害。开始是先死老鼠，街上四处都发生死老鼠的现象。熊协堂
老人说："我家那天一个老鼠爬到了洗脸架上，接着掉下来就死了。"陶
兴全老人说："我家硝猪皮的缸里那时都死了好几个老鼠。后来就开始死
人，得病的人死得很快，一两天就死了，症状是发高烧、口渴、身上阳子
（淋巴）起坨（肿大），死后皮肤发乌发紫。那次发瘟疫我们镇德桥死的
人有 30 多个。那时防疫队来了，是驻在桥南街头上的水府庙的，有五六
个人。那时在街口上有防疫队给人打防疫针，但老百姓都躲避。得病死亡
了的人要运到石公桥去火化，老百姓就隐瞒不报，桥北街的高金阶 1 岁的
儿子死了，就用衣包起抱到外面去埋了，彭天保的老婆李翠儿（又叫彭
李氏）死了，防疫队要烧尸体，花了一些钱才没有烧。那时候镇德桥的
货物也不准外运，镇上做生意的损失很大。"

---

　　① 熊协堂、陶兴全、顾少甫三位老人时居镇德桥财神庙居委会。

比镇德桥镇上死人更多的是镇德桥北不到一公里的受福陂村。我们到该村访问了85岁的殷三桃老人（1920年生），74岁的胡维湘老人（1931年生），76岁的殷祖春老人（1929年生）等。据他们回忆，民国三十一年九月（公历为10月），该村到处死老鼠，老鼠不怕人，出来像喝醉酒一样，走不稳，用火钳都可夹起。然后村里就暴病死人，症状是发高烧、抽搐、身上阳子（淋巴）起坨肿痛、身体皮肤发紫发黑，发病两三天就死了。也没有防疫队来防治，当时全村300多口人，暴病死去50—60人。①

关于镇德桥鼠疫流行结束的时间：第37号《鼠疫疫情紧急报告》记载："……（11月）26日电：石公桥、镇德桥疫势严重。"第38号《鼠疫疫情紧急报告》记载："……12月16日电告，常德县属石公桥、镇德桥两处鼠族中疫势仍继续流行。"可见，在镇德桥，11月26日时是"疫势严重"时期，至12月16日，"疫势仍继续流行"。因此，估计1942年12月下旬或1943年1月间，是该镇鼠疫流行结束的时间，应与石公桥流行结束时间差不多。

三 档案反映的当时防疫情况

（一）常德防疫部门对石公桥鼠疫的应对

据战时防疫联合办事处第26号《疫情旬报》记载，10月27日，石公桥"突告发现第一鼠疫病例"，11月14日，常德防疫部门"调派各项防治人员携带大批药材前往，在石公桥、镇德桥两处分设防疫临时办事处……"从10月27日发现鼠疫死亡者，到11月14日常德防疫部门派出防疫队，时间已相隔了18天。这样对疫病的反应速度，今天看来是迟缓得出奇，难以令人相信。

据1993年9月22日常德市党史办在召集石公桥老人对石公桥鼠疫进行回忆的座谈会的记录中，有一位叫黄岳峰的老人回忆了当时常德防疫部门是怎样得知石公桥发生鼠疫并派出防疫队的情况："镇上死亡几十人，大家把这灾难报告了县里，县里就组织了一个防疫队赶到石公桥镇，跟着

---

① 2005年3月9日在受福陂村7组殷三桃老人家进行的此项访问调查，调查人有湖南文理学院历史系陈致远、朱清如和常德市细菌战受害调查委员会的王耀来。

来的还有警察,这时正遇张春国的大儿子张伯钧和罗楚江的老婆死亡,防疫队强行解剖了这两具尸体,又化验了死老鼠,发现了鼠疫病菌,判定是鼠疫……"① 从这个回忆并结合档案记载来看,其叙述是可信并合乎情理的。①说其可信是因为他的叙述内容可与档案记载相对证,他说防疫队到石公桥时"正遇张春国的大儿子张伯钧死亡",这个张伯钧在《石公桥、镇德桥鼠疫病人登记表》中有记载:"张伯钧,19 岁,11 月 14 日发病,11 月 16 日死亡",而第 26 号《疫情旬报》记载,11 月 14 日是防疫队派往石公桥的日子,所以这位老人回忆防疫队到达石公桥时正遇张伯钧死亡是确实可信的,并从这一点可推知他的整个回忆叙述的可信性。②黄岳峰老人的叙述是合乎情理的。从《石公桥、镇德桥鼠疫病人登记表》中看,石公桥因鼠疫连续死人是在 11 月 5 日张毛芝死亡后开始的,至 11 月 13 日几天内共死亡 9 人,第 37 号《鼠疫疫情紧急报告》中则说:"至 11 月 15 日已死亡 20 人。"所以,在石公桥镇上突然几天内暴病大量死人的情况下,人们将这"灾难"报告县里,而县里组织防疫队赶来救治,这当然是极合乎情理的。但这里令人费解的是,石公桥疫情为什么不由乡公所上报,而由群众自报?

因此,估计在 11 月 10 日左右,石公桥人将"灾难"报告县里,常德的防疫部门 11 月 14 日即派出防疫队赶赴石公桥。常德防疫部门不可能 10 月 27 日就知道石公桥鼠疫,因为石公桥人不可能在刚死 1 人时就把它看作灾难报告县里。《石公桥、镇德桥鼠疫病人登记表》中登记的 11 月 14 日前的鼠疫死亡者,应是防疫队到达石公桥后对此前鼠疫受害情况进了调查验证后的追记;因此,第 26 号《疫情旬报》中说,石公桥 10 月 27 日"突告发现第一鼠疫病例",这只是一种事后的追叙,并非当时即知有此病例。

当然,常德防疫部门也可能在 11 月 6 日就知道了石公桥鼠疫。因为,第 37 号《鼠疫疫情紧急报告》说:"卫生署医疗防疫总队第二大队代理大队长施毅轩 11 月 16 日电告:常德县属之新德乡石公桥,距城 45 华里,于 11 月 6 日发现腺鼠疫,至 11 月 15 日已死亡 20 人,曾经伯力士专员检验鼠类涂片证实。"在这一档案记叙里明确地说"于 11 月 6 日发现腺鼠疫",并经伯力士"检验鼠类涂片证实"。若事实如此,从 6 日到 14 日派

---

① 邢祁、陈大雅主编:《辛巳劫难》,北京:中共中央党校出版社 1995 年版,第 100 页。

出防疫队，中间相隔了7天，其对石公桥鼠疫进行防治的反应还是相当迟缓的。

（二）对石公桥及镇德桥鼠疫采取的防疫措施

综合前引各防疫档案记录：11月14日，常德防疫部门派出第一批防治人员前往石公桥防疫；11月16日以后，由常德防疫部门的技术督察长施毅轩会同外籍防疫专家伯力士率第二批人员赴石公桥加强防疫，整个防疫工作由施毅轩和伯力士"督导一切"；先后到达疫区的防疫单位（至11月21日止）有：卫生署医疗防疫总队第2大队所属之10、14巡回医防队、第2卫生工程队、第2细菌检验队，军政部第9防疫大队第2中队、第4防疫大队第1中队，中国红十字总会救护总队第522队，常德中心卫生院，湘西防疫处医防总队，隔离分院等10单位，但这诸多的防疫单位看来只是从各单位抽调了少数几个人来组成一个石公桥、镇德桥的防疫队，因为整个防疫队的人数总计只有30余人；随防疫队而来的还有"防疫纠察兵一排"，主要任务是管制交通。

防疫队到达疫区后，"在石公桥、镇德桥两处，分设防疫临时办事处，并在石公桥设隔离分院"。防疫的重点放在疫情十分严重的石公桥镇，在那里"设隔离病院"，"筑沟隔离"，"准备移民"。在镇德桥疫区则"经驻军协助进行封锁"。

关于防疫部门在石公桥的防疫措施，通过调查材料可获得更详细一些的情况。在1993年常德市党史办在石公桥进行的调查座谈会上，据石公桥老人们回忆，当时防疫队采取了如下一些防疫措施："一是动员居民打防疫针，打了防疫针的就发给'注射通行证'，有这个证才能出入桥北街；二是把连接南、北街的大桥拆断，安上吊板桥，由警察看守，凭'注射通行证'过桥，否则不准通行；三是挖三条沟，都有一丈多宽，一丈多深，沟底挖出了水，把柳堤挖断，又在傅家拐和南极宫挖了两条，外面的人就不得进来了，免得把病菌传到农村去；四是死者用过的衣被要高温蒸煮，或者干脆烧掉，很多的都蒸煮了，烧的很少；五是设立隔离医院，家属不能与病人接触，这一点没做到，家属不忍心与病人分离，因此得了病也不报，死了人也不大声哭，晚上悄悄用船运到唐家嘴荒坪去埋葬，怕被医生知道抬去解剖化验或火化；六是用药物灭鼠，药是防疫队发的，家家都放上拌了药的食物，死鼠一定埋掉，不能随便丢，这条干得好，街上的老鼠几乎灭光了……死人到了高峰时，防疫队提出要把桥北街烧掉，居民坚决反对，告状到县政府，才保住桥北街。"[①]

四 关于石公桥鼠疫的疫源

（一）档案疫源

关于石公桥鼠疫的疫源，历史防疫档案记载中认为：可能是由于1942年1月"常德城内关庙街胡姓子，于城内染疫回新德乡石公桥之家中发病死亡，继之其家中女工亦染病致死"所引起。但档案记载又说，胡姓子回石公桥死亡后"曾经卫生署医疗防疫总队第14巡回医防队派员前往处理调查，以后即未再发，更未见有疫鼠"，故不能肯定是为下半年石公桥发生鼠疫之疫源。

（二）口碑疫源

在多年的调查中，当地的人们对石公桥鼠疫疫源却有另外一种说法：石公桥的老人们都言之凿凿地说是日本飞机投下的细菌所致。1981年常德县地名普查小组为编写《常德县地名录》到石公桥调查的时候[②]，1993年常德市党史办为撰写《辛巳劫难——1941年侵华日军常德细菌战纪实》到石公桥调查的时候，2005年湖南文理学院历史系的老师到石公桥调查的时候，当地的老人们都这样说。

1993年，当地老人黄岳峰（当年70岁）作了这样富有情节的回忆："大概是那年（1941年）农历九月中旬一天的凌晨，日本的那架麻飞机又从石公桥镇飞过，撒下一些东西，有棉花坨、破布、谷米、大豆等。丁国禄家住在楼上，那晚他打牌去了，他老婆殷腊梅起了床，听得清清楚楚，飞机低空飞过，丢下东西，屋上的瓦打得'沙沙'地响。丈夫回来找她要钱还赌债，她没好气地说：'哪里有钱？晚上，日本飞机丢了东西，只怕丢的是钱，你去捡啰！'"[③]

查对历书，1941年农历九月中旬正是公历11月上旬，农历九月中旬

---

① 邢祁、陈大雅主编：《辛巳劫难》，北京：中共中央党校出版社1995年版，第100—101页。

② 常德县地名普查小组：《常德县地名录》（内部出版），1981年11月，第50页。

③ 邢祁、陈大雅主编：《辛巳劫难》，北京：中共中央党校出版社1995年版，第97页。

的十六日正好是公历 11 月 4 日，即日军飞机在常德城区投撒鼠疫跳蚤的那一日。

2005 年 3 月 9 日，83 岁的石公桥老人王华璋在接受我们的调查时也对我们说："在 1942 年石公桥闹鼠疫的先一年秋天，当时我十九、二十岁了，在石公桥北横街的'大德昌绸布店'做帮工，我清楚地记得，有一天在天亮之前一架日本飞机飞过石公桥，投下了一些谷麦等东西这件事。那大概是农历十月间，天气都变冷了，记得那天地上还有点霜，天上还有雾。那天早上我起来后，看到北横街上的人都议论纷纷，说天没亮时，一架日本飞机飞过镇上，挨着屋顶飞过去的，飞过的时候轰隆地响，说明飞得很低。街上的人说，那个飞机奇怪得很，没有像平时一样打机关枪，而是丢下一些谷子、麦子、破布条等东西。那天，住在北横街傅家拐的丁国禄的老婆起得很早，丁国禄的老婆姓殷，叫殷什名字，我记不得了，她当时听到飞机从她家屋顶飞过，飞过时只听到屋顶上丢下些东西打得吧嗒吧嗒响。那天晚上，她男人丁国禄打了一夜牌，输了钱，一清早回来就找她要钱，她气得要死，跟她男人吵了一恶架，当时街上的人都来看他们两口子吵架，她吵架的时候说：'我哪里还有钱给你，屋里的钱被你输光了！昨天晚上，日本飞机丢下来很多东西，那只怕是钱，你去捡去哟！'这个事我记得很清楚，我当时和几个人还到丁国禄家里去看了的，他家的楼板上还有一些谷粒、麦粒等。当时日本飞机丢下来的这些东西在傅家拐、北横街，还有河里的船上都有，记得是一些谷、麦、米，还有棉籽、一些花布条。这个事情是确实的，当时镇上的人都晓得的，因为那飞机不像平时飞过这里打机关枪，而是丢下一些谷、麦、破布，很奇怪，所以印象很深，记得很清楚。"[1]

黄岳峰老人的回忆和 12 年后王华璋老人的回忆，在内容上惊人的相似，有很高的可信性。黄岳峰老人的时间记忆在 1941 年"农历九月中旬"，这与当年公历 11 月 4 日日机在常德投细菌的时间是吻合的；王华璋老人记忆那天"天上还有雾"，这与当年 11 月 4 日日机在常德投细菌时的气象是吻合的。他们记忆当时日机投下的东西是一些谷、麦、棉花、破布条等物，这与日机在常德城内投下的物类是一致的。他们都记忆了那天早上丁国禄的老婆与男人吵架时提到日机投下异物这件事，说明他们都记

---

① 王华璋，1922 年生，石公桥人，现居石公桥镇新街 4 号。

忆的是同一天发生的同一件事。而丁国禄的老婆殷腊梅是当时日机投下异物的目击者。

（三）伯力审判材料的记载

1949 年 12 月底，苏联在苏中边界的伯力城（哈巴罗夫斯克）审判了日本 12 名细菌战战犯，在中国国内，为配合苏联这次审判，也掀起了中国人民调查和控诉日军细菌战罪行的浪潮。1950 年 2 月 11 日，《新湖南报》（今《湖南日报》前身）的记者在该报发表了一篇题为《被细菌侵袭时的常德》的调查文章，文中说："1941 年 11 月 4 日……那天清晨 6 时，很多人还在睡梦中，一架日本飞机就在常德市区低空盘旋，在市区的鸡鹅巷、关庙街、城隍庙、小西门、五铺街及沿河一带投下大批稻谷、麦粒、棉絮和瓷制的罐子（投下后都粉碎了），离城向距常德市区四十华里的石公桥镇的上空，同样又投下了这些鼠疫细菌的媒介物。"在这篇成文于日军常德细菌战后仅 9 年的调查文章中，也指出日军飞机在石公桥投撒了细菌。

1949 年 12 月，日本 731 部队的细菌战犯在苏联伯力城受审时曾供认，1941 年 11 月 4 日 731 部队的飞机"在常德城及洞庭湖一带居民点上空，撒播过大量染有鼠疫的跳蚤"。这一供认是 731 部队总务部长、少将军医川岛清作出的，伯力审判法庭根据川岛清对 731 部队在常德实施细菌战情况的供述，作了如下的公诉演词：

> 石井部队不止一次派遣过远征队到中国内地去对和平居民举行了细菌攻击。1941 年夏季派出了第二次远征队到中国内地去，领导人是该队里一个部长太田大佐。这次远征队是专门派出散播鼠疫流行病的。日军司令部给予该远征队的基本任务，是要破坏中国军队的交通线，其重要枢纽是常德城，所以要在常德城居民中间引起鼠疫流行病。……该远征队在常德及洞庭湖一带居民点上空，散播过大量染有鼠疫的跳蚤。[①]

---

① ［苏］《前日本陆军军人因准备和使用细菌武器被控案审判材料》（中文本），莫斯科：外国文书籍出版局印行，1950 年，第 478 页。

（四）结语

所以，关于石公桥鼠疫的疫源，从石公桥老人的口述史料来看，从1950年《新湖南报》记者所写的调查文章来看，尤其从日本细菌战犯731部队总务部长川岛清的供词来看，都一致地说明：1941年11月4日凌晨，日本731部队的飞机在常德大量投撒鼠疫跳蚤之后，也在石公桥作了同样的投撒。

从川岛清关于日机在常德城以外的"洞庭湖一带居民点上空"也撒播过鼠疫跳蚤这一供词来看，"洞庭湖一带居民点"这一表述，显然不仅仅指一个居民点，应指多个居民点。与石公桥相邻的镇德桥镇（北距石公桥5公里）和周家店镇（南距石公桥5公里）均在南北一条地理线上，它们后来也与石公桥几乎同时发生了鼠疫流行，因此，当年日机可能在这几个镇上都投撒了鼠疫跳蚤，只不过石公桥人被日机惊动而留下了记忆，但镇德桥和周家店等地的人们在黑夜间没有觉察，因而没有留下记忆。

最具可能的历史情形是：日机在常德投撒大量鼠疫跳蚤后，又在镇德桥、石公桥、周家店等这一带"洞庭湖居民点上空"继续投撒了鼠疫跳蚤。据在日本发现的日军当年记载常德细菌战作战情况的工作日志《井本日志》说，当时日机在常德一带投撒细菌时，由于"菌箱一侧开启不充分"，驾机的飞行员增田少佐遂将"菌箱投在洞庭湖上"。[①]这里记载的将开启不充分的菌箱投在洞庭湖上，应该就是在石公桥一带"洞庭湖居民点上空"投撒细菌后所为，因为顾虑开启不充分的菌箱内残存鼠疫跳蚤，带回驻地有引起鼠疫的危险，故将其投在了洞庭湖。1940年代的石公桥一带的东边，就是水面广阔的冲天湖和西洞庭湖（今西洞庭湖农场一带），日机驾驶员应该就是将菌箱投在了这一带的湖水中。日机在石公桥一带投下的鼠疫跳蚤，当时并未引起鼠疫流行，而是在当地老鼠中寄附下来，后经过半年多的时间在老鼠中传染蔓延，终于在1942年的秋季使鼠疫在石公桥、镇德桥、周家店一带的老鼠中爆发流行了，从而引起这一带居民的鼠疫感染大流行。

---

① ［日］吉见义明、伊香俊哉：《731部队与天皇·陆军中央》，东京：岩波书店1995年版，第30页。

五　石公桥鼠疫受害家庭和人口的统计

（一）石公桥鼠疫受害居民统计

据常德细菌战受害调查会调查，今天石公桥可知的受害者（指有档案记录的；或有其遗属可以陈述其受害经过，知名知姓，知其当年住址，并有邻人可以证实的；以及当年鼠疫受害幸存者）共有115名，分属77个受害家庭。见表7—2。

表7—2　　　　　　　　　　石公桥鼠疫受害居民统计表

受害家庭序号	序号	姓名	性别	年龄	地址	死亡时间	备注
（1）	1	陈伯文	男	54	夹巷口	11月	受害人遗属陈润堂的父亲
（2）	2	王传美	男	17	夹巷口	11月	受害人遗属王本善的哥哥
（3）	3	汪受武	男	14	夹巷口	11月中旬	受害人遗属汪受长的大哥、二哥、三哥、四哥
	4	汪受红	男	11	夹巷口	11月中旬	
	5	汪受立	男	7	夹巷口	11月中旬	
	6	汪受祥	男	3	夹巷口	11月中旬	
（4）	7	赵珍珍	女	40	北横街	11月	受害人遗属赵文次的外祖母
（5）	8	彭氏	女	25	北横街	11月	受害人遗属石子芳的母亲
（6）	9	罗楚江	男	35	北横街	11月中旬	受害人遗属王国政的舅父、舅母
	10	陈金连	女	32	北横街	11月中旬	
（7）	11	尹绍裘	男	51	北横街	11月中旬	受害人遗属尹乐轩的伯父、伯母
	12	郭翠珍	女	48	北横街	11月中旬	
（8）	13	丁三元	女	56	北横街	11月9日	受害人遗属石圣金的伯祖母、伯祖父
	14	石谷记	男	65	北横街	11月	
（9）	15	严秋姐	女	40	北横街	11月	受害人遗属鲁尤红的外祖母、大舅、小舅
	16	江猪儿	男	16	北横街	11月	
	17	江狗儿	男	10	北横街	11月	
（10）	18	田妹子	女	40	北横街	11月	受害人遗属丁时文的母亲和弟弟
	19	丁癞子	男	2	北横街	11月	
（11）	20	旷三英	女	65	南正街	11月	受害人遗属石凤鸣的祖母

续表

受害家庭序号	序号	姓名	性别	年龄	地址	死亡时间	备注
（12）	21	黄金枝	女	15	北横街	11 月	受害人遗属黄华清的妹妹
（13）	22	丁长发	男	44	北横街	11 月 17 日	受害人丁长发一家死去 11 口人。即丁长发及其母、妻、大弟、二弟、妹妹、小弟、小弟媳和 3 名帮工。今丁长发儿媳李丽枝幸存。
	23	丁刘氏	女	64	北横街	11 月 17 日	
	24	鲁开秀	女	49	北横街	11 月 13 日	
	25	丁尾新	男	30	北横街	11 月 17 日	
	26	丁尾臣	男	26	北横街	11 月 17 日	
	27	丁月兰	女	12	北横街	11 月 13 日	
	28	丁尾公	男	24	北横街	11 月下旬	
	29	贾元姐	女	24	北横街	11 月下旬	
	30	贺第卿	男	32	北横街	10 月 29 日	
	31	魏乐元	男	35	北横街	10 月 28 日	
	32	覃东生	男	32	北横街	10 月 24 日	
（14）	33	丁伯清	女	18	北正街	11 月	受害人遗属丁连清的妹妹
（15）	34	刘学金	男	10	北正街	11 月	受害人遗属刘学银的哥哥
（16）	35	王春初	男	28	北横街	11 月	受害人遗属王长生的父亲、姑姑
	36	王苗子	女	22	北横街	11 月	
（17）	37	贺比生	男	50	北正街	11 月	受害人遗属陈克伦的叔父
（18）	38	杨年初	女	20	北正街	11 月	受害人遗属杨冬成的姑母
（19）	39	何小妹	女	9	北正街	11 月	受害人遗属贺凤鸣的外甥女
（20）	40	彭满满	男	12	北正街	11 月	受害人遗属彭梅枝的侄子
（21）	41	丁国豪*	男	56	北横街	11 月 15 日	受害人遗属李桂先的公公和夫弟
	42	丁大谋	男	14	北横街	11 月下旬	
（22）	43	陈三元	女	55	北横街	11 月	受害人遗属熊金枝的祖母
（23）	44	刘冬枝	女	30	北横街	11 月	受害人遗属石圣久的母亲
（24）	45	熊瑞皆*	男	47	北横街	11 月 21 日	受害人遗属熊克成的父亲
（25）	46	石冬生	男	34	北横街	10 月下旬	受害人遗属文佑林的丈夫和婆婆
	47	石元和	女	58	北横街	10 月下旬	
（26）	48	王清秀*	女	29	北横街	11 月 15 日	受害人遗属石开琦的妻子
（27）	49	彭星陔	男	60	北横街	11 月 21 日	受害人遗属向四秀的公公和丈夫
	50	彭善中*	男	32	北横街	11 月 21 日	

受害家庭序号	序号	姓名	性别	年龄	地址	死亡时间	备注
(28)	51	黄琼生	男	3	北正街	11月	受害人遗属黄用伦的弟弟
(29)	52	陈章灼	男	6	北正街	11月	受害人遗属蒋四秀的哥哥
(30)	53	彭德周	男	10	北横街	11月	受害人遗属彭万极二弟弟
(31)	54	康棣华	男	23	南街尾	11月下旬	受害人遗属唐午华的哥哥和三祖母
	55	易桂英	女	66	南街尾	11月下旬	
(32)	56	丁才余	男	32	夹巷口	11月	受害人遗属丁时武的二叔和母亲
	57	丁刘氏	女	34	夹巷口	11月	
(33)	58	赵大顺	男	46	北正街	11月	受害人遗属赵治元的祖父
(34)	59	王腊梅	女	20	北横街	11月	受害人遗属沈秋江的妻子和弟弟
	60	沈善民	男	15	北横街	11月	
(35)	61*	向学奎	男	45	北横街	11月	受害人遗属向端阳的父亲
(36)	62	王以生	男	50	北横街	11月	受害人遗属王凤舞的父亲
(37)	63	黎跃忠	男	8	南正街	11月中旬	受害人遗属黎清如的哥哥和姐姐
	64	黎元秀	女	14	南正街	11月	
(38)	65	石松枝	女	14	南正街	11月	受害人遗属石长林的姑母
(39)	66	阮来远	男	49	南正街	11月中旬	受害人遗属阮仁爱的伯父
(40)	67	丁国梅	男	24	南正街	11月中旬	受害人遗属丁大力的六叔
(41)	68	梅云罩	男	40	南正街	11月	受害人遗属梅其江的父亲
(42)	69	丁梅香	女	38	南正街	11月中旬	受害人遗属鲁春初的母亲
(43)	70	杨子福	男	6	南正街	11月	受害人遗属杨永秀的哥哥
(44)	71	周毛二	女	19	南正街	11月	受害人遗属周国富的姑母
(45)	72	郭梅香	女	35	南正街	11月	受害人遗属唐桂先的姨母
(46)	73	陈梅英	女	54	南正街	11月	受害人遗属周顺典的外祖母
(47)	74	石生枝	女	17	南正街	11月	受害人遗属石福秀的姑母
(48)	75	周年清	女	33	南正街	11月	受害人遗属王金山的母亲
(49)	76	蒋菊仙*	女	16	北横街	11月24日	受害人遗属黄柏枝的二姐、大姐
	77	蒋喜珍	女	21	北横街	11月下旬	
(50)	78	丁幺妹	男	18	北横街	11月	受害人遗属王庆元的表哥
(51)	79	石狗儿	男	10	南正街	11月	受害人遗属石冬枝的哥哥
(52)	80	石三姐	女	48	傅家拐	11月	受害人遗属余国珍姨奶奶

续表

受害家庭序号	序号	姓名	性别	年龄	地址	死亡时间	备注
(53)	81	石大姐	女	2	南正街	11 月	受害人遗属丁福春的女儿
(54)	82	殷继文	男	26	南正街	11 月	受害人遗属张珍山的伯伯、大叔、二叔
	83	殷继德	男	24	南正街	11 月	
	84	殷继华	男	20	南正街	11 月	
(55)	85	李万新	男	61	北横街	11 月	受害人遗属邓长姑的父亲
(56)	86	邓绊生	男	58	北横街	11 月	受害人遗属邓建安的祖父
(57)	87	周爱莲	女	6	南正街		受害人遗属周应来的姐姐、哥哥
	88	周百云	男	4	南正街	11 月	
(58)	89	熊建章	男	4	夹巷口	11 月中旬	受害人遗属熊建泽的哥哥
(59)	90	黄士勇	男	4	南正街	11 月中旬	受害人遗属黄士清的弟弟
(60)	91	丁元秀	女	29	南正街	11 月	受害人遗属钟满秀的婆婆
(61)	92	熊吉华	男	6	南正街	11 月	受害人遗属刘传珍的大舅父、二舅父
	93	熊吉中	男	4	南正街	11 月	
(62)	94	鲁儒臣	男	18	北横街	11 月	受害人遗属鲁新枝的兄长
(63)	95	丁华儿	男	6	夹巷口	11 月	受害人遗属丁德秀的弟弟、妹妹
	96	丁梅枝	女	4	夹巷口	11 月	
(64)	97	程阮氏	女	25	南正街	11 月	受害人遗属程淑桃的母亲、弟弟
	98	程小毛	男	1	南正街	11 月	
(65)	99	丁腊秀*	女	42	北横街	10 月 27 日	找不到遗属
(66)	100	石刘氏*	女	35	北横街	11 月 11 日	找不到遗属
(67)	101	阳书生*	男	16	北横街	11 月 7 日	找不到遗属，是一帮工
(68)	102	丁田氏*	女	36	北横街	11 月 8 日	找不到遗属，是母子二人
	103	丁子男*	男	1	北横街	11 月 8 日	
(69)	104	丁大罩*	男	20	北横街	11 月 20 日	找不到遗属
(70)	105	张鸿儒*	男	60	北横街	11 月 24 日	找不到遗属
(71)	106	王小茂*	男	24	北横街	11 月 24 日	找不到遗属
(72)	107	王周氏*	女	45	南正街	11 月 23 日	找不到遗属
(73)	108	张春国*	男	52	北横街	11 月 18 日	受害人张春国及其死去的妻子、女儿和儿子。该受害家庭今已找不到遗属
	109	张盛氏*	女	54	北横街	11 月 11 日	
	110	张毛之*	女	14	北横街	11 月 5 日	
	111	张伯钧*	男	18	北横街	11 月 18 日	

续表

受害家庭序号	序号	姓名	性别	年龄	地址	死亡时间	备注
(74)	112	黄岳峰	男	1924 生	北正街	11 月下旬染疫	经隔离医院治愈
(75)	113	贺凤鸣	男	1926 生	傅家拐	11 月下旬染疫	经隔离医院治愈
(76)	114	蔡九妹	女	1926 生	北正街	11 月下旬染疫	经隔离医院治愈
(77)	115	易林初	男		北横街	11 月下旬染疫	经隔离医院治愈, 早已去世

资料来源:

1. 常德市细菌战受害调查会:《死亡名册》(石公桥部分),2002 年;

2. 湖南省卫生处:《防治常德桃源鼠疫报告》中所附《常德县新德乡石公桥、广德桥鼠疫病人登记表》(1943 年 4 月),湖南省档案馆藏,档案号:74—3—6。本表打 * 号者为档案有记录者。

(二) 石公桥鼠疫受害家庭分布

石公桥镇 1942 年时,人口约 2000 人,居民约 400 家。据以上并不完全统计,当年鼠疫死亡今天可知者 111 人(受害 115 人,幸存 4 人),死亡率为 1/200;鼠疫受害家庭共计 77 家,受害约为 19/100。图 7—4 是 1942 年石公桥鼠疫受害家庭分布图。

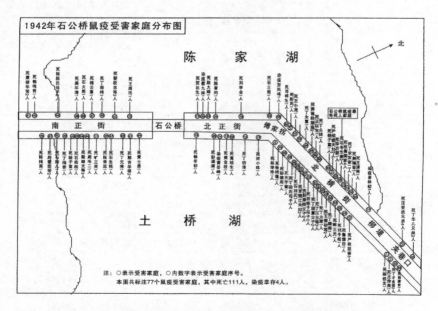

图 7—4　1942 年石公桥鼠疫受害家庭分布图(据黄岳峰等老人回忆绘制)

石公桥镇的鼠疫在商业密集地区传染开来，感染鼠疫的 77 家中的大部分，都是位于交通便利、商店密集的北横街，受害率很高。

六　石公桥 5 名受害人回忆

（一）黄岳峰受害陈述

黄岳峰（图 7—5），生于 1924 年，世居石公桥镇。2004 年 1 月 9 日上午，笔者与同事柳毅就细菌战受害问题采访他，他作了如下陈述：

图 7—5　黄岳峰（2004 年）

我于 1942 年 11 月中旬的时候，在石公桥染上鼠疫，经防疫队在隔离医院治疗被治愈。

当时我家住在石公桥北正街，5 口人：母亲、哥哥、嫂子、我和妻子。我家在北正街开一百货店，招牌"黄天顺"。我哥哥黄文峰是店铺老板，我协助他做生意，店铺既是我家做生意的场所，也是我家居住的地方，家境还不错。

当年下半年秋天，石公桥镇上开始瘟疫死人，常德城里派来医疗防疫队，由伯力士带领，10 多名医生，20 多名军警，封锁了桥北的北正街和北横街，因这两条街死人多，死老鼠多，被划为疫区。疫区居民每家每户发药丸吃，打防疫针，我家里的人都吃了药，打了针，包括我。医疗队见我年轻，还征我去帮他们干活抬箱子，做杂事。干活时防疫队给我穿深筒橡皮靴，伯力士说，跳蚤只能跳 5 寸高，穿这种靴可防跳蚤咬人。防疫队驻在桥南的小学校里，还建立了隔离医院、解剖室、焚尸场、化验室、消毒室、注射室。防疫队为封锁石公桥挖了三条深沟，一条在北横街的街尾柳堤，一条在北正街与北横街交接处傅家拐，一条在桥南南正街的街尾，石公桥也断了，上面架的吊桥。进出疫区须持注射证，军警守卫各路口。但实际也封锁不住，因晚上居民可通过水路划船出去。

　　我染疫的情况是这样：我家隔壁（右）是黄保山开的"黄兴隆屠行"（卖肉的），他家 10 多口人，当时因怕鼠疫，都躲避到乡下去了，家里只留下他儿子黄华清和女儿黄金枝两兄妹看家。结果妹妹黄金枝发病（他家死了许多老鼠，可用撮箕扫），高烧，抽搐，身上淋巴起坨。当时又不敢报告防疫队，怕解剖、火烧，在屋里两天就死了。死后他哥哥请我帮他去埋人，我们都是黄氏家族，不好不帮忙，当时我就去了，还有正好在家里做客的我的姨姐（我妻子的姐姐）和舅老（我妻子的弟弟）也去了，三人一齐去帮忙。当时是半夜里，我姨姐帮死者穿衣服，我和妻弟帮助抬死者，把死者抬到小船上，趁黑夜运到烽火王家的土山上，我和死者的哥哥黄华清挖了一个土坑，没有棺材，就将死者放入土坑，身上盖一席子，然后掀土掩埋。回来后，我就觉得全身乏力、不舒服，心想是不是传染了鼠疫。我与伯力士熟，我就到防疫队请伯力士看病，他给我量体温，又检查我的淋巴（大腿处），有肿大，从那里抽血化验，结果说我已染疫，让我到隔离医院去治疗。每天吃三次丸子，打三针，药丸是黄色的。7 天以后，伯力士检查说是痊愈了，他说我幸亏来得早，所以治好了。好了后伯力士叫我不要离开医疗队，半个月后才让我回家。

　　我的姨姐和妻弟回到自己家里韩公渡牛牯陂村，四五天就发病死去了，我姨姐当时还怀了几个月的孩子，真是凄惨。①

（二）王长生受害陈述

　　王长生（图 7—6），生于 1931 年，石公桥镇居民。2004 年 1 月 9 日下午，笔者与同事柳毅就细菌战受害问题采访她，她作了如下陈述：

　　1942 年我的父亲王春初（当年 28 岁）和姑姑王苗子（22 岁）死于石公桥鼠疫。

---

　　① 陈致远：《2004 年 7 月 15 日呈递东京高等法院 1941 年日军常德细菌战对城区和石公桥和平居民的加害鉴定书》（中文本），第 84 页。

我家原在石公桥乡下北极村，后来搬到镇上来做生意，1942 年住在石公桥北横街。租的石米记家的两间木板楼房，在楼下两间房子开南货铺，铺子招牌叫"德裕和"。家里 9 口人：祖母、父亲、母亲、大叔、小叔、姑姑、妹妹、弟弟、我。当时家里生意还不错，经济上较宽裕。当时我家对街住的是"石米记猪行"，我家右边隔壁是"丁国豪鱼行"，左边隔壁是石右海家（居民，没开铺子）。

图 7—6　王长生（2004 年）

那年秋天，镇上死了很多老鼠，又暴死人，县里派来防疫队，防疫队的伯医生（即伯力士：调查人注）告诉我们镇上发鼠疫了。有些人家害怕，搬到乡下躲避去了，我家没走。我家一个徒弟（帮工）叫贺常清，十五、六岁，歇工后喜欢上街到处玩，一天回来后头痛、高烧、病得厉害，第二天父亲驾船将他送回他家贺家障（在断港头），送到他家，父亲一袋烟没抽完，他就死了。父亲在他家住了一晚，第二天帮助埋葬徒弟尸体之后，回到家中即头痛、口干、要喝水、发高烧、脖子起坨，用手抓脖子。请郎中用药，无效（当时我父亲怕防疫队解剖、火化，不愿去看病）。病非常重，后来还咳出血泡，不到三天父亲就死了，死后皮肤发黑。到半夜里，家里人用小船把父亲尸体运回乡下北极村老家，和祖父埋在一起，当时棺材都没搞到一副。父亲死后我们全家弃家搬到乡下老家北极村。但回去后没几天，也就是我父亲死后 4 天，我姑姑王苗子也发病了。我父亲死后给他穿死衣的是我姑姑。姑姑病状与我父亲一模一样，高烧，口干，脖子肿，起坨，咯血泡，三天死亡，死时抓脖子，死后皮肤发黑。那模样回想起来真凄惨。姑姑死后就埋在我家后面的小山上。

父亲死后，街上的铺子倒了，家里生活的来源断绝。母亲过于悲痛，第二年正月郁郁而死。11 岁的我和两个小弟妹成了没有爹娘的孩子，从此就跟着奶奶、叔叔过着艰难的生活。[①]

（三）丁莲青受害陈述

丁莲青（图7—7），生于1920年，世居石公桥镇。2004年1月11日上午，笔者与同事柳毅就细菌战受害问题采访她，她作了如下陈述：

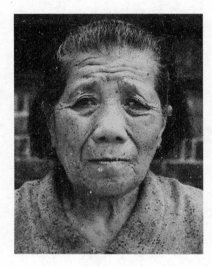

图7—7　丁莲青（2004年）

1942年我的妹妹丁柏青（当时19岁）死于石公桥鼠疫。

我生在石公桥，长在石公桥，今年83岁。民国三十一年（1942年）时我家住在石公桥北正街，在那里开"鱼行"，鱼行就是收购渔民的鱼产品，然后买给外地来采购鱼产品的商贩。当时我家5口人：母亲、哥哥、嫂子、我和妹妹。我哥哥当鱼行老板，我和妹妹、嫂子帮忙，生意还蛮不错。

1942年秋天，石公桥街上开始死老鼠，老鼠弓着身子在地上爬，见人也不躲，家家都死老鼠，桥北最厉害。接着开始死人，快得很，记得丁长发家死了11口人，张春国家死了5口人，丁国豪家死了2口人，罗楚江家死了2口人，黄伯枝家死了2口人。街上的人都害怕，许多人都躲到乡下去了，我们全家也躲到乡下黄花障去了，只留妹妹丁柏青在家看屋（她不愿走，说她不怕）。

后来县里医疗防疫队来了。经过防疫治疗，一段时间后，街上死人没那么凶了，我母亲就回来看我妹妹。我妹妹对母亲说，镇上许多人都搬回来了，你们也搬回来吧。我母亲就回乡下准备搬回镇上，但是，晚上就有人从镇上给我们来报信，说我妹妹在家里发病了。第二

---

① 陈致远：《2004年7月15日呈递东京高等法院1941年日军常德细菌战对城区和石公桥和平居民的加害鉴定书》（中文本），第87页。

天，我母亲、哥哥、我都赶回家里，我见到妹妹时，她病重得已不能讲话。她当时的病状是发高烧，身上起坨，皮肤上有红紫斑块。天黑的时候她就死去了。母亲和我们又不敢大声哭，怕防疫队知道要解剖尸体，只能小声地哭。晚上11点多钟，夜深人静的时候，我和我哥哥抬尸体，请了一个叫万周的人驾船，把妹妹运到北极宫附近，挖个坑埋了。

经过石公桥这一场鼠疫，我家鱼行也开不起了，我哥哥只得去给别人帮工，我则做小贩，我家生活一落千丈。①

（四）王开进受害陈述

王开进（图7—8），生于1934年农历六月十九，祖居石公桥。2004年1月11日中午，笔者与同事朱清如就细菌战受害问题采访他，他作了如下陈述：

> 1942年我的父亲王焕斌（当年39岁）和母亲聂大美（当年30岁）在石公桥染上鼠疫，父亲死亡，母亲治愈。
>
> 那时候我家住在石公桥南正街街尾西边联五堰的一处大屋场（许多人家聚居的村落），有三四十户人家，距南正街尾约1华里（0.5公里）。当时我家5口人：祖母、父亲、母亲、我、弟弟。父亲是教书先生，在赤塘庵小学（北极宫边）教书，母亲在家操持家务，家有6亩田，4间木板平房约160平方米。家里生活来源一是父亲教书的薪资，二是6亩田出

图7—8 王开进（2004年）

---

① 陈致远：《2004年7月15日呈递东京高等法院1941年日军常德细菌战对城区和石公桥和平居民的加害鉴定书》（中文本），第90页。

租所得租粮,家境能维持温饱。

大约 1942 年农历九月,当时常德城里的医疗防疫队还未到石公桥来,我们那个屋场就开始死人。那是村里一个叫印老幺的,他驾船跑常德到石公桥的水上运货,他在常德城里染疫,回到村里死去,身上紫乌色,我当时八九岁,还看见了的。他孤身一人,死在大秧田的棚子里,村里人都去看,并帮他办丧事把他掩埋。之后,我们那个屋场就接连死人,陈克志家最先,他爷爷陈用学挑水经过大秧田,最先发现印老幺死亡,所以他爷爷第一个发病死亡,接着他伯母、妹妹也发病死亡。随后陈华金家死 3 人(母亲、姐姐、哥哥),陈海燕家死 1 人(母亲),元化章家死 2 人(祖母,兄弟),聂梅林家死 2 人(祖母、妹妹),我家隔壁的叔伯嫂子周寅生也死了。他们的症状都差不多,都是高烧、起坨、抽筋(抽搐),起病急,两三天就死亡,死后皮肤发乌。

当时石公桥镇上也死了不少人,防疫医疗队从县里来了,穿的白衣服,还有军警,他们封锁了石公桥,防疫队驻的地方在石公桥小学,隔离医院在邓家庄,隔我们屋场没多远。

就在这时候,我家里母亲发病了,早上起来不舒服,不想吃饭、发烧。我姨母(母亲的妹妹)劝我母亲到医疗队去看病,说那里有洋医生给人治病,不要钱。结果我母亲去了,在那里吃药、打针,还在隔离医院住了几天,病好了回来还要她带些药回来吃。我母亲今年死去,90 岁了。

我母亲住隔离医院的时候,那天傍晚我父亲从赤塘庵小学教书回来,就发病,身上不舒服,晚上发高烧,浑身痛,起坨,抽搐,第二天早上人已病得不行,邻居也不敢抬他到医院去,他想吃梨子,我给他买来,他只吃了一半,到下午,他就断气死在家里。死后埋在不远的邓家庄。

防疫队到石公桥后,开始没有到我们村来,后来村里又死了 20 多人,他们才来。他们在村里给各家打针,发药吃,还发口罩给村里人戴,又对死人家里打药消毒,又劝大家离家疏散到外地去,但很多人没地方可去。总之,那年秋天,我们这个屋场 300 多人中,死去 30 多人。

日本的鼠疫对我家的危害真的太大了。我父亲死后,母亲被迫离开我们改嫁了，祖母也只好投靠她侄儿去了，剩下9岁的我和6岁的弟弟，成了无人抚养的孩子。我家的房子被家族内的地主王文宪霸占，6亩田也被他卖掉，他欺我们年幼。我们兄弟俩流落在外，靠给人放牛过日子，吃不饱，穿不暖，经常露宿于人家的稻草垛子里。真不知怎么长大的。①

（五）石圣久受害陈述

石圣久（图7—9），生于1940年农历九月十一，世居石公桥北横街。2004年1月11日下午，笔者与同事朱清如就细菌战受害问题采访她，她作了如下陈述：

图7—9　石圣久（2004年）

> 1942年我的母亲刘冬枝（当年32岁）死于石公桥鼠疫。
>
> 那年我家住在石公桥北横街，在石米记家猪行隔壁，也开猪行，我家右边隔壁是王丕棣南货店。家里4口人：父亲、母亲、姐姐、我（当时2岁）。
>
> 听家人说，那年的下半年，石公桥镇上开始是死老鼠，几乎家家都无缘无故地死老鼠，后来就开始死人，发病急，一两天就死了，死了身上发黑。消息传到县里，县里派来医疗队，又是挖沟封锁，又是打预防针，又是灭鼠，又是解剖病死人的尸体，还火化。医疗队来后没多久，我母亲一天忽然发病，高烧、身上起坨，病重得很。当时又不敢去医疗队看病，怕解剖、火化，结果母亲两天时间就死了，死了身上皮肤乌紫色。母亲死后，白

---

① 陈致远：《2004年7月15日呈递东京高等法院1941年日军常德细菌战对城区和石公桥和平居民的加害鉴定书》（中文本），第93页。

天不敢埋，怕防疫队发现，到了晚上，把尸体搬到船上，再划过土硝湖，运到南岸的南极官小土山包上埋葬。

我母亲死后，父亲另娶，后妈虐待我们，让我们做很多事，做不好经常挨打挨骂。我姐姐15岁时（1945年）就被嫁了出去。姐姐在家时，我还能得到姐姐的爱护，她出嫁后，4岁的我生活更冷落凄苦，平常吃不饱，冬天没棉衣穿，后来还不让我读书。唉！假如日本鼠疫不毒死我的母亲，夺去我的母爱，我小时候也不会受那么多的苦！①

七　伯力士在石公桥受到赞誉

（一）防疫队工作概述

从历史资料看，以伯力士为技术指导的石公桥防疫队采取了积极有效的防疫措施，从11月14日进驻石公桥，到年底，基本控制了镇上鼠疫流行。

防疫队到达石公桥后，首先划定和控制疫区，以军兵进行交通管制，将疫区分为三段：桥南街、桥北街、北横街，分别以1.5丈深、1.2丈宽的3条防疫沟分隔；设立隔离医院于邓家庄和石公桥小学等地，隔离和留验病人；对全镇人口防疫注射，完成得很彻底，没有遇到如常德城区的阻力；在疫区灭鼠灭蚤，带来和分发的灭鼠药物效果很好，老百姓说镇上的老鼠都灭光了；病家污染的衣被等，老百姓舍不得烧掉，防疫队就设立很大的炉灶为他们蒸煮消毒；由于防疫注射很及时，防疫队到达后产生的染疫病人在隔离医院治愈率较高（如前述黄岳峰患者），因此石公桥民众家有患者往往自愿送入隔离医院接受治疗，与城区的抗拒现象形成鲜明对照。所有措施在石公桥施行都较顺利，唯独对病尸进行解剖检验和焚烧疫尸的政策受到群众的抵触，他们通常都在夜晚用自家的小船将亲人尸体运出被封锁的镇上，到镇外择地埋葬，这一过程既增加了再感染的机会，也是一条疫病向外传播的途径。当然，要求伯力士指导的防疫队能解决好这一棘手的问题，今天看来似乎是一种苛求。

从许多后来在石公桥所作的历史调查来看，当年防疫队尤其是伯力

---

① 陈致远：《2004年7月15日呈递东京高等法院1941年日军常德细菌战对城区和石公桥和平居民的加害鉴定书》（中文本），第96页。

士，他们的工作，受到当地人民的赞誉和纪念。

（二）当地鼠疫受害民众对伯力士的回忆

1. 向道同（1923 年生，时居周士乡九岭村向家屋场）陈述

　　1942 年 10 月，向家屋场发生鼠疫，我家也没能幸免。我弟弟向道华，妹妹向道英、女儿向淑兰几乎同时染上鼠疫，突发高烧、头痛抽搐，只两天就相继死亡，尸体呈乌黑色。我母亲痛不欲生，我妻子抱着女儿尸体，痛器失声，不忍释手。

　　我为亲人办理丧事后，也感到高烧头痛。我姐姐建议，把我送到石公桥临时防疫队。经伯力士医生检查，是鼠疫感染。当即打针喂药，住了几天，病就有好转。我从心里感谢伯力士医生。①

2. 向道仁（1933 年生，时居石公桥响水垱村）陈述

　　在哥哥和外祖父因鼠疫死亡时，我寄居在石公桥响水垱村（现白云村），帮姨父放牛。姨父的弟媳周幺姐和她的女儿易惠清也患鼠疫先后死去，我帮助护理，死后又帮办丧事。之后我开始头痛、高烧、阵寒阵热。

　　姨父把我送到了石公桥镇的防疫队。当时石公桥镇上已经设立了3 处隔离医院，在镇小学校、福音堂（教堂）、杜（邓）家庄（旅店）。我被送到小学校的隔离医院，那里有 30 多人住院。记得给我治疗的是一个叫伯力士的医师。通过吃药打针，经一星期的治疗，我竟奇迹般地脱离了危险，逐渐恢复健康。我永远感谢他。②

3. 曾晓白（1940 年生，时居周士乡柳溪湾村）陈述

　　向家屋场发生鼠疫后，周围的村也相继出现感染者。我母亲的姑

---

　　①　聂莉莉：《伤痕：中国常德民众的细菌战记忆》，刘云、金菁琳译，北京：中国社会科学出版社 2015 年版，第 171 页。

　　②　同上书，第 172—173 页。

母胡友姑、舅奶熊再姑、表弟蔡坤生祖孙 3 人相继染上鼠疫,不到 5 天时间相继死亡。那时,我刚两岁,母亲带我和外祖父母去吊唁死去的亲戚。回来后,母亲和我发生身体不适,头痛、时冷时热,把全家人都急坏了。我祖父曾贵白急中生智,说石公桥有医院,把我和母亲送往石公桥医院。经伯力士诊断是鼠疫感染,连忙给我们打针吃药。在医院住了几天,由于医生的精心治疗,才转危为安,免于一难。①

4. 龚文耀(1937 年生,时居周士乡新时堰村)陈述

1940 年 10 月的一天,我小姐姐龚友枝到住在周士乡武岗村大姐夫罗丕湘家做客。那时武岗村正流行鼠疫,大姐夫家已死亡 2 口人,大姐夫哥哥家里也死了 2 口人。我小姐姐回来后就头疼、发烧,第 3 天就死了。

小姐姐死后,我哥哥龚光宗又开始头疼、发烧、抽筋,第 3 天也死去了。哥哥尚未出葬,我也头痛、发烧,心里不舒服。我母亲叫我爹赶快把我送到石公桥医院。

我父亲用箩筐担着我,另一头放着砖块,跑步前行。途经外祖父母家(石公桥镇杨家桥)时,我舅父说,听说石公桥由国家派来了医疗防疫队,赶快!赶快!就这样,舅父和我父亲轮流挑着我,跑步把我送到石公桥防疫队。

一名叫伯力士的外国医生,给我检查,打针,还吃药丸子,我的病就好了。我能幸存,还要感谢伯力士医生,是他把我从死亡线上救活的。伯力士医生的救命之恩,我永世难忘。②

5. 陈国建(1929 年生,时居周士乡瓦屋垱下陈家)陈述

1942 年 10 月,石公桥流行鼠疫时,我还是镇上国民中心小学的学生。鼠疫来势汹汹,满街到处都有死鼠,每天都在死人。这种情况

① 聂莉莉:《伤痕:中国常德民众的细菌战记忆》,刘云、金菁琳译,北京:中国社会科学出版社 2015 年版,第 173 页。
② 同上书,第 173—174 页。

下，学校也停课了。回到村里，发现也流行鼠疫，我叔叔克权、伯伯克铣的女儿卯香和我姐姐梅香、文香、桃香，一个接一个地死了。

当时我这个家里唯一的男孩也开始头痛。父亲当即决定，背我去石公桥镇，送去防疫队医治。谁知半路上设卡封锁疫区。我父亲便雇请一只小船连夜将我送到石公桥小学。当时学校已成临时医院隔离所。

防疫队外国医生伯力士立即从我颈部抽血化验。他用英语沉重地说："幸亏来得及时，不然就没救了。"我住了 5 天医院方才脱险。我的生命是伯力士医生给的，我要感谢伯力士医生的再生之恩。①

6. 方恒山（1933 年生，时居新德乡熊家桥村覃家榜）陈述

1942 年 10 月，我伯父方景发在西湖口渔船上帮工，常替老板上石公桥丁长发鱼行卖鱼，不幸染上鼠疫，回老板家后突发高烧，两天就死了，年仅 41 岁。

同时，我家居住的熊家桥覃家榜也闹鼠疫。我姐姐方爱秀在校读书，一天回家后头痛、高烧、抽筋，不久死去，时年 11 岁。我 5 岁的小妹妹同时也染上鼠疫，继而死亡。母亲哭得死去活来，全家老小悲痛不已。

当时我 9 岁，也突然头晕目眩。我父亲请邻居帮忙掩埋我姐姐和妹妹的尸体，他自己急忙把我送到石公桥镇上常德派来的医疗队。住院几天，感谢伯力士医生，对我精心治疗，才幸免于难。回家时我父亲又买回一些药丸给家里人吃，才避免鼠疫再度发生。②

7. 熊善初（1929 年生，时居新德乡熊家坪村仲仙坪）陈述

1942 年时，我家 8 口人，三代同堂，以种田为生。父亲熊大川、母亲鲁多姑都已年近六旬。大哥熊用楠 31 岁，嫂子陈双美 30 岁，二

---

① 聂莉莉：《伤痕：中国常德民众的细菌战记忆》，刘云、金菁琳译，北京：中国社会科学出版社 2015 年版，第 174 页。

② 同上书，第 175 页。

哥熊八生 28 岁,3 人是家庭主劳力,是家庭生活的顶梁柱。

大哥大嫂有一对可爱的儿子,大的熊绍武 8 岁,小的熊绍平 5 岁。我是父母的小儿子,年 13,在石公桥完小读六年级。家庭虽不很富裕,但和睦安宁,也算美满之家。

但当年 10 月灾祸突降,大哥首先染鼠疫死去,继而小侄儿熊绍平和大侄儿熊绍武也发病死亡,随后我二哥熊八生又病倒,3 天死去。8 口之家 10 天暴死 4 人,其惨况可想而知。

当时我正在石公桥完小寄宿读书,石公桥镇上鼠疫已经恶性爆发了,常德城里的防疫队也到石公桥设立了简易医院。我和班上的寄宿生也开始发病、头痛、发烧。班主任丁介南老师就把我们带到简易医院。

经一名外国医生给检查,后来才知道这名外国医生叫伯力士,他确诊我们为鼠疫,我们都十分紧张害怕。那位医生说,"你们来得及时,病情还不严重",并当即给我们打针,发了药丸,每天服 3 次,接连 7 天打针吃药,病情终于得到了控制并痊愈了。①

8. 吴光才(1934 年生,时居新德乡年丰村八刘家庄园)陈述

1942 年 10 月,我姐姐在石公桥卖鱼购物回家后,头痛、高烧、全身发抖、抽筋。由我姐夫和表妹护理她,但未到天明就死了。我听说后立即赶回家,跟随我父母到姐姐家中,只见姐姐尸体乌黑,十分难看。这时我姐夫和表姐也染病在床,他兄妹 2 人第 2 天命归黄泉,还有受到我姐照顾的孤儿贵雪儿也同样染病死亡,全家烟火断绝。

那时我年幼的身体也被细菌传染,也开始出现头痛、高烧、全身斑点等症状。我父母万分焦急,用船连夜送我到石公桥镇医院治疗。经伯力士医生检查,确诊为鼠疫。住院 7 天,吃药、打针,才使我大难不死,活到今天。②

---

① 聂莉莉:《伤痕:中国常德民众的细菌战记忆》,刘云、金菁琳译,北京:中国社会科学出版社 2015 年版,第 175—176 页。

② 同上书,第 177 页。

上述调查陈述材料，引自日本东京女子大学华裔文化人类学教授聂莉莉女士的著作《伤痕：中国常德民众的细菌战记忆》。聂教授从 1998 年开始至 2002 年用几年时间 10 余次来到常德细菌战受害城乡各地深入调查，从而撰成此书。

聂教授说："受到伯力士医生治疗的人们，都牢牢地记着他的名字，感谢他的救命之恩。"

（三）中国人民不应忘记伯力士

伯力士（1885—1968），奥地利籍犹太人，维也纳大学医学博士。第一次世界大战期间作为奥匈军队军医被俄军俘虏，流放至西伯利亚。1921年来到哈尔滨，正值我国东北近代第二次鼠疫大流行，懂英、德、法、俄四国文字的他成为我国著名"鼠疫斗士"伍连德领导的"东北防疫总处"重要成员，参与中国的防疫。10 年后（1931 年），随伍连德来到上海，参与中国海港的海关检疫事业的创建工作。1932 年"一·二八"抗战中参与救治十九路军将士伤员的工作。1937 年抗战爆发，伍连德去了南洋，伯力士则毅然参加"国联援华防疫团"，帮助中国的抗日战争，受聘为中国政府卫生防疫顾问。1939 年第二次世界大战爆发，援华团外籍防疫专家多离开中国，但伯力士坚定地留下，并成为中国反日军对华细菌战的伟大斗士。他在技术上帮助中国战时防疫体系的构建，培训了大批中国防疫人员；他写出科学的"调查报告"提交中国政府，揭露和证实日军对华实施细菌战；又以自己丰富的防治鼠疫的经验和技能，实地帮助中国人民抗御日军凶恶的鼠疫细菌战，1940—1941 年在衢州、义乌，1941—1942年（时年 57 岁）在常德，1943 年在浙江、福建，1944—1945 年在滇西，1946—1948 年在浙江、江西、福建，哪里有鼠疫，哪里就有伯力士。中国各地防疫档案中亲切地称他为"卫生署专员伯力士博士"。二战后，联合国世卫组织聘请他为流行病学专家，1948 年他离开为之工作 27 年的中国赴美，1954 年世卫组织出版他的防疫巨著《鼠疫》，他成为世界著名鼠疫专家，1968 年在美国逝世。

这位几乎毕生为中国人民工作并做出巨大贡献的中国人民伟大朋友，由于他长期任职于中国旧政府，使得新中国成立后渐至为人所忽略甚至遗忘。

但是，常德细菌战受害者和常德人民不会忘记他，常德人民在心里为他树立起一块永久的丰碑。

第八章

常德周边广大乡村鼠疫的流行

一　调查会七年的调查结果

（一）调查会的调查网络

为了对日本政府提起细菌战受害的索赔诉讼，1996 年 12 月 6 日常德成立了"细菌战受害者调查委员会"。[①]

这个调查委员会，后来发展为一个有系统组织的调查机构，在常德城乡形成一个宏大而严密的"三级"调查网络，见图 8—1。

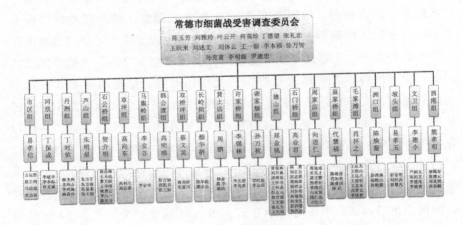

图 8—1　常德市细菌战受害调查委员会机构系统图

资料来源：聂莉莉《伤痕：中国常德民众的细菌战记忆》，刘云、金菁琳译，北京：中国社会科学出版社 2015 年版，附录。

[①]　刘雅玲、龚积刚：《细菌战受害大诉讼》，长沙：湖南人民出版社 2004 年版，第 186 页。

对于这个调查网络的形成、结构及功能等，该调查委员会负责人陈玉芳、刘雅玲曾撰文作如下阐明：

常德细菌战受害调查委员会的调查网络是慢慢扩宽加大的。最初是参与《辛巳劫难》编撰的学者叶荣开、陈大雅等人在常德市城区和城区东北郊石公桥等地进行实地访查。1998 年 3 月，刘体云、李本富、何英珍、张礼忠、刘述文、丁德望、王跃来、孙克富、徐万智等退休老同志主动加入设置在常德市外事侨务办公室的"侵华日军731 部队常德细菌战受害者接待处"这一（民间）机构，他们成为实地寻访调查的中坚力量。他们刚开始下去调查时，主要是找各自在当地的亲戚朋友，让他们提供线索，再召集直接受害者和受害者亲属以文化座谈会的形式了解详情。随着调查工作的持续进行，很多地方上热心人士志愿加入这一工作。调查委员会便陆续在各疫点建立二级工作站，培养联络人，以协助调查委员会进行调查核实。

调查委员会对疫点二级工作站联络人的挑选条件很严格。首先，必须有爱国热情，对日军暴行切齿痛恨；其次，办事公正，实事求是，在当地群众中有较高的威望，如老支书、老村长、老教师等德高望重者，为最佳人选；再次，身体要健康。各疫点工作站联络员经调查委员会认真考核后，再告知当地群众。石公桥、周家店是大疫点，受害面积大，受害人数多，调查委员会根据实情，又帮助二地设立三级工作站。乡一级的退休干部牵头成立乡级工作站，乡工作站指导村级（三级）工作站工作。调查委员会在各级工作站共计 160 多位联络人的竭诚配合下，初步确定常德市有 58 个疫点。

市、乡、村三级调查网络形成以后，的确加快了调查工作进展速度。调查委员会经过多次酝酿、修改，设计了一种调查摸底表，下发到各疫点，对受害人进行普遍登记。又对下面上报的受害者材料反复多次地、认真地审核、过滤，以求材料客观真实。①

---

① 陈玉芳、刘雅玲：《常德细菌战死亡人数的七年调查》，《常德师范学院学报》（社会科学版）2003 年第 3 期。

(二) 调查的方法

对于调查委员会具体的调查方法,陈玉芳、刘雅玲在她们的文章中继续阐述:

常德细菌战受害中心区在城区,故调查首先从城区开始。

但如何在茫茫人海中找到当年的幸存者和受害者亲属,以便更大范围内弄清受害情况呢?调查委员会采用了以下几种形式:

第一,召开座谈会。1996 年 12 月,调查人员根据市委党史办提供的线索仅找到 14 名受害者遗属,为了扩大线索,调查委员会立即在老城区中的红卫、百胜巷、水巷口、半边街、五铺街等居委会召开 60 岁以上的老人座谈会。调查学者叶荣开在第一次座谈会上就找到了受害者马善政的孙子马培成,第二次座谈会找到了受害者家属何英珍。以后城区的每次座谈会都有收获,线索呈几何状扩大。老人座谈会便成了调查取证的第一手段。

第二,宣传发动。利用舆论工具进行宣传,是扩大影响的一个有效方法。每次日本律师来常德,调查委员会都要通过报纸、电视让市民知道诉讼情况。调查委员会还组织高校报告会、街头大型图片展览,加上调查人员每到一地都进行口头发动宣传,使常德细菌战受害的历史和对日索赔的进展情况得到深入的宣传,有利于我们寻找新线索。很多人看了报纸、电视后找到调查接待室来,反映自家的受害情况,要求参加原告队伍,有的甚至从此参加调查志愿者队伍。如 1998 年 4 月,受害者家属丁德望在电视里看到日本律师来常德调查细菌战受害的新闻,便来到接待处,成为一名志愿者。1998 年底,调查委员会在常德高等专科学校组织了一场报告会,常德第一例死于鼠疫的受害人蔡桃儿的弟弟蔡正明找到接待处,成为第二批起诉原告之一。如长沙女子监狱的一名工作人员陈光圻曾参加过当年石公桥收尸,他看到报纸、电视上的新闻后,主动写来回忆材料。

第三,查证历史档案。为了掌握更丰富的证据,调查委员会再一次从档案中挖线索,先后在湖南省档案馆,常德市档案馆,武陵区、鼎城区档案馆，及周边的保靖、溆浦、沅陵、辰溪等地档案馆查找资料。在《辛巳劫难》已公布的档案基础上又查到了一些当年的防疫会议记录，广德医院院长谭学华的鼠疫检验经过，石公桥当年的疫死名单，李家湾当年的疫死名单等，为调查工作提供了不少有价值的依据。

第四，大胆撒网，小心求证。我们最初是根据档案记载来找人。蔡桃儿死于鼠疫，李佑生一家 16 人死于鼠疫，这在档案上记载得很清楚，不需要费很大气力鉴别。但 1998 年 3 月以后，调查面成倍扩大，很多在历史档案上没有记载的疫点的群众强烈要求当原告，要求在法庭上控诉日军暴行。这样，保证受害事实的准确性便成了调查委员会最为重要的工作。为此，调查委员会明确规定：

（1）本次调查只限于 1941 年日军撒播鼠疫受害。对于有的受害虽说也怀疑是日军细菌战所为，但发生在这个时段之外，因为目前证据不充分，暂不作为本次登记的范围。

（2）调查范围除历史文献中记载的几个地方外，其他新发现的疫点必须有清楚无误的传播途径。比如，韩公渡的鼠疫病来源于石公桥，是 1942 年在石公桥花纱行丁长发家帮工的魏乐元，在石公桥染病死亡后，尸体运回老家韩公渡牛古陵下葬，引起了韩公渡的鼠疫流行。1942 年 6 月，伍家坪朱氏家族中有一个叫朱唐儿的在常德卖河水为生，租住在鸡鹅巷内，不幸染上鼠疫，由本族同在常德做事的几个人抬了回去。回到家中朱唐儿高烧、抽筋、口吐带乌血的沫液，手不停地在胸前抓打，身上出现红、乌斑点，仅几个小时就含恨去世。谁知仅仅两天，护送朱唐儿回家的几个人得了同样的病先后死去，家中也有亲人开始发病，那一次瘟疫短时间内朱氏家族死亡 201 人。像这样新发现的疫点还有很多。但对有些查不清来源，而且时间概念混乱的地方暂不列入此次调查。

（3）每一个受害者亲属必须向调查委员会递交一份完整的文字材料，详细叙述亲人受害时间、发病死亡过程，周围乡邻情况，便于相互印证。

（4）受害个人以面谈与旁证相结合的方法求证核实。确定疫点后，认真、仔细地对每一个受害者的材料进行鉴别。先当面询问受害者亲属,弄清发病死亡基本症状,然后进行旁证,组织当地老人再次回忆复述,看所述情况是否吻合。如果所述完全不同,不予登记。

(5) 姓名无可考的受害者不在这次登记之列。如曾住在石公桥北济公庙的丐帮全部死于那一次鼠疫流行,但他们没有留下姓名,暂不登记。长岭岗乡神寺山有一条常德向湖北运兵的营路,鼠疫在常德流行时国民党军队中有不少官兵染上鼠疫,当时国民党军队染疫者留在神寺山的王家祠堂,据实地调查,在王家祠堂先后有上千染疫壮丁死亡。但姓名无可考,也暂不作登记。还有双桥坪大桥村有个蔡家湾,1941 年这里住着一支蔡姓家族,有 99 户 371 人,1942 年农历七月,此地发生瘟疫,99 户 371 人仅有一个叫蔡运成的人因外出帮工幸免于难。但蔡运成对于疫死者,除家人外,其余大部分已不能说出姓名,也暂不进入本次登记。

为保证调查的准确性,我们对受害者的鉴别还采取时间求证法、症状求证法。

时间求证法:即对每一个疫点,每一家发病死亡人的受害时间反复推敲考证,看与该疫点发病、集中死人的年代、季节是否吻合;有的因年代久远弄不准确,调查人员就从遗属们回忆的结婚、生子、贺屋或其他有肯定时间的家庭大事去推算,或者请当地老人帮助回忆,弄准为止。特别是有些地方老人说法不一的时候,更是反复考证推敲。如在石公桥鼠疫爆发流行的时间确定上,有的老人说是 1941 年,有的老人说是 1942 年。调查委员会便以大多数老人能确定下来的李丽枝老人当年孝堂成婚的日子来推算确定为 1942 年。凡发病死亡时间在这个时段范围外的不予登记认定。调查委员会本着"宁缺毋滥"的原则,对有些实在弄不准的情况不予登记。

症状求证法:即调查志愿者都必须准确地知道鼠疫的发病死亡症状,对照受害者所描述的亲人发病死亡的一些症状来鉴别是否属于本次登记范围。如有的受害者说自家亲人发病时时冷时热,冷起来盖三床被子都压不住寒,我们的调查人员断定那不是鼠疫而是疟疾。还有的地方说亲人发病时上吐下泻,死得很快,调查人员就告诉他那是霍乱，不属于这次登记的范围。鼠疫的症状是发高烧、寒战、腹股沟起红疙瘩，死时全身乌紫，俗称"乌鸦症"，肺鼠疫患者还口吐血沫，有极强的传染性。①

（三）调查的结果

常德细菌战受害调查委员会，经过"三级"调查网络的160多名人员近7年的工作，到2002年细菌战诉讼一审判决前3个月，终于拿出了一个翔实的调查结果。

7年间，他们调查了常德周边10余县市，获取了15600余人（份）的受害材料，经过严格甄别，确认其中至少有7643人为细菌战受害者。图8—2所示是这7643人的调查材料档案，共120盒。

---

① 陈玉芳、刘雅玲：《常德细菌战死亡人数的七年调查》，《常德师范学院学报》（社会科学版）2003年第3期。

图 8—2　常德细菌战 7643 人受害调查材料档案
（现藏湖南文理学院细菌战罪行研究所）

　　这 7643 名受害者分布于常德周边 7 个区县市（武陵区、鼎城区、桃源县、汉寿县、临澧县、津市市、南县）的 60 个乡镇和 486 个自然村（另包括常德城区）。见图 8—3 "常德细菌战鼠疫受害传播地域和传播路线图"。

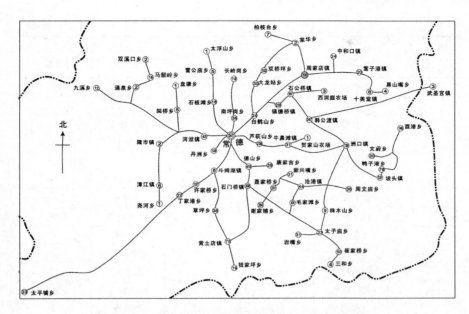

图 8—3　常德细菌战鼠疫受害传播地域和传播路线图

资料来源：常德细菌战受害调查会提供

说明：1. ○为鼠疫传播受害乡镇，常德城区外共计 60 个；2. ○内数字为该受害地死亡人数，共计 7643 人；3. 60 个乡镇鼠疫死亡者分布于 7 个区县（武陵、鼎城、桃源、汉寿、临澧、津市、南县）的 486 个自然村；4. —··— 为常德市辖区界线；5. 本图为常德细菌战受害调查委员会 2004 年绘制。

表 8—1 是 7643 名鼠疫死亡者在各县（区）乡（镇）分布的统计表：

表 8—1　　　　　　　　**7643 名鼠疫死亡者分布统计表**

县（区）	乡（镇）含所属村	死亡人数	县（区）	乡（镇）含所属村	死亡人数
武陵区	城区	357	汉寿县	洲口镇	139
	芦荻山乡	238		毛家滩乡	474
	德山乡	419		聂家桥乡	231
	丹洲乡	129		文蔚乡	30
	河洑镇	43		崔家桥乡	101
	南坪岗乡	38		西港乡	148
鼎城区	石公桥镇	1017		太子庙乡	23

续表

县（区）	乡（镇）含所属村	死亡人数	县（区）	乡（镇）含所属村	死亡人数
	镇德桥镇	229		坡头镇	237
	周家店镇	1533		新兴嘴乡	31
	韩公渡镇	347		鸭子港乡	78
	石门桥镇	556		三和乡	4
	许家桥乡	137		周文庙乡	36
	草坪乡	36		沧港镇	44
	谢家铺乡	264		岩嘴乡	31
	钱家坪乡	19		株木山乡	9
	大龙站乡	30	桃源县	架桥乡	5
	牛鼻滩镇	31		马鬃岭乡	16
	双桥坪乡	152		九溪乡	12
	黄土店镇	75		太平铺乡	23
	长岭岗乡	118		尧河乡	1
	丁家港乡	22		双溪口乡	2
	中河口镇	24		涌泉乡	2
	蒿子港镇	20		漳江乡	6
	十美堂镇	8		陬市镇	2
	黑山嘴乡	·4		盘塘乡	1
	康家吉乡	39	临澧县	柏枝台乡	7
	石板滩乡	18		太浮山乡	1
	白鹤山乡	24	津市	棠华乡	2
	雷公庙乡	5	南县	武圣宫镇	3
	斗姆湖镇	8			
	贺家山农场	1			
	西洞庭农场	3		合计	7643

资料来源:《中国湖南常德侵华日军731部队细菌战受害死亡者及其遗属名册》,常德细菌战受害调查委员会,2002年8月编。

从上述调查结果和图表可以看出如下特点:

（1）鼠疫的传播地域主要在1941年和1942年的常德县、汉寿县、桃源县3县,但也波及临澧县、津市市、南县等地。

（2）鼠疫的传播路线主要是以常德为中心,沿交通线向四周辐射;其中又在某些乡镇形成二级传播中心向周边辐射,如石公桥、周家店、韩公渡、德山、石门桥、斗姆湖、聂家桥、洲口、坡头等乡镇。

（3）有两个乡镇死亡者超过 1000 人：周家店、石公桥；超过 500 人的有石门桥；超过 400 人的有德山乡、毛家滩；超过 300 人的有常德城区、韩公渡。死亡人数超过常德城区的有 5 个。

对于上述被递送到日本东京地方法院的受害调查材料，2002 年 8 月 27 日，该法院在判决书中作出了如下判定：

> 经本法院研究本案的各个证据，至少有下列事实可以认定：
> ……
>
> 1941 年 11 月 4 日，731 部队的飞机飞到常德上空，在县城中心投下了感染鼠疫的跳蚤……1942 年 3 月以来，常德城区的鼠疫传播到农村，在各地出现了许多死亡患者。据"常德市细菌战受害调查委员会"极其深入的广泛的调查，常德的鼠疫患者死亡人数达 7643 人。①

二　鼠疫传播到广大乡村的原因

鼠疫为什么从常德扩散到周边广大乡村地区？常德防疫部门为何对大多数染疫村镇竟一无所知？

（一）政府防疫诸多缺陷

（1）在常德的整个防疫过程中，国民政府及其官员处于高高在上的地位，与民众间是一种冷漠的统治者与被统治者的关系。这导致防疫政策措施得不到民众的理解与配合。如"强制注射"、"强制隔离"、"强制尸检"、"强制火化"等。即使对于政府基层的保、甲长，也是采取失职者"严惩"、"抗不受训者严惩"等高压政策。常德城区鼠疫最炽烈的时候，战区司令长官陈诚考虑的是"常德关系本战区军粮至巨"，因此严令常德的防疫工作"强制执行一切"，由"集团军总部"派出军队"协助强制执

① 《东京地方法院就侵华日军细菌战国家赔偿诉讼案一审判决书》（2002 年 8 月 27 日），载王希亮、周丽艳编译《侵华日军 731 部队细菌战资料选编》，北京：社会科学文献出版社 2015 年版，第 607 页。

行"。这导致民众普遍的抗拒情绪，甚至如容启荣所说"当地民众反视卫生人员如寇仇"；也造成基层的保、甲长多采取一种消极"应付"的工作态度。政府的防疫以"强制"、"惩罚"为推行基础，实际的结果是不能达到对疫情蔓延的有效控制。

（2）城区的检疫漏洞很多，很难控制病患者和疫尸的外流。检疫人员只在6城门把守，不能控制居民从城墙豁口等处趁夜偷出城外；有的检疫人员收受贿赂偷放病患者或疫尸出城；买卖注射证使许多病患者得以出城；经常的空袭警报可使病患者趁乱疏散出城。调查所知的城区297名鼠疫死亡者中，有275名是经过隐瞒而偷运出城土葬。因此，当时城区的鼠疫患者和疫尸大量外流，将疫病传播到广大乡村。

（3）农村乡镇缺乏有效的疫情掌控机制和报告制度。1941年常德县在城区之外的农村地区设有29个乡，每个乡人口约1.5万—2万，但乡政权（乡公所）这一级公职人员仅4—6人，行政能力甚为薄弱。从历史防疫资料看，看不到当时在乡下地区建有防疫机构，甚至看不到疫情报告制度和相关资料。

桃源莫林乡1942年5月的鼠疫流行，李佑生从常德染疫回到李家湾，10日死亡，此后其亲属和邻居相继死亡16人，但半个月后的25日死亡到第14人时防疫部门才获知疫情。历史资料没有说明怎样获知疫情，但显然不是莫林乡乡公所"及时"上报的结果，"及时"上报应在忽然死去4—5人的20日左右。

常德石公桥的鼠疫也同样如此，10月中旬就有大量的死老鼠（如乡村当时建有防疫机制，此时就应上报县上），10月27日开始有居民死亡，但石公桥新德乡乡公所并没有报告上级，直到11月中旬死掉20人后，才由石公桥镇上的民众"报告县里"（而不是镇上的公务员），这样常德防疫部门才派来了防疫队。可见当时乡下没有疫情报告制度建立。

周家店乡1942年是鼠疫重灾区，死去居民1000多人。东京女子大学聂莉莉教授曾采访该乡1942年担任乡公所经济干事兼兵疫干事的萧宋成（1912—2002）老人，萧宋成说那场鼠疫中他的28岁的妻子和半岁的女儿都死于瘟疫，全乡"染疫死亡人数达二千余人"。萧宋成说，大量的疫尸最后由乡里处理，乡长唐炳煌自己捐光洋一百块，并四处募捐，"均用于掩埋尸体及乡丁、保卫费及一些防疫性药物"。

聂教授说："在萧宋成的回忆里，既没有提到乡公所向上级汇报，也没有提及上级传下来的什么指示，应对鼠疫基本上是乡里自主性的行动。"①

（二）常德城乡市场网络成为鼠疫传播的途径

民国时期的常德地区，城乡之间的市场经济联系已十分密切，以城区为中心，与周边的 29 个乡形成了一个联系交往的市场网络。29 个乡中处于交通要冲的一些居民点又形成次一级的市场中心，如西边的河洑、陬市，北边的南坪岗、石板滩，东北边的镇德桥、石公桥、周家店，东边的芦狄山、牛鼻滩、韩公渡、洲口、坡头，东南边的德山、石门桥、谢家铺、聂家桥、毛家滩、太子庙，南边的斗姆湖、黄土店等。这些二级的中心市场又与周边的乡村形成再次一级的市场网络。

"常德的市场网络，特别是人们的市场交易、货物运输等经济活动，在细菌战袭来时，就成了鼠疫传播的途径。"②

（三）乡村宗族组织与传统意识文化助虐鼠疫的传播

民国时期常德乡下的村落，不少由宗族聚居而成，被称为"独姓村"。常德地方志写道："人们有聚族而居的传统，不愿脱离本族；外境小姓怕受大姓欺凌，不敢迁入；即便有迁入者，也在受到大姓欺压时而被迫改姓。其（宗族）管理权操在族正、房长手中。"规模大的宗族会分布在几个村落，和别的宗族同居一村。这种类型的村落，被称为"亲族村"。即两个以上家族因通婚而结成姻亲的自然体。在山区和平原地区，大部分是"独姓村"或"亲族村"，宗族在社会生活中有很大的影响力。③

这样的宗族结构的乡村，人们在婚、丧、嫁、娶等社会活动中，宗亲邻里会极为郑重其事地聚集参与，这成为常德细菌战期间鼠疫广泛传播的重要途径。桃源李家湾肺鼠疫事件就是一例典型。

民国时期，思想文化的近代化之风远未波及常德乡下农村，封建传统的意识和文化充斥乡村民众的头脑。如神明主宰人的生老病死的思想、鄙

---

① 聂莉莉：《伤痕：中国常德民众的细菌战记忆》，刘云、金菁琳译，北京：中国社会科学出版社 2015 年版，第 162—165 页。

② 同上书，第 33 页。参阅该书第 30—39 页。

③ 同上书，第 44 页。

薄西医依赖中医的思想、保全完尸入土为安的思想等。

当鼠疫袭来之时，周家店周家湾"整个村子大小几十口人到青龙庵烧香求神保佑消灾"，结果无济于事；德山乡枫树岗村民郑治龙的姑姑染上鼠疫，先请来郎中李保安药治，又请法师郑腊梅驱鬼，但姑姑还是在痛苦中死去；石公桥居民家中鼠疫死人后，害怕防疫队解剖尸体，毫无例外地都在晚上用小船运出镇，用棺木进行埋葬，因为要为亲人保全完尸以入土为安，这样才可以为死者在转入来世时准备一个好的条件。

正如聂莉莉教授所说："拥有这样的世界观及习俗的民众社会，在遭遇细菌战这样突发性灾难时，与植根于近代西方医学的防疫工作发生了正面冲突，民间文化不仅没能帮助避免灾难，反而助长了其蔓延。"[1]

三 鼠疫流行造成区域社会的崩溃

（一）鼠疫流行破坏了区域社会人口网络

7643 名鼠疫受害死亡者，主要集中在当时的常德县和汉寿县。据统计，常德县鼠疫受害死亡者 5949 名，占总数的 78%；汉寿县受害死亡者 1616 名，占总数的 21%。两县受害死亡者合计 7565 人，占总数的 99%。

据调查，常德县周士乡鼠疫受害死亡者高达 1533 人，全乡 1.8 万人口，死亡率达 8.5%。石公桥新德乡受害死亡者 1017 人，按全乡人口 1.8 万计算，死亡率为 5.5%。石门桥上德乡受害死亡者 556 人，按全乡人口 1.8 万计算，其死亡率为 3%。德山受害死亡者 419 人，按全乡人口计算，其死亡率为 3.1%。

鼠疫受害者的死亡在人口统计上并非简单的数字上的减损，在历史的人口网络中，它往往造成受害者家庭和周围社会人群的恐惧而逃离疫病区域，由一人的减损而带来多人或一个人群的离失。因而，它对区域社会人口网络的破坏作用是显而易见的。

（二）鼠疫流行造成区域社会经济生产单位大面积破坏

当时常德城区的工商业经济和广大农村的小农经济基本上皆以家庭为

---

① 聂莉莉：《伤痕：中国常德民众的细菌战记忆》，刘云、金菁琳译，北京：中国社会科学出版社 2015 年版，第 116 页。参阅该书第 116—139 页。

生产单位。当这些社会生产单位的家庭遭受细菌战攻击时，有一人或多人死亡，那么这个生产单位就被破坏，难以维系经营或持续原有的生产。

如城区"德丰祥"和"德丰南"两个酱园的老板刘栋成染疫死亡后，他的两个铺子就倒闭了。又如张礼忠家的"张文化刻字店"，在他家遭受鼠疫袭击后，这一城内有名的刻字店就江河日下，最后破产了。又如石公桥镇张长发家的大花纱行，由于鼠疫使之全家死绝，这一花纱行就在镇上被抹去了。

在广大乡村，农民以家庭为单位种田产粮，成为农业区域社会的经济细胞。但这种脆弱的小农经济细胞，自古在天灾人祸面前就呈现着它的无能为力，而在细菌战这种日军的"人祸""天灾"面前更是如此。当家中有人染疫死亡，尤其是主要劳动力的死亡，那么这个生产单位就瘫痪、崩溃了。

因此，鼠疫流行造成了常德区域社会经济生产单位大面积的破坏，严重阻滞了当地社会经济的再生产。

（三）鼠疫流行造成了区域经济市场的凋敝

鼠疫通过常德城乡各级经济市场的联系与交往的途径而传播和扩散，越是繁荣的经济市场往往就越成为鼠疫流行的猖獗中心，因而也越成为鼠疫打击破坏的地点。

城区的市场自不必说，如城区之外当时常德周边的"十大名镇"，就都受到鼠疫的不同程度的严重打击。最突出的就是石公桥镇。

石公桥镇大小商铺 400 多家，商贸繁荣，是联系湖北南部和湖南西部广大区域的物产集散地。但经过鼠疫的侵袭，全镇 5.5% 的人口染病死亡，19% 的家庭受害，因此其市场瞬间衰败，甚至其周边 7000—8000 亩农田也无人敢去耕种。[①]

此外如周家店镇、镇德桥镇、牛鼻滩镇、黄土店镇、斗姆湖镇、河洑镇、石板滩镇、蒿子港镇，其市场都受到严重的破坏和影响。

（四）鼠疫流行破坏了区域社会组织结构和社会心理

鼠疫流行造成了城乡无数家庭的倾覆，家庭是各社会组织的细胞，因

---

① 邢祁、陈大雅主编：《辛巳劫难》，北京：中共中央党校出版社 1995 年版，第 47—54 页。

此它极大破坏了区域社会组织结构。

细菌战过程中,一人死去往往带来一个家庭、一个宗族、一个村落的人口大量死亡;许多宗族破败了,一些村落消失了,区域社会原有组织结构发生错乱,区域社会的持续和存在出现危机。

例如常德县双桥坪乡大桥村,该村聚居着蔡姓宗族99户371人。但在1942年下半年那场鼠疫灾难中,半个月内全村所有的人全部死绝,只有一名叫蔡运成的男人因在外帮工而幸免。[①] 这样,大桥村这一区域社会就崩溃、消失了。而更多的村落是走向衰微,滨湖村落出现"夜间自闻尸首臭,白日目睹无人舟"的惨象;许多昔日繁华的集镇,从此一蹶不振。

鼠疫借助当时当地传统的家庭观念、宗亲观念、鬼神观念、丧葬观念、生死观念而传播扩散,因而也造成被害区域社会民众普遍的恐惧心理,人们往往将灾难归结于"瘟神"、"风水",甚至他人或仇家的"暗害"。

如周士乡周家湾鼠疫横行,人们认为是"发人瘟",整村人们到青龙庵烧香求神保佑消灾,结果仍不断死人,人们更为恐惧乃至愤怒,冲进庵内将菩萨推倒在地。[②]

又如城区鸡鹅巷一位年青的母亲张桂英染疫突然死亡,但张桂英的父母认为是女儿夫家谋害致死,原本亲家的双方成为仇家,上法院打起官司。结果虽给予明判,但两家从此不再往来。[③]

(五) 结语

日军731部队1941年11月4日对常德实施的鼠疫细菌战,给常德城乡广大和平居民和经济社会带来了巨大的伤害。在这一过程中,常德区域社会人口网络遭破坏,区域社会经济生产网络遭破坏,区域社会市场网络遭破坏,区域社会组织结构网络遭破坏,人民社会心理遭受严重创伤,因而给这个一百万人口、四千五百平方公里的地区造成了"区域社会崩溃"性的灾难。

---

① 聂莉莉:《伤痕:中国常德民众的细菌战记忆》,刘云、金菁琳译,北京:中国社会科学出版社2015年版,第182—187页。
② 同上书,第116—117页。
③ 同上书,第198—199页

在已结束的"细菌战诉讼案"中，日本法庭虽以各种"理由"作出了中国原告败诉的"不当判决"，但在它的判决书中也不得不承认日军在中国实施了"违反国际法"、"违反国际人道"的细菌战，并且在大量事实面前，不得不认定这一细菌战行为给常德区域社会带来了巨大危害：

> 1941 年 11 月 4 日，731 部队的飞机飞到常德上空，在县城中心投下感染鼠疫的跳蚤、棉絮、谷物等物质。
>
> 第一次流行，很大原因是投下的感染鼠疫的跳蚤直接叮咬了人，引起鼠疫流行。第二次流行是老鼠感染了鼠疫菌后，经过冬天，开春后以跳蚤为媒介感染了人。
>
> 1942 年 3 月以来，常德城区的鼠疫传播到农村，在各地出现了许多死亡患者。
>
> 据常德市细菌战受害调查委员会极其深入的广泛的调查，常德的鼠疫患者死亡人数达 7643 人。
>
> 人能感染鼠疫的类型多为腺型鼠疫，约占 80%—90%，被感染鼠疫的跳蚤叮咬人后发病。肺鼠疫的传染源是鼠疫患者的咳痰和唾液。败血型鼠疫主要是腺型鼠疫引起的二次型传染。特别是像本案受害地区那样的人类紧密联系的地域，鼠疫凭借（当地）那种社会形态传播。由于人们接连被死亡追逐，引发（当地人们）相互间的歧视和猜忌，带来区域社会的崩溃，在人们心灵深处（心理上）留下深刻的（伤痕）烙印，而且由于鼠疫本来是啮齿类动物的疾病，在人之间流行后，病原体在生物界留存，使人受感染的可能性长期存在。从这个意义上说，鼠疫不仅使（当地）区域社会崩溃，而且也造成（当地）环境的长期污染。①

---

① 《东京地方法院就侵华日军细菌战国家赔偿诉讼案一审判决书》（2002 年 8 月 27 日），载王希亮、周丽艳编译：《侵华日军 731 部队细菌战资料选编》，北京：社会科学文献出版社 2015 年版，第 607—608 页。

附录 常德细菌战六大历史报告(史料)

红十字会救护总队第二中队
民国三十年十一月份工作报告[*]

(1941 年 12 月 2 日)

查 11 月份 4 日上午 6 时雾气蒙蒙之际,敌机一架于常德城郊往返低飞三周,投下谷麦絮状等物,警报解除后,由常德县警察局及镇公所将敌机所散布之谷麦等收集稍许,送至广德医院。经该院谭学华及检验室技士汪正宇□□□□本人除派魏炳华视导员前往常德调查外,并偕肯德队长于 6 日至广德医院研究。据谭医师声称:"将送来谷麦等以无菌之生理食盐水浸洗,经 15 分钟以沉淀器沉淀作涂抹标本,以革兰氏染色镜检,发现多数革兰氏阳性杆菌及少数两极染色杆菌,再将剩余之麦粒培养于腹水内(因一时无其他培养基),同时向粮行另取麦粒作同样之梯状资作对照。该培养之麦粒经 24 小时后检视,由粮行取来麦粒所培养之试管其液较清,而敌机散布之麦粒所培养者,其液较浊。取此混浊液镜检发现多数革兰氏阳性杆菌及少数阴性两极染色杆菌,以测量镜量其长度平均为 1.5 微米,宽度为 0.5 微米,再取对照培养液镜检结果,则无此种杆菌发现。"当时将所制标本检视一过,即有下列问题:1. 该项细菌若为革兰氏阳性则可疑为肺炎双球杆菌但无薄菌膜。2. 该项革兰氏染色标本不明显或系染液配制不善或系技术不合。总之,常德无设备完全之检验室,而我

---

* 中国红十字会救护总队第 2 中队在 1941 年 11 月常德鼠疫发生前驻防在常德,其中队部设在德山,其所属的 5 个分队也驻防在常德周边各地。常德鼠疫发生后,该中队积极参加防疫工作,其中队长钱保康写成的这份 11 月工作报告(简称《钱保康报告》),是反映常德鼠疫防疫历史情况时间最早的一份档案文献,十分珍贵,具有极高的史料价值。

等医师均属临床者。除一面请派专员外，只能尽我等之努力负此职责。不问敌机该日大雾低飞之极大危险，其用意何在？而所检验之细菌实有类似鼠疫之疑，虽细菌学不能以形态为凭，但祈为证明以前事先预防未致大错。乃派魏炳华视导员常驻常德卫生院作调查工作，更期作进一步之研究。拟征求豚鼠作动物试验，但该项动物本市无畜养者，即家鼠亦不能匆忙捕得，殊为憾事。

8 日，县府召开防疫会议即派魏炳华出席，议决成立防疫委员会，预先成立隔离医院及捕鼠、宣传等各项要案。

11 日下午，民众谣传城郊附近颇有因急病而死亡者，乃传告警察局有急性可疑病者或死鼠发现，迅送广德医院留验。此时中队部各队均派在各部队服务，即距离较近之 472 队在 181 兵站医院因伤兵拥挤一时无法分配来。

12 日晨，有患者蔡桃儿一名，送至广德医院求诊，本人得信后即晨与肯德队长前往该院检视，兹将该病者病历摘录于后：

"患者蔡桃儿，女性，12 岁，常德人，居家住关庙街蔡洪胜炭行内，于 11 月 12 日入院。据其母口述，患者 11 日晚饭前尚觉平常，至 8 时许忽然发生寒战，继则高热头痛、周身不适及神志不安等症，但无呕吐腹泻及四肢痉挛等现状，体格检查其发育正常，营养尚佳，惟面带愁容、神志不清，但并非昏迷，皮肤干燥而带灰色，但无紫癜及黄疸，两耳患湿疹，左耳下腺肿大及有触痛外，其他各部之淋巴腺均无特殊变化，肺音清晰，心脏较弱，脉搏细速，每分钟 115 次，脾脏肿大，离肋缘约二指半宽，肝脏亦能摸及，头项不强直，克氏征为阴性，白血球数增至 12050，噬中性细胞为 88%，淋巴细胞 8%，单核细胞 4%，无疟疾原虫及其他血内寄生虫，但发现少数两极染色杆菌，将患者严密隔离。入院时之体温为华氏 105 度，脉搏每分钟 112 次，呼吸每分 36 次，除给以大量饮水及液体实物和用冷敷法以退热外，并每 4 小时给以口服磺胺 0.5 克、碳酸钠 1 克（一日三次），及无菌 1% 红汞 10 公撮由静脉注射。"

以上各种症状均为败血症之症候，本人因无其他助手，乃令魏炳华加紧在城区调查有无其他类似病人，并令 472 队刘伦善偕卫生院刘善荣前来常德协助调查工作。

13 日晨，该患者病情增剧，皮肤发现紫癜，神志不清，惟体温稍降至 103 度，此时于其静脉血液内检得两极染色杆菌甚多，与 P. H. Mamson Bahn 氏所著之病学第 222 页所载之鼠疫杆菌图谱相同，患者于是日上午 8

时因心脏衰弱而死,自起病至死亡仅相隔 36 小时。

尸体解剖所见:13 日下午 4 时实行尸体解剖,由肯德、谭学华施行,尸体皮肤带灰暗色,外视无特殊现象,仅左耳下腺稍肿大外,其他淋巴腺尚无变化,在腹中腺部位至脐下部剖开皮肤及皮下组织腹膜均呈光辉色,切开腹膜腹腔,内无渗出液潴溜,惟稍在淤血,存在于肠系膜间,肠作暗红色,微鼓,肝脏肿大,约在肋下三指有间质变性及淤血斑,胆囊肿大如鸡蛋大,脾脏肿大红两倍于正常,甚软,表面有出血点,脾髓如稀糜,肾脏有水肿状态,肾盂内含出血点,关于淋巴腺未见其肿大现状,即将脾内血液抽出少许放入琼脂基培养,并作血液涂抹片在此涂片上又见有多数之两极染色杆菌,与在静脉血内所见者完全相同。

根据上述病状及各种检验结果疑为败血型鼠疫。

13 日晚,所派前往调查之魏炳华视导员在启明镇四保三甲一户发现可疑病人,据称:"患者聂述生,男性,年 58 岁,于 12 日发病,有高热等症,13 日鼠蹊淋巴腺肿大,即抽取淋巴液作涂抹片而返。"(魏视导员对于标本涂抹及消毒手续均甚明了)将其涂片镜检之发现与前者比较,同样杆菌甚多,随即行走递送隔离,但患者于是日下午 7 时 40 分死亡,立即通知卫生院前往消毒。

14 日晨,本人与肯德队长尚在德山总司令部(洞庭湖警备司令部——编者注),忽得卫兵转报有死者棺木抬过查询,始知系由常德送回之急性病者死亡,乃即前往葬地查询,据尸父称死者蔡玉珍,女性,27 岁,寄居东门内长清街,不知门牌,死者于 11 日发病,有高热等病状,其他情形不明,于 13 日晚抬送德山时死亡。乃即开棺检验,尸体表面略带灰色,无淋巴腺肿大及其他现象。不便做尸体解剖,即抽取肝脏血液少许,镜检发现少数两极染色杆菌。

14 日下午,至广德医院,据报今晨在门诊处又发现病例一,患者余老三经抽取淋巴液检验证实,再将蔡桃儿脾脏血液之琼脂培养作涂抹镜检,所有两极杆菌均为革兰氏染色阴性。

以上各种检验工作并无专家主持,又无完整设备可检,为临床论据的检验工作,自不能十分详尽,但于 3 日内发现同样病例 4 人,均于同等情况下死亡,而涂片检验已得革兰氏阴性两极染色杆菌,则常德流行鼠疫殆无可疑。乃分别电告大队部,派遣专员协助防疫(至于电文报告或有文句不妥处,但本中队部迭请增聘秘书文书人才,均经回批不准,本人集医务事务会计交际于一身，实无法有暇修饰文句）。

14日，第六战区长官部卫生处长抵德山，是日会同总司令部刘毓奇主任、军委会俄籍卫生顾问司威威巴克及肯德队长等商讨防疫纲要，举凡管理、预防、隔离工程、疗治、检疫、宣传、器材等项，均经论及，至于工作人员，常德甚为稀少，为迅速扑灭疫病起见，乃决定先行将本中队各队暂予调回常德，从事防疫工作，候中央或各地卫生人员派到后再行回返，部队工作业继。令调111队设置北站，472队设置西站，647队设置南站，572队协助隔离医院工作。

16日下午会同陈处长、刘主任赴湖南第四区专员公署谒见欧专员冠并请郑县长及卫生院方院长聚集决定一切防疫问题，并解除工作上之困难，计议决定要案如次：

1. 隔离医院明日起改在东门外徐家大屋，令民众从速迁移，以便布置。

2. 由欧专员即日下令派警察局张局长为疫情情报股股长，三镇镇长为情报队长，督促各保甲长将疫情逐日报告。

3. 于防疫大队未到之前，暂由红会派队在卫生院协助检验工作，步骤既定，虽一时人员不齐，只能尽最大之努力调驻常德附近之472队全力从事调查检验工作，连日虽有急病死亡者，但检验均未证实。

本中队各队先后集中常德计472队于11月17日移驻常德，522队于17日到达，111队及731队全体于19日到达，642队于29日到达，均在指定地点工作，为便易调查病患起见，支配各队于各城门设立免费治疗所，中队部为指挥便利，亦由德山迁驻城中大高山巷91号办公，凡警察局送来之病死报告，均经中队部转饬各队前往死者之所在地，详细调查，并派472、642各队之一部分担任船舶检疫。

其他卫生机关到此间者，计湖南省卫生处副处长邓一豗于20日到达，卫生署第2路大队长石茂年于18日到达，军政部第4防疫大队第4中队于23日到达，卫生署第14医防队于22日到达，军政部第9防疫大队第3中队于27日到达。

连日各队展开从事调查及预防工作。

延至24日晚，又发现病例一，适值陈文贵一行抵此，该病例于送至隔离医院时死亡，25日以后即将该死者作剖验培养及动物试验等工作，经证实死者系鼠疫致死（详见陈文贵检验报告）。

　　常德防疫委员会于 11 月 20 日改组为常德防疫处，由欧专员冠兼任防疫处长，各方医务人员为设计委员，推湖南省卫生处副处长邓一趸为主任委员（附组织系表一份），常德卫生院院长方德诚兼隔离医院院长，本会522 队协助隔离医院工作。

　　拟定 12 月 6 日举行常德全市清洁大检查，本会各队全体参加工作。

　　各队预防注射工作，因总队部带来疫苗至 12 月 1 日由陈文贵交下，故于 12 月 2 日开始注射。

　　兹将各队工作情形摘录于后：

　　第 111 队——该队随暂×师驻澧县大踪堰帮助该师野战医院工作，该院因初移新地址，设院诸多不完备，而院址零乱，该队立即着手该院之整理布置，其工作计：（1）先将该院内病人 25 人设置病床，开始医疗护理及各种检验等工作。（2）环境卫生。将院内外清理及下水道之疏通，建筑合理，加盖新蹲位厕所一处。（3）设特别营养室一大间。（4）继续开始帮助筹建该院之灭虫站。

　　11 月 15 日，该队接到本会队部电令调常预防鼠疫工作，该队即遵于是月之 17 日率队启程于 19 日到达常德，设置于北门外，作疫病死亡调查检验工作，21 日起开始设立民众免费门诊处，以利调查疫情，北门距疫区较远，疫病幸未波及，该队因队员较少，故工作甚为忙碌。

　　第 472 队——该队原在 181 兵站医院工作，其时 10 月份前言作战负伤者已悉数运到常德，故该队对于负伤员兵之医疗工作甚形繁忙，连日计施行大手术 40 余人，重伤病室之伤员 145 人，均由该队负责敷伤，待至 11 月 14 日常德类似鼠疫病人发现数起，乃令该队来常协助调查检验工作。而该队待该院大部分伤兵转院后，迅即于 17 日迁驻东门外卫生院作调查检验工作，24 日移驻西门，教育民众并设立民众免费门诊处，且在西门附近实施调查疫情，并担任上南门桃源轮埠检疫工作，堪称努力。

　　第 522 队——该队原驻公安××师工作，于本月之 28 日赴师部洽谈建立灭虫站 6 所，派员赴闸口监制灭虫箱，并在该师野战医院协助环卫工作，设立门诊，并建立该院灭虫站，邵队长于 17 日来常德提取公物时，适本中队因常德发现鼠疫正调派各队来常工作，故留该队长留常，协助 472 队刘伦善队长检验调查工作及协助地方布置医院，住东门外卫生院，一面令全体队员迅即开赴常德。其时（11 月 15 日至 22 日）该队部正在公安苏家渡领导当地保甲清洁街道改良村镇环卫，故队员于 26 日晚始全部抵常驻东门外隔离医院附近韩家大屋工作，该队长为隔离医院改善厕所两处，疏通沟渠，并附近调查病人门诊治疗计内外科 131 人，该队队员较少，其形忙碌。

第 642 队——该队原驻郑家驿 136 兵站医院工作，因前方伤兵渐渐后送，该院收容伤病兵 600 余人，故该队工作忙冗，连日施行手术 30 余人，并担任重伤室之敷伤室治疗工作。该队接到本中队部命令后，因一时伤兵拥挤无法脱身，故须整理病房，候重伤转出一部分后，迄于 22 日出发 29 日到达常德，设立民众免费门诊处，于南站调查病人以得疫情之真相，并在下南门轮埠实行检疫工作，甚为努力。

第 731 队——该队原在安乡×××师工作，上月初因前线伤兵均已后运，故曾一度协助第七收容所敷伤及手术等工作至 11 月 5 日，全队迁回三汊河×××师野战医院工作，肯德队长于 11 月 11 日来中队接洽队务，商讨工作方针，翌日得到常德发现类似鼠疫病人之消息后，该队长即随往常德调查。

15 日电令该队队员来常工作，迄 19 日全体队员兼程到达，即分配于东门外设立民众免费门诊处协助调查疫情。

魏炳华视导员暂在中队部服务，该员自 10 月 29 日报到后即协助办理各种统计工作，自 11 月 12 日常德发现类似鼠疫病例后，即终日奔走于疫区及其附近调查病患死亡，殊着劳绩。

兹附呈常德防疫处组织系统表一份，疫情调查病死经检验证实统计表一份，疫情调查未经检验证实病患统计表一份。

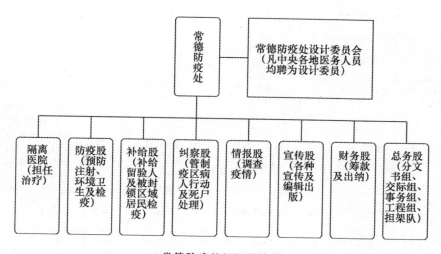

常德防疫处组织系统表

中华民国红十字会总会救护总队部第2中队疫情调查病死经检验证实统计表

民国三十年（1941）十二月二日　　　　　　　　　　中队长钱保康

月\日	姓名	性别	年龄	地址	调查者	备考
11\12	蔡桃儿	女	12	关庙街蔡洪胜柴炭行	广德医院	住广德医院病故经检验详情载报告
11\13	蔡玉珍	女	27	常德长清街	本会第二中队部	病例不明于德山检验尸体
11\13	聂述生	男	58	启明镇四保三甲一户	魏炳华	
11\13	徐老三	男	25	甘露寺杨家巷五保五甲五户	魏炳华	原住常德北门皂角庵
11\27	龚超胜	男	28	关庙街十八号	李庆杰	
合计				五名		

中华民国红十字会总会救护总队部第2中队疫情调查未经检验证实病患统计表

民国三十年（1941）十二月二日　　　　　　　　　　中队长钱保康

月\日	姓名	性别	年龄	地址	调查者	检查结果	备考
11\12	夏幼梅	男	47	鸡鹅巷文家巷六保一甲十户	魏炳华	非鼠疫	病故
\	李锡臣	男	17	鸡鹅巷六甲五户天胜馆	魏炳华	非鼠疫	病故
\	陈张氏	女	20	北门外土桥街十一保八甲十六户	第472队	非鼠疫	
11\16	杨正林	男	45	海会寺六甲四户	第472队	非鼠疫	
11\19	杨楷	男	34	关庙街十六号	第472队	经检验？	查472队刘伦善陪验，经石茂年剖验，又522队邵公鼎魏炳华等
\	胡钟发	男	45	关庙街帮钟发诊所	卫生院	检验？	经石茂年剖验
11\26	满维贤	男	36	大西门外十七保六甲	第472队	非鼠疫	病故

续表

月\日	姓名	性别	年龄	地址	调查者	检查结果	备考
\	蔡李氏	女	56	长庚街四保三甲	第472队	非鼠疫	
11\26	罗邓氏	女	52	清平乡四保八甲三户	第472队	非鼠疫	
\	饶寿会	女	22	清平乡四保八甲五户	第472队	非鼠疫	原住沅安镇七保二甲
\	陈吴氏	女	26	清平乡四保十二甲	第472队	非鼠疫	
\	梅周氏	女	40	清平乡四保十一甲一户	第472队	非鼠疫	
\	郭焕章	男	63	长庚镇十一保十二甲甲长	第472队	非鼠疫	
\	刘黄氏	女	22	长庚镇十一保十二甲六户	第472队	非鼠疫	
11\27	周嘉珍	女	19	启明镇十保四甲九户	第522队	非鼠疫	
\	刘袁氏	女	22	启明镇十保六甲二十户	第522队	非鼠疫	
\	张熊氏	女	33	启明镇十保九甲	第522队	非鼠疫	
\	朱新和	男	35	小西门外义民收容所	第472队	非鼠疫	
11\27	王倪氏	女	27	南站码头船上	第522队	非鼠疫	
\	张熊氏	女	27	皇经阁五十八号	第731队	非鼠疫	
\	魏云阶	男	30	下南门问事处	第731队	非鼠疫	
\	丁德珊	男	54	北门内皂角庵	第111队	非鼠疫	
11\28	胡秦氏	女	28	关庙街四十三号	第111队		
\	刘大发	男	4	大西门外二十四号	第472队	非鼠疫	
11\29	张氏	女	75	长庚镇八保十八甲临三户	第472队	非鼠疫	
\	张玉林	男	48	长庚镇十二保四甲	第472队	非鼠疫	
	合计			26名			

贵阳市档案馆藏《救护总队档案》，档案号：40—3—34。

常德鼠疫调查报告书

陈文贵[*]

（1941 年 12 月 12 日）

报告（中华民国三十年十二月十二日于军政部战时卫生人员训练总所、中国红十字会总会救护总队部）：

窃职奉命组织湖南常德鼠疫调查队，当即率领教官兼医师刘培、薛荫奎及助教兼检验技术员朱全纶、丁景兰等，随带应用检验器材、疫苗及治鼠疫特效药品等，于本年十一月二十日自总部出发，于十一月二十四日安抵常德。当晚即发现一疑似鼠疫死亡病例，经作尸体解剖、细菌学检查及动物接种等实验，证实确属真正腺鼠疫。

职队在常时曾与驻常德各防疫机关商讨处理鼠疫办法，并分发各负责机关鼠疫疫苗及色芳雪麝等。旋因无新病例继续发生，乃率全队队员于十二月二日离常德，六日抵筑[①]；携归染色标本涂片、由鼠疫死亡尸体培养之鼠疫杆菌纯菌种及敌机投掷之谷麦等物，备为研究之用。

谨呈总所主任、总队长林[②]

军政部战时卫生人员训练总所检验学组主任、中国红十字会总会救护总队部检验医学指导员陈文贵呈

---

[*] 陈文贵是当时我国权威鼠疫专家，他在常德鼠疫发生 12 天后奉命率领一个鼠疫调查队到达常德，在常德进行了 8 天的细菌学调查检验，之后写出了该调查报告，是研究常德鼠疫极重要的史料。

[①] 筑，贵阳之简称。时军政部战时卫生人员训练总所、中国红十字会总会救护总队部驻贵阳。

[②] 指军政部战时卫生人员训练总所主任、中国红十字会总会救护总队部总队长林可胜。

附呈

查陈文贵医师由常德带回之鼠疫研究标本材料，业经职等详细检查，认为确系鼠疫杆菌无误，至其报告书之结论亦表同意。

谨呈总所主任、总队长林

军政部战时卫生人员训练总所防疫学组主任、中国红十字会总队部医防指导员施正信呈，军政部战时卫生人员训练总所检验学组高级教官、中国红十字会总会救护总队部检验医学指导员林飞卿呈

一　绪言——鼠疫疑窦之引起

民国三十年十一月四日晨五时许，敌机一架于雾中在常德上空低飞，掷下谷麦、絮纸、毡棉及其他不明之颗粒状物多种，分落鸡鸭巷①、关庙街及东门一带。迨午后五时，警报解除，始由军警搜集散下物一并焚毁，且留送一部分交广德医院用显微镜检验，其染片结果，凡在常德之医务人员均认为类似鼠疫杆菌。今经陈文贵医师复查染片结果，不能确定为鼠疫杆菌，自是遂起疑窦，故在常工作之医务人员群相警惕，均恐鼠疫之降临。

二　疑似及已证实之鼠疫病例之报告（附表）

敌机抛掷谷麦等物后，在当时虽无任何不幸事件，迨第一可疑病例于十一月十一日出现。此例为十一岁之幼女，住关庙街附近，当日骤发高烧，翌晨入广德医院求治，除发烧外，病体不呈其他异状，血片检验显有类似鼠疫杆菌。患者于十三日晨死亡，解剖尸体则见可疑之鼠疫病理变化，内脏涂片亦发现有类似鼠疫杆菌（病例一，见表）。

又十一月十三日续发现一死亡病例，寓东门常清街。后经询悉，病者于十一日曾发高烧，十三日病亡，当作肝脏穿刺术，作涂片标本，在镜下检视亦有类似鼠疫杆菌（病例二，见表）。

嗣后于东门附近，又相继发现第三、第四两病例，皆于十二日发病，呈高烧、鼠蹊腺肿大（横痃）等症状，淋巴腺穿刺液涂片检查，均有类

---

① "鸡鸭巷"为"鸡鹅巷"之误。

似鼠疫杆菌，其一于十三日死亡，他一于十四日死亡（病例三、四，见表）。

第五病例于十八日发病，有高烧、谵妄、横痃等病象，十九日入隔离医院，当晚即病死，虽经尸体解剖，据云无特殊病理变化（病例五，见表）。

第六病例为龚操胜，年二十八岁，男性，寓关庙街，二十三日晚骤发高烧，四肢无力，继发横痃，二十四日晚病亡。其时适军政部战时卫生人员训练总所检验学组主任陈文贵医师于是日抵常德，即经举行尸体解剖、细菌培养及动物接种等实验，由各种检查之结果，均证实为真正腺鼠疫无疑（病例六，见表及附录之甲）。

常德腺鼠疫六病例研究与调查结果简表（详情见附录甲与附录乙）

病例	病人姓名	性别	年龄	寓址	发病日期	结果	临床及试验室之检查	诊断	检视医师
1	蔡桃儿	女	11	A区	1941.11.11	死亡 1941.11.13	高烧，血片——有类似鼠疫杆菌（瑞忒氏染色）——有类似鼠疫杆菌	鼠疫	谭学华（广德医院）。尸体解剖者：谭学华与钱保康（红十字会救护第二中队长）
2	蔡玉贞	女	27	B区	1941.11.11	死亡 1941.11.13	高烧，检验时已死亡。肝脾涂片（瑞忒氏染色）——有类似鼠疫杆菌	鼠疫	肯德（红十字会救护队队长）
3	聂述生	男	58	B区	1941.11.12	死亡 1941.11.13	高烧，鼠蹊淋巴腺肿大，淋巴腺穿刺涂片（瑞染）——有类似鼠疫杆菌	鼠疫	钱保康（本部第二中队长）
4	徐老三	男	25	B区	1941.11.12	死亡 1941.11.14	高烧，鼠蹊淋巴腺肿大，淋巴腺穿刺涂片（瑞染）——有类似鼠疫杆菌	鼠疫	方德诚（常德卫生院长）、谭学华医师

续表

病例	病人姓名	性别	年龄	寓址	发病日期	结果	临床及试验室之检查	诊断	检视医师
5	胡钟发	男		A区	1941.11.18	死亡 1941.11.19	高烧，谵妄，鼠蹊淋巴腺肿大，尸体解剖结果肝脾涂片（革兰氏染色）——未查出鼠疫杆菌		方德诚。尸体解剖者：谭学华与石茂年（卫生署第二路防疫大队长）
6	龚操胜	男	28	A区	1941.11.23	死亡 1941.11.19	高烧，软弱无力，右鼠蹊淋巴腺肿大。尸体解剖——脾肿大，肝脾及肠之表面有色斑，胸腔及心包膜积水，心血、右鼠蹊淋巴腺、肝及脾之涂片（革兰氏及石炭酸硫堇紫染色法），发现鼠疫杆菌，并由培养及鼠试验证实	腺鼠疫	李庆杰（军医署第四防疫大队技正）。尸体解剖者：陈文贵、刘培、薛荫奎（卫训所及红会救护总队部）。细菌培养及动物试验主持者：陈文贵

以上六病例均为久居常德城或其附近者之湖南人，截至完成本报告书时止，无新病例发生。

结论：据病例及涂片检验之结果，第一、二、三、四、五病例均似腺鼠疫，第六病例则经证实确为腺鼠疫。

三 调查与探讨之所得

（甲）普通情况：

常德南滨沅江，东倚洞庭。昔者公路未废，北通鄂境，东贯长沙，西达桃源及湘西各重镇。今则公路破坏，其最近公路站为郑家驿，距常德西南凡六十公里，仅可通船舶，其他水路交通，东可经洞庭往长沙入鄂，西缘沅江通沅陵、芷江，故除利用民船外，仅可由小路直达常德耳。

常德夏季酷热，冬则严寒，今当十一月间已入冬季气候，在调查时该地气温在华氏表四十至五十度之间。

常德素为湘北商业中心，自抗战以还，迭遭空袭毁坏，复加公路废弃，今日商业遂一落千丈矣。

（乙）常德医务机关：

广德医院——为美国教会医院，设有病床一百张。县卫生院——设有门诊部。隔离医院——设病床五十张，该院系于常德鼠疫发生后成立。

（丙）死亡统计：

常德人口现约五万余，其死亡率向无确实统计，过去曾为地方性霍乱流行中心之一，逐年皆有霍乱流行。

据称在敌机散掷谷麦等物之前，人口死亡率并无激增现象，自第一可疑病例发现后，县卫生院得到警局及棺木店之协助，曾对全城死亡作确切之调查，有记录可稽。自十一月十二日起至二十四日止，共死亡十七人，内包括鼠疫死亡者六人，至其他病例之死亡原因则未详。

（丁）环境卫生：

常德全城之环境卫生状况，甚为恶劣，且屡遭轰炸，被毁灭之房屋甚多，目下城内房舍多为木制，最易为鼠类潜匿。

"A"区——关庙街与鸡鸭巷一带，地当市中心，房宇栉比，街衢狭隘而不洁，曾视察鼠疫死亡寓所，发现室内阴暗，空气阻塞，无地板设置，垃圾散积屋隅，鼠洞随处可见，其他房屋亦大同小异。

"B"区——东门一带。此区房舍虽较稀疏，但居民多系贫寒之家，屋内尤欠整洁，至其环境卫生则与"A"区无甚差别也。

据云于鼠疫发生之前后，鼠类之死亡，并未显示增多，曾置一印度式捕鼠笼于一鼠疫死亡家，凡三夜，但无所得；此外，曾收集鼠类约二百余头（其来源地区则未注明），经解剖检验，并未发现鼠疫传染之病理变化，又将特别之捕蚤笼多个置于该鼠疫死亡者之室内，结果毫无弋获。

四　检讨及结果

（甲）常德是否有鼠疫？

（一）经陈文贵医师研究一鼠疫病例之结果，证实该病例确系腺鼠疫（按：陈医师曾在印度作鼠疫专门研究）。此病例为二十八岁之男性，十一月十九日始由乡间来城，二十三日发病，二十四日曾经李医师诊视，有高烧及横痃等病症，当晚即病亡，尸体解剖鉴定为鼠疫致死。鼠蹊淋巴腺、心血、肝及脾之涂片、细菌培养及豚鼠接种试验，均证实诊断无误（详情见附录甲）。

（二）十一月十一日至二十四日常德之有鼠疫流行，此可由上述之第一至第五疑似病例而断定。或谓此五病例，无一经细菌学方法及动物试验证实者，但其发烧及横痃之病历，淋巴腺、肝或脾涂片检验所发现形态学上类似鼠疫杆菌之结果，病程之迅速（咸于发病后二十四至四十八小时内死亡），均证实其为鼠疫者，鲜有疑问焉。此外大多数病例之发病日期皆在同一时日。综上所述，可证实腺鼠疫确已于十一月十一日（敌机散掷谷麦后之第七日）后在常德流行。此数病例之各种涂片标本，后经陈文贵医师复查，认为确有类似鼠疫杆菌。

（乙）鼠疫从何而来？十一月四日晨，敌机散掷谷麦等物是否与此有关？

欲解答此问题，应检讨三种可能起因，兹分别解述于下：

（一）敌机散掷谷麦等物前，常德有鼠疫否？

（二）常德鼠疫能否由国内邻近疫区传入？

（三）常德鼠疫是否因敌机散掷有传染之谷麦等物所致？

（一）常德向非疫区。在昔全球鼠疫大流行及国内鼠疫流行时，非特湘北一隅，即华中区域从未波及，至鼠疫之自然发生，则向未所闻，故常德本地鼠疫复炽之说不攻自破。

（二）根据传染病学之原理，鼠疫蔓延，恒沿粮食运输线。船舶因载货物，鼠类易于藏匿，而该项船舶若常往来于鼠疫港口，如福建、广东沿海各港口，首当其冲，先为鼠疫侵入，自是得以逐渐蔓延内地。我国现在以福建、浙江两省及江西毗连闽浙交界地带，为鼠疫盛行之区，距常德最近之疫区为浙江衢县，去常凡二千公里（按：衢县鼠疫，起于去岁，亦疑由敌机投掷传染性之物件所致），以目前国内交通情形而论，鼠疫由浙江衢县远播至常德，实为事实上所不可能。且上述之六病例，均久居常德有年，据探询所知，彼等于病前并未远行他处。又常德为产米之区，粮食之运输，常往外送而不由外来也。故此次常德鼠疫之流行，当系起自该城本身，而非由国内其他疫区所传入。

（三）舍上述二端，吾人认为敌机散掷传染物而致鼠疫流行之说，极为可能。缘由列述如下：

1. 所有病例悉来自敌机散掷谷麦等物最多之区域。

2. 敌人所掷下谷麦等物内，依推论所得，似藏鼠疫传染性之鼠蚤，其当时未被清道夫或收集人发见者，大约有二因：

（1）一般市民，无鼠疫传染常识，未料及敌人散播此危险物，故未予注意。

（2）是日常德竟日警报（由晨五时至午后五时），迄警报解除后，始收集及扫除谷麦等物，鼠蚤当早已跳走，潜藏于附近气候适宜之屋内矣。

3. 传染性物可致鼠疫之途，不外有三：

（1）敌机所散掷之谷麦等物，可先用鼠疫杆菌沾污，鼠类食之，可致传染，如是由鼠而蚤，由蚤而人，致发生流行。此法似不甚可能，或未成功，其理由有二：

I. 所收集之谷麦等物曾作培养及动物试验，结果并未发现鼠疫杆菌（见附录三）。

II. 自敌机掷下谷麦等物后，常德鼠类之死亡，并无激增之明证。

（2）已受鼠疫传染之蚤，随同谷麦等物掷下后，因谷麦之诱惑，鼠类趋之，而该蚤乘机得附鼠身，于是可引起鼠类鼠疫之流行，自是由鼠而蚤，辗转相传，以及人类。此种理论，虽属可能，似又未于调查时见诸事实，因为：

I. 前述六病例，皆于敌机掷下谷麦等物后十五日内发病，普通人类鼠疫恒起于鼠类鼠疫流行两星期之后，且鼠类鼠疫亦须相当时期方能流行（约两星期）。

II. 常德鼠疫爆发前及其流行期内，并无鼠类鼠疫发生之线索及证明。

假设敌机确实掷下已受鼠疫传染之鼠蚤，鼠疫能否在鼠类流行实赖当时鼠体上鼠蚤之多寡或印度鼠蚤之指数而定。换言之，若值鼠类鼠疫盛行之时，此指数恒高。常德平时鼠类之印度鼠蚤指数，则未经考查，但因斯时气候寒冷，可预知印度鼠蚤指数当不致过高，而使鼠类鼠疫能迅速传播。今常德鼠类是否受传染则无法断定，惟须继续研究方可解答此点。

（3）抑有传染性之蚤随同谷麦等物由敌机掷下后，该蚤一部分直接咬人而致鼠疫流行。根据此次研究及调查所得，吾人对此种传染法，似已获得较完全之证据：

I. 腺鼠疫潜伏期（由蚤咬受传染日起至发病日止）为三至七日，间有八日或至十四日者。此六病例之四，其潜伏期最多为七或八日。此点显然表示患者于敌机掷下谷麦后不久即被该蚤咬刺，约在十一月四日或五日左右。第一病例于十一月十一日发病，恰在敌机散掷谷麦等物后之第七日；第二病例亦然；第三、第四病例则于十二日起病（敌机散掷谷麦等物后之第八日）；第五病例则于十八日发病；第六病例已证实为腺鼠疫矣，按该病人于十九日始至常德，住四天（十一月二十三日）即发病，假若患者于十九日到常时即被该蚤咬刺受染，适为敌机散掷谷麦等物后之第十五日。在比较长时期内有传染性之鼠蚤是否能生存？答曰：然。盖已受鼠疫传染而又饥渴之鼠蚤，在适宜环境中，虽不吸血亦可生存达数星期之久。

Ⅱ. 所有六病例，皆寓居于敌机散掷谷麦等物最多之区域内（见附录丁《常德腺鼠疫六病例在城区分布图》）。

根据前述各节，获得结论如下：

1. 十一月十一日至二十四日间常德确有腺鼠疫流行。

2. 鼠疫传染来源系由敌机于十一月四日晨掷下之鼠疫传染物，内有鼠疫传染性之蚤。

五　附录

（甲）腺鼠疫病例临床及尸体解剖记录：

病者姓名：龚操胜

解剖日期：民国三十年十一月二十五日

解剖地点：常德县隔离医院（由东门外徐家大屋改建）

解剖者：陈文贵

助理：薛荫奎、刘培

记录者：李庆杰

病例简史：死者男性，年二十八岁，生前寓关庙街前小巷十八号，过去在外佣工，于本年十一月十九日因其母病卒返埠。其母死因未明（或为结核病）。据云生前削瘦并经常不适，是夜十一时骤发高烧、头痛、疲乏等症状，二十四日晨觉右侧腹股沟痛疼，乃以膏药敷之，午后四时作呕，病况渐剧。七时，军政部第四防疫大队技正兼战时卫生人员训练所第四分所防疫学组主任李庆杰医师应召往诊，是时该病者已一息奄奄。当时诊视病者患高热，右侧腹股沟淋巴腺肿胀及有触痛，按病历及病象颇似腺鼠疫,遂劝告送往隔离医院,但不料病者于未搬入以前,即在晚八时许死亡。该尸体则由警士监护,于十时送达卫生院,在该院施行全身衣被床褥灭蚤消毒,洗取膏药,以无菌手续施行心脏及右侧腹股沟淋巴腺穿刺,采得标本少许,用以及时培养。惟因时已入深夜,光线不适,故尸体解剖不得不延于次晨行之,暂将该尸体入棺钉盖,送存隔离医院太平间内。

解剖结果:

1. 一般状况:死者中等身材,体质瘦弱。

2. 皮肤:面色稍紫,唇部尤著,全身皮面无溢血斑点,无蚤咬伤痕,右腿腘部发见有类似疥疮之皮肤病。

3. 淋巴腺:右侧腹股沟淋巴腺肿大,肠系膜淋巴腺亦稍肿大。

4. 胸腔所见:肺肉眼所见,无显明变化,胸腔内两侧各有积水约二十毫升,心包膜内有渗液约二十毫升,心肌颓软并未肥大,以无菌手续由右心房穿刺心脏得心血数毫升,接种于血液琼脂斜面培养基上。

5. 腹腔所见:肝微坚实,脾较常态肿大约二倍,肾无变化,肝、脾、小肠及大肠等之表面皆有出血斑点,腹腔内无液体积蓄。

细菌学检验结果:

采取右侧腹股沟淋巴腺、肝、脾各一部及心血少许,施行直接涂片培养及动物试验。

1. 直接涂片检查:所有涂片均以石炭酸硫堇紫及革兰氏法两种染之,但均先以一比一倍乙醚及无水酒精混合液固定,镜下检查,发现多数卵圆形两端着色较深之革兰氏阴性杆菌。

2. 培养检查:病者尸体心血、腹股沟淋巴腺、肝脾等,以无菌手续接种于血液琼脂斜面培养基上,置入盛有摄氏三十七度温水之广口保暖瓶中。培养二十四小时后,在培养基面上见有无数极微小灰白色不透明集落,皆为纯粹菌种,涂片染色镜检均为革兰氏阴性两端深染之卵圆形杆菌。

动物接种试验:

1. 豚鼠第一号:十一月二十五日下午三时将豚鼠右侧腹毛剃除,接取病者尸体之脾组织涂擦该剃毛腹皮处,使受人工感染(该脾组织曾经检验含有多数革兰氏阴性两端深染杆菌),于二十六日下午八时开始发现病状,至二十八日清晨该豚鼠死亡,计其潜伏期二十九小时,病程全经过约三十二小时。

剖验所见：

（1）皮肤：接种处皮肤肿胀发红。

（2）淋巴腺：两侧腹股沟淋巴腺均肿大，右侧较著且充血更甚。

（3）皮下组织：皮下组织水肿充血，接种部有出血现象。

（4）胸腔：脾肿胀充血，肝肾及胃肠消化道亦现充血。该豚鼠之心血、肝脾及腹股沟淋巴腺等一一取作涂片及培养检查：

染色标本镜下检视（石炭酸硫堇紫染色及革兰氏染色法）发现多数革兰氏阴性两端深染杆菌，与病者尸体内脏直接涂片同。

上记各项标本接种于血液琼脂斜面培养基上，培养二十四小时后，亦发现同样之纯菌种。

2. 豚鼠第二号：该豚鼠亦于十一月二十六日上午九时与第一号豚鼠同样处置后，以病者尸体之腹股沟淋巴腺涂擦接种之，病状开始发现于二十八日上午八时，潜伏期约四十七小时，历四十四小时后死亡（死于十一月三十日晨）。

剖验所见：其病理变化与第一号豚鼠相同，淋巴腺、脾肝等涂片检查，结果亦同。

3. 豚鼠第三号：用由患者尸体分离之纯菌种，即患者尸体心血培养于血液琼脂斜面上凡二十四小时所得，涂擦于刚剃毛之豚鼠左侧腹部，四十五小时后发现病状，至十一月三十日清晨即死，病程经过约四十小时。

剖验所见：肉眼检视一般病理变化，除淋巴腺及脾脏较著外。均皆与前两鼠相同。

豚鼠尸体之心血、淋巴腺、肝脾等涂片检查，结果亦与前同。

结论：根据病历经过，死后尸体解剖，细菌学培养及动物接种试验结果，证实该患者龚操胜确患腺鼠疫，且因鼠疫杆菌所致之败血性传染而死亡。

（乙）疑似鼠疫病例临床记录：

第一病例（蔡桃儿），病者女性，年十一岁，住关庙街蔡鸿胜炭号内。据云于十一月十一日发病，于十二日晨七时由警局送往常德广德医院诊治。入院时由谭学华医师检视，发现患者神志不清，体温升高至华氏105.7度，右耳有湿疹，淋巴腺未肿大，亦无触痛，肺部听诊有少许水泡音，腹部正常，血液涂片检视（瑞忒氏及革兰氏两种染色），发现形态学上类似鼠疫杆菌，遂将患者隔离并以"色芳里迈"药片治之，至十三日晨，患者皮肤出现溢血斑点，一般状况更剧，再作血液涂片染色，检视结果同前且更显明，至当日上午八时即死亡。尸体剖检主要病象为左侧耳下淋巴腺肿大,无肺炎征象,肝脾肿大,表面有出血斑点,肾亦现出血现象,脾脏涂片检查结果与血片相同,曾由该院取脾髓培养,惟无确定报告。

第二例(蔡玉珍)①,女性,年二十七岁,住东门常清街。据家属云:于十一月十一日体温突然升高,于十三日即死亡。当十四日棺木经过德山时,为本部驻常肯德队长逢于途,查询其死因,疑为鼠疫,乃开棺检查,并抽肝脏液少许,涂片染色检视,发现形态学上类似鼠疫杆菌。

第三例(聂述生),男性,五十八岁,住常德东门附近启明镇四保三甲一户。于十一月十二日晚发高烧,十三日自诉腹股沟淋巴腺肿大及触痛,由本部驻常德第二中队长钱保康医师抽取肿大之腹股沟淋巴腺液涂片染色检视(瑞芯氏染色法),发现状似鼠疫杆菌,该病者于当晚七时四十分即死亡。

第四例(徐老三),男性,三十五岁,住东门外杨家巷永安街五保五甲五户。十一月十二日发高烧头痛,十四日上午由广德医院谭学华医师及常德县卫生院院长方德诚医师诊视,当即发现腹股沟淋巴腺肿大并有触痛,遂在广德医院作淋巴腺穿刺,抽取液质涂片染色检视(瑞芯氏染色法),发现状似鼠疫杆菌。

第五例(胡钟发),男性,住关庙街钟发医院。十一月十九日晨往常德卫生院求治,自称已染鼠疫,言时神色张皇,语无伦次,脉搏极速,温度并不甚高,腹股沟淋巴腺肿大,其他病状不详。当即送入隔离医院,至晚体温增高,并忽然死亡。死后由广德医院谭学华医师及卫生署医疗防疫总队部第二路大队长石茂年医师剖验尸体,发现死者全身皮肤呈深紫色,尤以胸腹部为甚,各部淋巴腺均未肿大,脾稍肿,腹部内脏无显明变化,脾汁涂片检查及培养试验,仅发现革兰氏阳性球菌及杆菌,惟须注意者,即检验员所用之培养基恐不适宜。

(丙)敌机在常德投掷谷麦等物检验记录:

标本系敌机于十一月四日上午五时在常德上空低飞投掷之物,于次日晨从街面收集保存,由投下之日至检查时已三十四天矣。

肉眼检查:检查物为大麦、米谷及不知名之植物种子。

培养检查:检查物放于无菌乳臼内,加消毒生理盐水五毫升研磨之,然后将此混合物接种于血液琼脂斜面及硫酸铜肉浸汤琼脂斜面培养基上,

---

① 前病例简表写作"蔡玉贞"。

两种培养基均培养于摄氏三十七度，经过二十四至四十八小时后，只发现葡萄状球菌、大肠杆菌及其他鉴定之中心性芽孢革兰氏阳性杆菌等污染杂菌，未检出类似鼠疫杆菌之细菌。

动物接种试验：取上述麦谷研磨两毫升，于十二月八日上午九时注射接种于豚鼠皮下，该豚鼠于十二月十一日深夜死亡，但从未显示著明病象。

豚鼠解剖检验：

十二日晨豚鼠剖验，接种处局部化脓，全部皮下组织出血，腹股沟淋巴腺未肿大，肝脾及心脏正常，由淋巴腺、脾肝等涂片检查，并无类似鼠疫杆菌，仅发现革兰氏阳性及其他革兰氏阴性杆菌。

豚鼠尸体之心血及淋巴腺、脾肝等培养之结果，则查出大肠杆菌及少许革兰氏阳性含有中心芽孢杆菌，未检得鼠疫杆菌。

结论：

据细菌培养及动物接种试验，该项谷麦等标本中未发现鼠疫杆菌。

（丁）常德腺鼠疫六病例在城区分布图

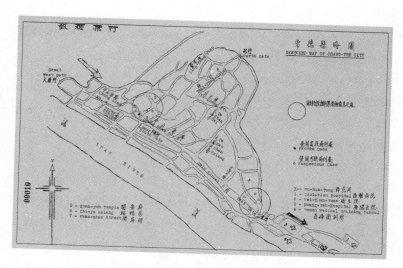

常德腺鼠疫六名病例在城区分布图

A 区——关庙街一带；B 区——东门一带：瑞染——瑞氏式染色法。

中国第二历史档案馆藏，档案号：372—2—16。

关于常德鼠疫:致金宝善的报告*

伯力士
(1941 年 12 月 30 日)

敬启者

我就常德的鼠疫情况作如下报告:

(1) 常德居民一致称,1941 年 11 月 4 日晨出现并反常地进行低空飞行的飞机,在县城内一定地区撒布了如下文所述及的混有某种物质的相当大量的谷物。

(2) 11 月 12 日,一名 12 岁的少女因高烧呓语,病情危重,住进当地的教会医院,于次日死亡。死后经解剖,发现颈部左侧淋巴肿大,但是由于当地多有人患湿疹,因此认为或许是由于地方流行的皮肤病导致淋巴肿大。尽管如此,反映鼠疫菌少量存在的大量革兰氏阴性杆菌,确实在用少女生前的血液和死后的脾脏所制成的涂片标本中有所发现。

(3) 在上述首次病例之后,又相继出现 6 个病例。6 个病例都经过显微镜检查得到确认,还有 1 个病例是通过培养和动物实验得到确认的。最后一个病例记录为 12 月 20 日。6 名患者中的 5 人均患有鼠蹊部淋巴腺肿大,第六人估计是败血性鼠疫。上述全部病例说明,共有 7 人感染,他们全都是常德居民。

(4) 此外,记录中还有许多可疑的病例,进行追踪调查结果,于 11 月 19 日死亡的一名患者实际上似乎是死于鼠疫(败血性)。

(5) 检查了从飞机投下的谷物中收集到的少量谷物,未得到肯定结

---

* 本文是伯力士 12 月 30 日写成的呈递给中国卫生署长金宝善的报告(简称《伯力士报告》)。现存美国国家档案馆。

论（大部分谷物被尽快收集并烧毁）。12 月 23 日，我以个人名义看到了用上述物质制成的两个肉浸汤培养液。在我的监督下，用上述培养液和二次培养液制成涂片标本，其中革兰氏阳性杆菌和球菌占优势。另一方面，革兰氏阴性杆菌未明确显示鼠疫菌的特征。12 月 23 日使用此类培养液和二次培养液合成的物体，感染的豚鼠至今仍然存活。

（6）然而，应该强烈指出，这些否定性的调查结果，决非排除 11 月 4 日的一系列攻击同继而在常德流行鼠疫之间的因果关系。关于这一因果关系必须注意以下诸点：

a. 鼠疫菌在人们确认其存在以前，一般难以在非生物上存活，而且和从该病例中发现的微生物一起培养后，也难以成长存活。我们不能因为在该培养液中未曾发现鼠疫菌，便排除了鼠疫菌本来就附着在谷物上的可能。

b. 此外，必须注意的是，飞机投下的谷物是否原来已被鼠疫菌污染，这看起来很重要，但实际并非具有决定意义的重要问题。印度的鼠疫调查团和其后的其他调查研究人员，曾对豚鼠等极其易于感染的啮齿类进行感染实验，这项实验尽管是在条件最好的实验室内，使被鼠疫菌污染的非生物同动物长时间接触，或用大量被鼠疫菌污染的物质喂食动物所进行的实验，大部甚至全部也都未获成功。利用由飞机投下的被鼠疫菌污染的物质，如果对人也采取同样的方法，则似乎不会获得更好的结果。

另一方面，必须承认如果飞机投下的物质起到了媒介疫蚤的作用，人将更加易于感染。因此，后者的过程（通过跳蚤传播），对于专家而言，参加细菌战无疑是更为理想的。于是我本人也倾向于该病例就是通过这一方法导致发病的。作为这一推论的支持者，有几名证人曾说，飞机除谷物之外，还投下棉花、碎布，以及纸和木片等各种其他物质。其中尤其是前两种，最能对跳蚤起到保护作用。

（7）关于最近流行的鼠疫是因敌方行为引起的推论，如果再考虑到以下诸点，将更加受到支持。

a. 对于流行的时间和地点的观察与上述推论一致。

如上所述，最早出现的患者于 11 月 12 日住院。这是在一系列进攻的 8 天以后，尤其是如果含有疫蚤，那么它首先要叮咬人，这是一个令人信服的期间。另一方面，疫蚤甚至在数周或数月间仍有感染之可能，这已为人所知。

最早确认的 6 个鼠疫感染病例，分散居住在两个地区的人们中间，在这一地区散布着大量从飞机投下的物质。只有第七名患者生活在距上述地区有若干距离的地方。

b. 如果为了进行辩论，否定常德最近流行的鼠疫是由敌人行为引起的假设，那么，我们在说明此次流行的起因时将会感到困惑。关于这一点应该考虑下列问题：

1. 近年来，在此次之前，湖南没有流行鼠疫的记录。自 1937 年末以来这一地区开展了彻底的防疫活动，不存在导致鼠疫发生的任何依据。

2. 能够设想感染鼠疫的最近地点是浙江省东部和江西省南部，从其中的任何一地到达常德最少需要 10 天。因此无论从哪里来，在到达常德之前都将会发病。这样外出的人反复换乘交通工具，途中还要在各种旅店住宿。他们至少在旅途中的某一时期必将使用他们自己的卧具。他们似乎不可能和疫蚤一同或在其影响下移动。

3. 常德和浙江或江西处于完全不同的河川交通线上的地点，所以不存在感染的老鼠或跳蚤有可能随着船只移动的交通问题。

4. 常德地区盛产大米和棉花，所以认为感染的老鼠和跳蚤是随着上述商品从其他地区运进的想法是不合道理的。

c. 根据我们在浙江和江西的观察，最近确认，腺鼠疫在中国的流行，尽管不是全部，但其中大半在流行之前都曾出现过极其明显的当地老鼠死亡现象，而在常德却未发现老鼠减少。我们无论如何也没有获得当地老鼠感染鼠疫的确凿证据。

（8）根据上述所有观察和考察，对于最近常德的鼠疫流行同 11 月 4 日飞机进攻的关联，几乎已无怀疑的余地。

（9）尽管已经再次确认最近 10 天间没有再接到有关新感染病例的报告，但却并未排除未来发生更多病例的可能性。

（10）如上所述，既然没有发现有关鼠疫的确凿证据，在当地的情况下，便不能确定老鼠是否同鼠疫流行有关。"印度"鼠蚤似乎被认为目前已罕见。另一方面，对于以下诸点必须注意。（a）鼠间鼠疫的病例——即使存在——目前罕见。（b）由于情况棘手（天候恶劣和空袭警报），我们只能检查数目极为有限的老鼠。为了对这一至关重要的关键问题做出决定，必须进一步延长时间，继续调查。

　　谨此报告

署名伯力士博士

国家卫生署 传染病学家

资料来源：转引自《战争与恶疫》，人民出版社 1998 年版，第 210—214 页。

常德鼠疫及控制方案的报告[*]

致谢：对于伯力士（R. Pollitzer）医生在我的工作中所给予难以估价的鼓励和建议以及友好地允许我使用他的资料表示诚挚的谢意，在我的论文写作上，陈文贵医生给予我不断的鼓励和建议，我也深表感谢。

王诗恒

1942 年 7 月 20 日

一　常德鼠疫中的人、跳蚤、鼠三类病例的研究

（一）疫情爆发之过程

我们正致力于反对细菌生物战，细菌生物战是湖南首次遭遇到的可怕瘟疫（细菌）。1941 年 11 月 4 日凌晨，一架日军飞机低空飞过常德城市上空，在临近市中心的关庙街和鸡鹅巷投下了一些米粒和棉絮。这些东西中有些被收集起来送到当地一家教会医院——广德医院进行分析，涂片分析结果发现一些革兰氏阴性双极染色细菌，细菌培养也发现了同样的革兰氏阴性细菌，但是使用兔子进行动物测试未能显示任何结果。当时无法获得白鼠和天竺鼠来做实验。11 月 11 日，人们纷纷传说在关庙街和鸡鹅巷发现死老鼠。两天之后，有几个人死于急性病。很遗憾，当时没有老鼠送到医院做检验。直到 1941 年 11 月 12 日早晨，关庙街一个 12 岁的女孩被

　　*《常德鼠疫及控制方案的报告》（简称《王诗恒报告》），系用英文撰成，由 1942 年上半年参加常德鼠疫防疫工作的医务人员王诗恒所撰写，由湖南文理学院细菌战罪行研究所张华译出。王诗恒当时为贵阳医学院即将毕业的学生，该文是其在常德鼠疫的防疫实践中撰写的毕业论文。《王诗恒报告》是当时鼠疫防疫理论与防疫实践的总结。《王诗恒报告》后存入国民政府卫生署的防疫档案中，该报告对于研究常德细菌战和常德鼠疫防控具有重要史料价值。

她的母亲带到广德医院急诊，才有此类病人就诊。小女孩的血液涂片显示双极染色细菌。小女孩从发病到死亡，仅仅 36 小时，次日早晨去世。其死亡后的检查表明小女孩极有可能死于鼠疫。11 月 13、14 日，又有 3 个病例，一死两病，经检查发现是同种病菌。11 月 24 日，第四例病人到我们手上，我们才有机会成功地给天竺鼠接种，证实存在鼠疫。毫无疑问，头四个病例一定死于鼠疫，也许还包括那些 11 月 12 日死于急性病的人。鼠疫的存在被科学证实了，而湖南以前没有感染鼠疫的历史记录。突然出现的大量死老鼠和迅速死去的病人是在日军飞机丢下令人生疑的米粒和棉絮的地方发现的，且时间间隔与鼠疫潜伏期完全一致，这些毫无疑问地证实了敌人把鼠疫传播到了常德。

1941 年 11 月 12 日至 1942 年 6 月 30 日期间，我们对收集到的 18 个鼠疫感染病例和 23 个死于鼠疫的病例、1879 例被检查的老鼠、3536 只跳蚤进行了研究。

（二）人感染鼠疫之研究

第一个接触到的病例是 11 月 12 日被送到广德医院的一个 12 岁的关庙街女孩。她存在典型的败血症鼠疫临床症状，第一天入院的外围血液检查发现了一定数量的鼠疫杆菌，死前数量更多。11 月 13、14 日，又发现两个鼠疫病例（表 1. NO. 2、NO. 3），他们都有典型的腹股沟腺炎症状，不久死去。11 月 14 日晨，红十字协会的一名医生半路拦住一具棺材，对尸体（表 1. NO. 4）进行解剖，从肝、脾切片检验来看，再次发现了早就怀疑存在的 B 型鼠疫杆菌。在 11 月 24 日又有一个鼠疫腹股沟腺炎症病例报告，临床诊断和生物细菌检验都是鼠疫。陈文贵医生那时在常德，对此进行了天竺鼠接种试验，证明结论是正确的。鼠疫的存在被完全证实了，因此发布公告，所有的病人和死者都必须上报和检验。用这种方式，我们获取了表 1 所记录的病例。所有疑似和确诊病例被立即送到东门外的隔离医院，接触者被隔离，密切观察。由于担心解剖所有尸体会引起更多的怨恨和危险，因此只对部分尸体进行了解剖。开始，那些疑似或确诊患鼠疫的死者尸体被火化，但是后来因为这种措施遭到人们的强烈反对而放弃了，为此，这些死尸不再被焚烧而是埋葬在公墓里。因为没有设置隔离检查站或警戒，情报收集工作做得不好，前几个月肯定有一些病例漏掉了。为了避免隔离和尸检，当时人们努力瞒报病人和死者。12 月仅有 2 例病例（表1. NO.6、NO.7），次年1月1例，2月1例，3月最后3天2例，4月份人感染鼠疫的病例突增。从被检疫的39例病例中，确诊20例，另有3例疑似病例。确诊病例中有1例是一个5岁男孩（表1. NO.11），系突发高烧并引起颈部僵硬，不久陷入昏迷状况，大脑脊椎流动明显萎缩。在显微镜下观察没有发现明确的生物体，但是他的血液涂片显示对B型鼠疫杆菌呈阳性，这可能是鼠疫脑膜炎并发症。有一陈姓家庭的两个女性病例（表1. NO.16、NO.17），一例是腹股沟腺炎并发败血症；一例是轻型的腹股沟腺炎症，后发展为二期鼠疫型肺炎。入院不久，两位女性患者都死了。其他的病例参见表1。

对于第一位病人，以一般的医疗救治措施并加之磺胺治疗，而其他的病人在最初的几个月里因被发现得太晚而无法进行救治。从3月份开始，我们得到磺胺药物准备对病人进行救治，它是首先应用于印度一种新型疗法。此前，所有送到医院的病人都不治而亡，这使得人们更不愿把病人送到医院。从4月11日始应用磺胺治疗，最终有5例病人痊愈，这使得医院的治疗形势有所好转。在5名痊愈的病人中，1例是肺炎患者（表1. NO.18），4例是腹股沟腺炎患者（表1. NO.23、NO.24、NO.27、NO.31），其中NO.23、NO.24来自于同一家庭。那例肺炎患者是一个在当地报社工作的记者，单身男人，病发第三天入院。幸运的是，后来这个地方再也没有发现类似病例。在这次治疗过程中没有一例败血症患者治愈过。在临床实践中，磺胺治疗没有出现副作用，一些病人甚至可以服用200余粒药片，除了在少数病人中出现了轻微的血尿。

5月有5例病例，6月上半月有2例。自此以后无病例报告。详细的人感染病例记录，病例的年龄、性别和住址可参看表2，病例类型参见表3。

（三）鼠患鼠疫之研究

一些啮齿类动物，尤其老鼠，是众所周知的传播疫病给人类的传染源。在常德的鼠疫流行中，对鼠患鼠疫研究是绝对必要的。直到1941年12月，鼠疫研究专家伯力士抵达常德时，常德地区才开始对老鼠进行检查。自此，老鼠由伯力士之手得到了正确的研究。研究安排得非常好，他雇佣一些人每周必须捕捉3只老鼠，无论是死的还是活的，一美元一只跳蚤或一只老鼠。但是，捕捉老鼠非常困难，这使我们没有足够的老鼠进行研究，因此，我们得到的鼠患鼠疫的百分比数据不是绝对正确的。但是无论如何，这些数据仍显示了鼠间鼠疫流行病情形的一个大致的轮廓，它与人间鼠疫流行病的范围大致相符。从 1941 年 12 月 24 日到 1942 年 6 月 30 日共有 1879 只老鼠被检查（见表 4）（表 4 字迹漫灭，无法翻译——译者注）其中发现有 415 只老鼠是明确感染了鼠疫的，139 只老鼠为疑似鼠疫，1、2、3 月老鼠感染鼠疫的平均百分比为 20%，但是在 4 月上升至 44.40%，然而从 5 月开始下降了。详细数据参看表 4 和线形图（线形图因字迹漫灭，无法翻译——译者注）。

必须指出，显微镜下的发现并不总是一致的，有时，确诊老鼠会表现出某些器官的总的病理变化，如肝脾充血、腺肿大、胸腔有渗出物，但有些没有上述明显变化，只有在显微镜下才能看得清楚。通常，在流行病活跃期，我们可以从确诊老鼠的病例中发现那些明显变化。

（四）跳蚤患鼠疫之研究

在鼠疫感染扩散期，跳蚤是昆虫里最重要的病菌扩散者（传播者），由于它很少死于疫病且潜伏期特别长，因此它比老鼠更危险。在鼠疫流行期间，对跳蚤和它的感染性进行整体研究是重要的。不同种类的跳蚤，尤其是 cheopea 的指数和印度跳蚤（外源性跳蚤 cheopis）的百分比，在流行病理学上都是特别危险的。第一，当感染上 B 型时，印度跳蚤的胃更易于产生阻塞；第二，这种跳蚤的幼虫不是靠血喂养而是靠米粒喂养的，因此它们在米店和仓库尤其丰富，随着大米的转运，鼠疫会从一个地方扩散到另一个地方。

从死老鼠身上收集跳蚤时，把老鼠放在一盆水里，用尾钳梳理死老鼠的毛发，将跳蚤移到皮氏培养皿或含有酒精的玻璃器皿中。从活老鼠身上搜集跳蚤时，把装有捕获的老鼠的布袋放进一个封闭的容器中，然后通过三氯甲烷将老鼠和跳蚤一起麻醉，大约十分钟后，取出布袋仔细地用尾钳拣出跳蚤。在疫区的住户内获取跳蚤，可在晚上把做好标记的半托盘油放在地下或地板下面，用半明半暗的灯光以诱捕跳蚤来进行研究。验证这些跳蚤是否感染了鼠疫的方法是把捣碎的跳蚤擦拭在白鼠的皮肤上。

在我们的资料统计中，确诊的跳蚤数量是很少的。最主要的原因是受检的大多数老鼠是死的，甚至有些已严重腐烂。当这些受检的老鼠到我们手上时，一些跳蚤肯定也已经腐烂了。尽管开展了捕获活老鼠的运动，仍未获得满意结果。从表4的数字和图3（图3因字迹漫灭无法翻译——译者注）的曲线来看，我们验证了少量的印度跳蚤和大量的欧洲跳蚤。6月下半月，我们得到一窝高质量的印度跳蚤，这些印度跳蚤是在城市东端的一只活老鼠身上得到的。但这些跳蚤数量是如此的少以致没有多少研究意义，用不充分的资料是不能对跳蚤的有关指数进行测算的。

（五）对以上研究之论述

人间传播的鼠疫不是简单地直接从病原体到人，现将整个传播过程所包括的各个要素概略如下：

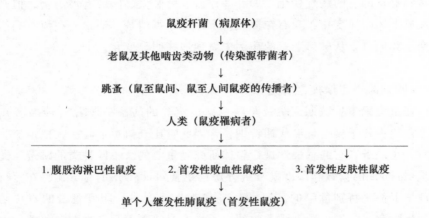

鼠疫杆菌（病原体）
↓
老鼠及其他啮齿类动物（传染源带菌者）
↓
跳蚤（鼠至鼠间、鼠至人间鼠疫的传播者）
↓
人类（鼠疫罹病者）

————————————————————————————

↓　　　　　　　↓　　　　　　　↓
1.腹股沟淋巴性鼠疫　　2.首发性败血性鼠疫　　3.首发性皮肤性鼠疫
↓
单个人继发性肺鼠疫（首发性鼠疫）

很显然，敌人飞机抛撒下的谷粒和棉絮中肯定包含有感染鼠疫的跳蚤。谷粒是老鼠喜爱的食物，老鼠自然会接触这些谷粒而感染疫病。通过跳蚤这个传播者，第一个感染鼠疫的老鼠很快传播给更多的老鼠，由此，会有更多的跳蚤被感染和更多的老鼠死于鼠疫。跳蚤不会很快死去，当它们找不到足够的老鼠宿主时，它们开始咬人。因此，人间的鼠疫流行病的爆发总是在鼠间的鼠疫流行之后。

在我们研究的这些老鼠中，大部分属于黑家鼠。黑家鼠通常生活在住屋内，容易与人接触。表4和表5显示人感染的病例和老鼠感染的数量和百分比分别存在的关系表明，当啮齿类动物感染超过20%时，鼠疫开始流行起来。5月，人患鼠疫和鼠患鼠疫开始下降，6月与5月上半月一致，在6月下半月，鼠患鼠疫和人患鼠疫下降了。人与动物确诊病例数量同时下降是多方面因素的结果，最为重要的原因是跳蚤在炎热的夏季比在温度、湿度适宜的春、秋季节不易带菌，另外，也与老鼠身上的跳蚤种类的数量和湿度因素有关。

在鼠类患传染病流行之初，啮齿类动物没有免疫力，所以容易传染。随着时间流逝，啮齿类动物渐渐增强免疫力，并且免疫力能遗传到下一代。免疫力能持续多长尚不清楚，但是通常情况是流行疫病结束免疫力失去。我们发现，带有病菌的老鼠在常德的分布相当广，这是这个城市的带病菌的老鼠、人、携带感染病菌的跳蚤的患者流动的结果，也有可能是新的老鼠随火车和船只带到这个城市。这些因素就是为什么易感染的老鼠不断地在鼠疫流行期间出现的原因。

我们的数据显示印度跳蚤稀少，这不一定意味着在常德印度跳蚤真的很少。我们没有得到更多的印度跳蚤是由于这个事实：不能在这个城市的角落，尤其是米店和仓库成功捕获老鼠。但在下水道中的一只褐鼠的身上得到 10 只印度跳蚤这个事实证明，预测鼠疫已经过去是没有根据的。跳蚤指数的增长预示着鼠疫即将爆发。

在腹股沟淋巴结炎症病人身上取得病菌液，在肺炎性鼠疫病人身上获得血痰来证明 B 型鼠疫杆菌是容易的。但是，要从败血症病人的外围血液中证明 B 型鼠疫杆菌的存在是不容易的，除非在病人死前不久立即取样。对败血症病人的早期诊断，需要进行更近距离的观察和运用智慧作出判断。早怀疑一个病例比晚确诊一个病例更明智一些。

必须强调的是，5 例经过治疗而康复的病人是接种了鼠疫疫苗的。尽管抗鼠疫疫苗不能绝对避免鼠疫而令人遗憾，但它仍然能使病人增强对疫病的抵抗力，缓解病情的严重性，使医疗人员有足够的时间来进行治疗。

从表 2 中我们发现性别和年龄在疫病感染中没有扮演特殊角色，但在表 1 中我们没有发现 5 周岁以下的感染儿童。

用新式的磺胺药物的疗法比抗鼠疫的血清疗法更有效，因为前者使用方便，副作用少。在疫病流行期间，血清的需求量大，但因为制备和运输的困难，经常得不到足够的血清，尤其在战时的中国，而且血清存在有效期。但是磺胺片剂能集中打包运输，只要保存得当，不会变质。运用磺胺片剂进行治疗的过程中，吃低蛋白或流质食品，可有效地减少磺胺毒性对胃造成的伤害。运用磺胺对我们的病人进行治疗，结果是令人鼓舞的。磺胺本身不是细菌，但它可以有效增强人对鼠疫的抵抗力，尤其对于腹股沟淋巴性鼠疫病人的治愈率达 60% —70%；而对于败血病人治愈率不是很理想。在发病的初期给病人服药 2—4 毫克（4—8 片），一旦病情加重，我们按每隔 2—4 小时 1 毫克给患者服用。除病人出现严重情况如血尿而减少剂量或停用以外，治疗会持续下去。每天开出两次小苏打，因为磺胺药物的毒副作用使得鼠疫患者的心脏特别虚弱，还必须小心护理，不让病人的心脏过度疲劳。在康复期，患者必须至少卧床休息一周。病人在病中，心脏刺激药物或补药经常被推荐使用，它将使患者恢复几率更大。

二　鼠疫控制方案

湖南是当下中国相当重要的省份，通过水路、公路、铁路，它是中国西南诸省的门户。湖南还以生产水稻和棉花而闻名，尤其是环洞庭湖的区县如安乡、益阳、汉寿、南县和常德。常德不仅是稻米和棉花生产最重要的县，而且还是运输以上物资进入其他省份的战略大通道。以下是它与其他地区联系的几种交通方式：（1）西通大庸、鹤峰和湖北的恩施，然后到四川的万县。（2）经沅水到沅陵，然后经公路到永顺、恩施和万县。（3）西南经公路至沅陵、芷江到贵州。（4）经洞庭湖有三条重要的通道：东南经湘江到长沙；东北经长江到汉口；东北经长江上溯至沙市，然后到宜昌和万县。另外经长沙连接，走铁路到广东、广西也十分方便。

综上所述，跳蚤尤其是印度跳蚤很容易随着大米、棉花的运输流散各地，并且由于交通便利，老鼠和病人很容易逃离疫区。显而易见，鼠疫的严重危害性不单在常德这个城市，而且更大的危险在于它向周边及其他省份扩散，因此，防控措施必须严格执行。为了控制疫情的扩散，笔者尽力详细探讨所有应该采取的措施。有些措施在常德已经实施，措施的整体框架是基于伯力士医生的计划。

（一）疫区控制方案

1. 公共卫生宣传。这里不讲公共卫生宣传的重要性，只是希望获得人们的理解与合作，以便控制方案的顺利进行。鼠疫主要在穷人区域流行，因为穷人通常不能阅读或者太忙没有休闲时间阅读和参加集会，所以一般宣传方式如报纸、海报、小册子和公共聚集场所的演讲对穷人来说不是充分有效的。为达到宣传的效果，挨家挨户地在人们方便的时候进行宣传是重要的。注重宣传房屋内的防鼠，隔层、屋顶和地板的防鼠，人们保存食品的方法；观察并且询问房屋周围是否有死鼠或病鼠；在每家每户张贴告示，告诉人们如何防鼠、灭鼠、保护食品以及鼠疫的一般知识和预防知识，尽可能诚恳简单地解释每项措施。一周后，重新检查这些住户是否有任何改善，如果没有改善要重新对他们提些建议，并且几天之后进行第三次检查。假如仍然没有改进，防疫人员必须对其商店和仓库采取强制措施。

2. 集体免疫。正如前文所述，抗鼠疫接种不能使人们完全免于鼠疫，但是之前的免疫预备都是有效的。大范围的接种能减少人们感染的机会，即使人们不幸感染上鼠疫，接种也能降低疫病的严重性，从免疫学的角度看，注射一针疫苗不足以产生对病毒的抗体，需再打一针以加强免疫力。在这个战略要径的城市，对人们进行接种免疫以及进行两次接种非常不便，而挨家挨户的接种是我们期待好结果的唯一方式。接种必须在家庭成员方便的时候进行，通常在晚上或中午，保长和乡长应该帮助开展这项活动。接种时要非常注意技术的无菌操作，使人们没有理由逃避免疫，扩散流言，并告诉人们接种后可能发生的反应。在两次或三次接种之后，发给人们接种证书。严格地讲，任何人都不能被排除在集体免疫外，但为了减轻人们的抵制情绪，三类人可以免除免疫：（1）二岁以下小孩。（2）危重病人，尤其是那些慢性疾病患者，如肺结核、心脏病和肾病患者，得急性病患者应在康复后予以免疫。（3）孕妇。孕妇不幸被列入三类人之中，因为当地人在孕妇免疫上有一种传统的偏见，认为接种有可能导致流产、堕胎。即使由于非接种的原因而造成了流产或堕胎现象发生，我们亦将备受责备。假如某家庭不反对对孕妇接种，我们将尽力为其免疫。

由接种获取的免疫期不会持续很长，通常不超过 3—6 个月，因此在鼠疫流行即将结束的末期，仍然坚持在疫区重复免疫是必要的。迄今为止，接种已在常德所有的医院、设置在 6 个城门口的隔离站和水路的落路口与皇木关等地进行。到 5 月，28.6% 的人口接受了免疫，军队全部接受了免疫，详情见表 6，这些数据显示只有很少一部分人受到了保护；挨家挨户的接种本应在预期的秋季鼠疫爆发前的 8 月初开始。

很清楚，接种只是临时性的保护，它不能消灭鼠疫，因此，接种必须结合有声有色的灭鼠运动才行。

3. 抗击老鼠的运动。（1）灭鼠。有 4 种办法，即：埋、诱、毒、熏。埋鼠很简单，但埋鼠时有危险。诱捕需要技巧，夹子和诱饵饼干必须不带人手的任何气味，因为老鼠是很聪明的动物。夹子每次使用前都要用火烤，在拿夹子或放置食物之前，手必须用泥土弄脏，并告诉家人，晚上要保管好食物。当老鼠捕获后马上放在布袋里，不要触摸或移动夹子。毒药最好用钡碳酸盐，因为它对老鼠有毒性而对接种的人和其他家畜无毒。按照1:4的比例混合钡碳酸盐和面粉，加水少许，制成直径一英寸的小球，然后蘸入石蜡，或用动物油、植物油炸一下，用筷子触碰、放置，不可用手。不管老鼠吃不吃，前两三天晚上最好放置不带毒的面粉，依房子大小来定夺放置毒药面团的多少。放钡碳酸盐的好处是，老鼠吃饱之后，引起胃肠炎，致使老鼠极度干渴，于是外出寻找水，最后死在屋外。在鼠疫流行期间，这种方法不是很好。至于熏，最好的化学物质是氰化钙粉末，商业名称为氰。在潮湿的空气中，它会慢慢释放出液氰酸，比直接使用液氰酸气体更安全。氰能直接杀死跳蚤，在鼠疫流行期间，它是最好的灭鼠方法，但是价格不菲。实际操作时，把氰化钙粉末直接放进仔细寻找到的鼠洞里，鼠洞四周的洞口应封死以便于释放的气体不被泄漏出来。当一个人把气体泵入鼠洞时，其他的人在房屋四周看有无气体泄漏，因为鼠洞大多是连通的。一旦发现泄漏要堵塞漏洞。如有必要应喷洒催泪瓦斯，1000立方的空间为50CC，如有泄漏，则要禁止人员进入房间。此种方式是安全有效的。如果人们对危险有足够的认识，则不用撤离人员。对于房屋建筑不牢固且鼠洞太多，此种方法绝对无效。注意应在有专家指导下方能进行。（2）主要的防鼠措施。根据经验，我们知道，在一种好的生存条件下，大规模灭鼠之后，老鼠会很迅速地大量繁殖，因为他们有更多的食物和更舒适的生活环境使之大量繁殖。因此房屋、建筑里必须没有老鼠隐藏生存的地方，防疫人员应该设计出这种新式房屋。起造新居时，屋主应向警察报告，后者应随即向鼠疫预防部门报告以得到相关的指示。（3）次要的防鼠措施。贫民负担不起新造房屋费用，为了达到预防目标，房屋要加以改建，诸如拆除隔层、地板和顶棚，阻塞鼠洞，如此老鼠隐藏空间就少一些。防疫人员要关注此事。（4）食品保护。针对老鼠而言，保护食品的最佳办法是灭绝住户老鼠。当地的水缸是保存食物的最佳地方，还有其他较安全的容器。人们通常忽视抹饭桌，这样晚上老鼠有一顿美餐，它们又会再来。要是它们发现不了食物，它们将从住屋内消失。（5）清洁。房屋和街道的清洁必须予以重视。烂家具不要放在角落或阁楼上。事实上这些家具不会再用，不如当柴烧，以减少鼠疫隐藏的空间。当柴烧的东西、盒子等要离墙壁远点儿。垃圾倾倒在公用垃圾箱里，夜幕降临时要覆盖严密。卫生防疫宣传每隔1—2个月举行一次。

以上针对老鼠的五项措施实际上是抗击鼠疫之中最主要的措施。鼠疫静止期是大规模灭鼠和防鼠的最佳时期，这样可以避免秋季鼠疫的大规模爆发。

4. 情报与实验室服务。应要求警察、保长、乡长合作以得到情报，尽可能早地报告患者和死者人数并使其得到医疗工作者的检查。我们应该尽可能地得到其他工作人员和乡村医生的理解并与之合作，以便于他们把掌握的案例及时地报告给我们。唯有如此良好地组织情报网络，我们方能得到即便不是全部也是大部分的病例。应该重点强调，尽早报告重病人以便及时对他们施行救治，使之康复，阻断任何严重病情的存在和扩散。每一个医护工作者应该人手一册诊断书，记录病人的姓名、住处、疫病发生日期，以及其他有意义的日子和病人的主要症状。检察官在一定的时间间隔里要出去巡阅这些手册，看看是否有任何疑似病例。有关病例的新发现一定要详录在册。

一个简单的实验室必须有一台显微镜以便对病例作出诊断；在附近有一个房间或遮蔽棚，可以对老鼠进行检查；还有一些供实验用的动物，以满足实验的需要；有一个验尸间，以对死者的尸体进行检验。

5. 行政措施。鼠疫预防委员会应该包括当地负责人和其他行政人员，而技术委员会只包括医疗和卫生防疫人员。由技术人员指导计划和执行工作，而不是行政人员进行整个工作的指导。技术人员必须敏捷、精力充沛、诚实、有决断力，尤其是在疫病爆发初期，必须严格执行各项规定和惩罚措施，以使百姓服从。

商店和仓库应该遵守有关防鼠和食品保存的规定。在肺鼠疫爆发期间，所有公共聚会都应取消。

（二）疫区中心控制方案

1. 病人初入院治疗。一方面，病人入院治疗对病人是有好处的，比如可以得到好的护理，适当的饮食，绝对的卧床休息以及及时的特殊治疗；另一方面，阻断了感染的进一步扩散。

2. 隔离接触者。肺炎性鼠疫患者的接触者必须隔离观察一星期，对他们的体温、脉搏和呼吸进行一日两次的测量，任何轻微的体温上升和脉搏加速应该被视为疑似病例，并与其他接触者立即隔离，要是病情加剧，治疗立即开始。腹股沟腺炎鼠疫患者的接触者不需要绝对的隔离，最好暂时疏散。因病人与接触者待在同一住处，时间较长，被感染的跳蚤叮咬的几率就相当大。注意不要让任何接触者逃脱，尤其是那些肺炎性鼠疫患者的接触者。

3. 灭鼠、灭跳蚤。灭鼠和灭跳蚤应同时进行，因为只灭鼠而把跳蚤落下了，后者反会咬人，腺鼠疫患者的家里应喷洒煤油雾剂以灭跳蚤，搜寻老鼠并杀死。对肺炎患者的家里没有必要用福尔马林和硫黄消毒。血痰污染的地板和床铺有感染性，应用100℃的沸水清洗，再涂上石灰，床最好烧掉，床上用品要么烧掉要么开水煮沸消毒。酒精是最好的消毒剂，但太昂贵。经过消毒的房间要一直关闭，一周后才能使用，防鼠工作要随之进行。隔离医院和接触者隔离观察集中营应做到无鼠、无昆虫，无跳蚤、虱子和臭虫。进入病房或集中营前，病人和接触者必须做无跳蚤处理，进行灭虱也是必要的。

4. 尸体处理。对死者尸体进行焚烧是最安全的方式。但是由于人们强烈反对火葬，我们选择一处公墓对疑似病例或确诊病例的尸体予以埋葬。棺材必须用坚固的材料制成，并将石灰铺洒在棺材之内。埋葬地点应较高，因为死者必须埋葬在6英尺深的地方。疫病流行期过后，死者家庭成员可能希望移葬他处。

5. 邻居房屋的清空。从病人住处撤离那些发现病人的人和邻近房屋的人员，最好把他们移到特备的公共场所。撤离期间住房应灭鼠和灭跳蚤，如有必要卫生防疫人员应对房屋采取保洁措施加以改善。撤离人员返回旧居的时间应由感染传播的活动期来确定，通常撤离人员须等到瘟疫过去后再回家。

6. 焚烧住房。此种方案在疫病流行之初最宜采用，因为此时只有少数几户人家感染，影响面较小。焚烧前，所有的门窗紧闭，任何与外界相通的洞眼或缝隙应予以堵塞。这些措施是必要的，目的是为了不让一只老鼠逃离现场。当疫病处于高峰期，焚烧房屋就没有效了，因为这需要烧太多房屋，而且当地房屋都是紧挨着的。焚烧整个城市应严肃考虑，除非绝对必要，例如隔绝方案不能执行，且邻近地区有较大感染的危险。城市焚烧之前，必须首先建立隔离地带。

（三）疫区周边隔绝方案

隔绝本身并不能消灭疫病，但它是一种阻止感染源扩散到邻近地区的手段，执行起来很麻烦但又必须严格执行。

1. 行人及行李的控制。病人在潜伏期很难察觉，病人尤其是肺炎性患者旅行到其他地方，会带来新的流行瘟疫。如莫林乡（属桃源县）某人，在鼠疫爆发后到常德做生意，不幸感染鼠疫，他回到莫林乡疫病还处于潜伏期，不久一家5口都死亡了，还感染了其他11名接触者。幸运的是，此次肺鼠疫不同于其他的肺鼠疫，因缺乏血痰这个常见的感染飞轮，所以此次疫情很快被阻断了。淋巴结炎患者的接触者没有危险，可以自由活动，但他们的行李必须消毒。

规定：必须仔细搜寻出每一个肺炎性鼠疫患者和他们的接触者，在肺炎鼠疫爆发期间，禁止路人通过疫区，除非7天隔绝期期满之后。若有必要，应严禁火车、轮船和巴士通行。

2. 对大米和棉花的控制。禁止疫区生产和储存的大米和棉花输出。假如有途经疫区的货物，不能在疫区下载，并且在天黑之前必须离开，否则货物将被迟滞隔离。

3. 水上交通工具的控制。这种控制是相当重要的，因为船舶是老鼠迁徙的手段之一。禁止船舶在拂晓和傍晚时分泊在疫区沿岸，晚上它们必须泊在离疫区陆岸至少20英尺的河中。船与陆岸之间的交流应予以禁绝。大型船舶与陆岸的任何来往必须使用小船进行联络。

总结

1. 湖南常德爆发的鼠疫是由1941年11月4日日本飞机撒下的混杂在米粒和棉花中的带菌跳蚤引起的。

2. 对1941年11月12日至1942年6月30日期间人感染鼠疫进行了研究，发现17个确诊病人中的5人和1个疑似病人得以康复；20个死者是确诊病人；3个死去的疑似病人。以下三点应该提到：（1）腹股沟淋巴结炎和初期肺炎鼠疫患者的诊断相对较易，B型败血性患者在发病的早期阶段血液很难证实。（2）早期治疗时，运用大剂量的磺胺和好的治疗以及严格的护理，60%—70%的腹股沟淋巴炎患者可以治愈，甚至一些初期肺炎性患者也可治愈。迄今为止，还没有一例败血症患者治愈。在使用磺胺药物时，我们还未遇到严重的毒副作用发生的情况。（3）抗鼠疫接种不会带来完全的保护，但可以减轻病症和降低死亡率。

3. 检疫1879只老鼠，其中在4月感染率达到44.4%，当鼠间传染达到20%以上时，人间的鼠疫开始爆发。

4. 收集3536只跳蚤并对其检疫，其中印度跳蚤罕见。

5. 疫情控制方案已充分讨论。

表1　　1941年11月12日至1942年6月30日常德鼠疫患者详细记录表

序号	姓名	性别	年龄	职业	住址	时间				
						报道	病发	送往医院	死亡	痊愈
1	蔡桃儿	女	12		关庙街蔡洪盛号	1941.11.12	1941.11.11	1941.11.12	1941.11.13	
2	徐老三	男	25	工人	北门内皂角湾	1941.11.14	1941.11.12	1941.11.14	1941.11.14	
3	聂述生	男	58	商人	启明镇（府庙街）	1941.11.13	1941.11.12		1941.11.13	
4	蔡玉珍	女	27	主妇	东门内长清街	1941.11.13	1941.11.12		1941.11.24	
5	龚超胜	男	28	仆人	关庙前街18号	1941.11.24	1941.11.23		1941.12.20	
6	王瑞生	男	38	铜匠	东门内永安街	1941.12.14	1941.12.13	1941.12.14	1941.12.14	
7	王贵秀	女	15	小贩	三板桥	1941.12.19	1941.12.18	1941.12.19	1941.12.20	
8	胡嫂	女	30	仆人	关庙街杨家巷	1942.01.13	1942.01.11		1942.01.13	
9	向玉新	男	50	小贩	华严巷52号	1942.03.26	1942.03.20		1942.03.24	
10	陈孔绍	男	52	保长	关庙街湖南旅社	1942.03.28	1942.03.22	1942.03.28	1942.03.28	
11	陈维礼	男	5		皂果树（道门口义成烟店）	1942.04.02	1942.03.30	1942.04.02	1942.04.05	

续表

序号	姓名	性别	年龄	职业	住址	时间				
						报道	病发	送往医院	死亡	痊愈
12	蒋家祖	男	45	小贩	北门内长巷子32号	1942.04.03	1942.04.01		1942.04.02	
13	邓乐群	男	32	记者	卫门口县党部	1942.04.07	1942.04.05	1942.04.06	1942.04.12	
14	杨梅青	男	8	学生	五铺街（启明镇）	1942.04.07	1942.04.01		1942.04.06	
15	张金斗	男	15	公务员	府坪街军稽查处	1942.04.09	1942.04.01		1942.04.06	
16	陈云	女	33	主妇	法院西街34号	1942.04.09	1942.04.06	1942.04.09	1942.04.11	
17	陈淑钧	女	14		法院西街34号	1942.04.11	1942.04.06	1942.04.09	1942.04.11	
18	葛大亮	男	27	记者	三闾岗	1942.04.13	1942.04.09	1942.04.11		1942.05.19
19	余罗氏	女	26	主妇	三板桥	1942.04.14	1942.04.10		1942.04.12	
20	毛仁山	男	60		五铺街115号	1942.04.15	1942.04.11		1942.04.12	
21	周黄氏	女	74	主妇	法院西街32号	1942.04.17	1942.04.11		1942.04.14	
22	马保林	男	54	泥瓦匠	五铺街（启明镇）	1942.04.17	1942.04.15		1942.04.17	
23	杨彼得	男	18	学生	五铺街90号	1942.04.17	1942.04.13	1942.04.17		1942.05.14
24	杨珍珠	女	20	学生	五铺街90号	1942.04.17	1942.04.14	1942.04.17		1942.05.19
25	陈华山	男	51	商人	五铺街106号	1942.04.18	1942.04.14		1942.04.17	

序号	姓名	性别	年龄	职业	住址	时间				
						报道	病发	送往医院	死亡	痊愈
26	袁罗氏	女	17	主妇	清平乡4保	1942.04.18	1942.01.30	1942.04.18	1942.04.18	
27	谢建隆	男	32	记者	山间岗	1942.04.19	1942.04.16			1942.05.21
28	唐珍秀	女	17	仆人	北门神巷子三圣宫	1942.04.19	1942.04.13		1942.04.19	
29	李祝氏	女	68	主妇	北正街33号	1942.04.19	1942.01.30		1942.04.19	
30	黄周氏	女	49	主妇	大河街	1942.04.20	1942.04.13		1942.04.19	
31	杜玉甫	男	26	商人	下南门	1942.04.25	1942.04.24			1942.05.18
32	梅张氏	女	49	主妇	岩桥	1942.04.25	1942.04.17		1942.04.24	
33	李泉婆	女	53	农民	五铺街79号	1942.05.30	1942.04.21		1942.04.29	
34	李刘氏	女	37	主妇	五铺街39号	1942.05.02	1942.04.30		1942.05.03	
35	陈正陆	男	46	木匠	五铺街101号	1942.05.02	1942.04.22		1942.05.02	
36	王保元	男	54	小贩	阴阳桥	1942.05.07	1942.05.05		1942.05.07	
37	李丁氏	女	26	主妇	双忠街22号	1942.05.09	1942.05.05		1942.05.07	
38	顾卢氏	女	51	主妇	孙祖庙41号	1942.05.10	1942.05.04		1942.05.07	
39	戴氏	女	33	主妇	五铺街妇训所隔壁	1942.05.17	1942.05.15	1942.05.17	1942.05.18	
40	龙春生	男	51	商人	四铺街启明镇5保2甲4户	1942.06.03	1942.05.22		1942.06.02	
41	赵丁生	男	13	学徒	三浦街10号同泰祥铁店	1942.06.13	1942.06.13	1942.06.15	1942.06.15	

表 2a　1941 年 11 月 12 日至 1942 年 6 月 30 日常德城区鼠疫分析（一）

年龄＼性别＼月份	11 男	11 女	12 男	12 女	1 男	1 女	2 男	2 女	3 男	3 女	4 男	4 女	5 男	5 女	6 男	6 女	总计 男	总计 女
0—9											2						2	
10—19				1							3	2				1	3	4
20—29	2	1									2	2	1				4	4
30—39				1				1			2	1	2				3	4
40—49												1	2			1	2	2
50—59	1									2	2	1	1	1			8	2
60—69											1	1					1	1
70—79														1				1
总计																	23	18

说明：该表表示人（男女和不同年龄段的人）感染鼠疫情况

表 2b　1941 年 11 月 12 日至 1942 年 6 月 30 日常德城区鼠疫分析（二）

街道	街道	11 男	11 女	12 男	12 女	1 男	1 女	2 男	2 女	3 男	3 女	4 男	4 女	5 男	5 女	6 男	6 女	总计 男	总计 女
城区中心部	关庙街	1	1			1				1								2	2
	长清街		1															0	1
	华严街									1								1	0
	府坪街											1						1	0
	法院西街												3					0	3
	卫门口											1						1	0
城东区	府庙街	1																1	0
	永安街			1														1	0
	五铺街											6	1	1	2			7	3
	岩桥												1					0	1
	三浦街															1		1	0
	西围墙															1		1	0

续表

街道		月份 11		12		1		2		3		4		5		6		总计	
性别		男	女	男	女	男	女	男	女	男	女	男	女	男	女	男	女	男	女
城南区	大河街												1					0	1
	下南门											1						1	0
	双忠街													1				0	1
城北区	皂角湾	1																1	0
	三板桥				1								1					0	2
	长巷子											1						1	0
	神巷子												1					0	1
	北正街												1					0	1
	孙祖庙													1				0	1
	阴阳桥													1				1	0
郡乡	皂角树											1						1	0
	山闾岗											2						2	0
	清平乡												1					0	1
总计																		23	18

说明：该表表示人感染鼠疫事件发生地的情况

表3　1941 年 11 月 12 日至 1942 年 6 月 30 日常德城区鼠疫病例类型

病例类型 月份	鼠疫并发腹股沟腺炎		鼠疫并发败血病		鼠疫并发肺炎		疑似病例	
性别	男	女	男	女	男	女	男	女
11	2			2			1	
12	1	1						
1		1						
2								
3	1		1					
4	7	3	3	3	2	3	1	2
5	1		2	2				
6	1		1					
总计	13	5	7	7	2	3	2	2
	18		14		5		4	

表5　1941年11月12日至1942年6月30日常德地区对人进行检查的记录

时间	病人			死者			感染鼠疫人数总和	
	被检查人数	确诊	疑似	被检查人数	确诊	疑似	确诊	疑似
11.12—11.30		2	1		2	0	4	1
12.1—12.15		1	0		0	0	1	0
12.16—12.31		1	0		0	0	1	0
12月总和		2	0		0	0	2	0
1.1—1.15		0	0		1	0	1	0
1.16—1.31		0	0		0	0	0	0
1月总和		0	0		1	0	1	0
2.1—2.15	1	0	0	0	0	0	0	0
2.16—2.28	0	0	0	0	0	0	0	0
2月总和	1	0	0	0	0	0	0	0
3.1—3.15	0	0	0	0	0	0	0	0
3.16—3.31	1	1	0	3	1	0	2	0
3月总和	1	1	0	3	1	0	2	0
4.1—4.15	9	5	0	8	6	0	11	1
4.16—4.30	10	4	0	12	5	0	9	3
4月总和	19	9	0	20	11	0	20	0
5.1—5.15	2	1	0	4	4	0	5	0
5.16—5.31	1	1	0	0	0	0	1	0
5月总和	3	2	0	4	4	0	6	0
6.1—6.15	3	1	0	5	1	0	2	0
6.16—6.30	5	0	0	3	0	0	0	0
6月总和	8	1	0	8	1	0	2	0

表6　1941年11月12日至1942年6月30日常德接种鼠疫疫苗情况

时间	11.12—12.31	1	2	3	4	5	6	合计
第一次接种人数	2949	2370	1750	4566	6409	1018		19022
第二次接种人数	1353	790	1180	2639	2777	671		9403
合计	4202	3160	2930	2118	9186	1689		28405

说明：常德地区人口：平民62510；军队4000；合计：66510。接种人数（包括军队和平民）：19022。接种人数百分比：28.60%。

中国第二历史档案馆藏，档案号：372—06—16

防治湘西鼠疫经过报告书[*]

容启荣
（1942 年 10 月）

目录

---

[*] 容启荣是中央卫生署防疫处处长、战时防疫联合办事处主任委员。常德鼠疫最炽烈的 1942 年 5 月，他奉命来常督导防疫，在常滞留近一月时间。9 月，他写成这篇报告，代表了当时中央官方部门（卫生署）对常德疫情的了解和掌握。

一　绪言

启荣奉命出发督导湘西鼠疫防治工作，于四月二十六日离渝，赴桂转湘，于五月十日偕同湖南省卫生处处长张维抵达常德。当即视察驻常德及桃源、中央与地方军民卫生防疫各单位工作情形，并与当地党政军当局晤谈多次，交换意见。为求健全防疫组织及制定防治方针，复在常德召集防疫工作座谈会，参加者计有第六战区司令长官部卫生处处长陈立楷、第九战区司令长官部卫生处处长冯启琮、湖南省卫生处处长张维、卫生署外籍专员伯力士、卫生署医疗防疫总队第二大队大队长石茂年、军政部第四防疫大队技正李庆杰、中国红十字总会救护总队第四大队大队长林竟成，及所属各单位高级卫生技术人员，以及湘西各县卫生院院长，各公路卫生站主任等二十余人。经检讨过去工作情形并制定今后防治计划，送交湘西防疫处参考。五月下旬，桃源县属莫林乡发生肺鼠疫流行，又偕同陈处长立楷、张处长维等，前往陬市及桃源县城督导防治。六月上旬湘西鼠疫疫势下降，各项整理布置已有端倪。复接粤、桂两省电告，霍乱流行，即赴曲江、衡阳、桂林等地，督导卫生署、医防总队驻湘、粤、桂各队，协助地方实施防治，迨八月十九日方由桂林乘中航飞机返抵重庆。兹将在湘西督导防治鼠疫经过情形缕述如下。

二　湘西鼠疫流行概况及其传染来源

甲、常德鼠疫初次发现情形

三十年十一月四日上午五时许，敌机一架，于大雾弥漫中在常德东城市上空低飞三匝，投下谷麦、絮棉及其他不明颗粒状物，多坠落于城内关庙街、鸡鹅巷一带。敌机投掷异物时，常德居民目击其状者甚多，其中并有美籍传教士巴牧师及其夫人可资佐证。当地卫生医务人员惊讶之余，忽忆及暴敌曾于二十九年冬在浙江鄞、衢两县，用飞机投掷同样异物，因而引起鼠疫之发生。乃紧急收集该项谷麦等物一部分，送请当地广德医院检验，据称，谷物染有杂菌甚多，并有少数疑似鼠疫杆菌，惜因检验设备简陋，未能确实证明有无毒菌。自敌机去后，所遗谷麦等异物均经集合予以焚毁。因鉴于浙江之经验，市民都存惧心。敌机去后之第七日，城内即有急病流行之传说，翌日，有关庙街居民蔡桃儿者，患急病就医于广德医院，同日死亡。经临床诊断、血液检查及尸体解剖，认为属腺性鼠疫病例，即向各有关机关报告。于是原驻湘西之中央卫生署医疗防疫总队第二大队、军政部第四防疫大队、中国红十字会总会救护总队第二中队、湘省卫生处等，均先后派员驰往协助防治。自十一月十二日发现第一鼠疫病例后，经各方面严密调查搜索，于十一月内又发现鼠疫患者四例（十三日一例、十四日二例、二十四日一例），十二月内二例（十四日一例、十九日一例），三十一年一月十三日最后一例，连前共计发现八例。其中第五例，系经中国红十字会救护总队检验指导员兼军政部战时卫生人员训练所检验学组主任陈文贵执行病理检查、细菌培养、动物试验等，确实证明为腺鼠疫。由是常德鼠疫之诊断无疑义矣。

乙、常德鼠疫传染来源

常德鼠疫诊断既经确定，其传染来源亟待查明。根据当时发现情形与流行病学原理以及国内鼠疫专家（卫生署外籍专员伯力士及军政部战训所主任教官陈文贵等）之实地调查研究，吾人深信常德鼠疫确系敌机散播染有鼠疫杆菌之异物所致，而其传染媒介必为隐藏于谷麦、棉絮内之活性染疫鼠蚤。其理由如下：

（一）鼠疫原为鼠类流行性传染病之一，并非人类常有之疾病。根据流行病学之研究，鼠疫必先于鼠族内流行，随后乃波及人类。自三十年十一月常德发现鼠疫病人后，卫生署当即派鼠疫专家伯力士博士及其他技术人员前往调查研究。经检查常德鼠族，迄三十一年一月中旬，尚未发现染疫鼠族，自一月三十日后，染疫鼠族之数目日渐增加。换言之，常德鼠疫先发现于人类，后传至鼠族，适与医学文献所叙述者相反，故其传染来源异于寻常者也。

（二）常德过去未有发生鼠疫之传闻，即按之近代史实，华中一带亦从未有鼠疫传播之记载。故常德鼠疫绝非由于旧病复发。

（三）三十年冬，国内鼠疫疫区，距常德最近者为浙江衢县、广东遂溪及闽西各县，水陆交通均逾二千公里之遥。按现在交通情况，即有感染鼠疫患者，由浙、闽、粤等疫区潜赴常德，将必于末及到达之途中超过其潜伏期而发作病症。故染病患者由外潜入常德，以致辗转传播实不可能。加以此次常德鼠疫发生后，经详细调查，得知所有患者均系常德居民，最近未曾外出，其第一病例为十二岁之女孩，更证明常德鼠疫并非源自国内疫区矣。

（四）查常德首次发现之八个病例，均系腺鼠疫及败血性鼠疫，其传染必须借染疫之鼠蚤为媒介（肺鼠疫可直接由人传人）。而染疫之鼠族及鼠蚤即可随货运自疫区传至远处。但常德距浙、闽、粤已有之疫区甚远，因战事关系，其周围公路业已破坏，又无水运通道与各疫区直接相连，故常德鼠疫借货运自外传入之可能性极微。良以湘西为米棉丰产之区，鼠疫自常德向外传播之机会则甚多也。

（五）敌机系于十一月四日在常德投掷谷麦等物，七日后鼠疫发现，经诊断证实为腺鼠疫，借染疫鼠蚤为传播媒介。此项染疫鼠蚤除自敌机掷下之外，难能经其他途径侵入常德。按腺鼠疫潜伏期（由蚤咬受传染日起至发病日止）为三至七日，间有八至十四日者。而常德鼠疫患者第一、第二两例，系于敌机去后第七日发现，第三及第四两例于第八日后发病，显系敌机去后不久即为染疫鼠蚤所咬。其他四例虽发病于十一月二十三日、十二月十三日、十二月十八日及一月十一日，距敌机空袭常德日期较远，但据吾人所知，染疫鼠蚤在适宜环境中纵不吸血亦可生存至数星期之久。故所有病例均可认为直接由敌机掷下之染疫鼠蚤传染而来。而病例又均发现于敌机放置谷麦等物最多之区域，更与吾人之推论吻合。敌机投下之谷麦，想必用以诱引鼠族，谷麦内杂有棉花碎布，即为包藏染疫鼠蚤之用，若遇鼠类趋往取食谷麦时，则可被鼠蚤叮咬而形成鼠族鼠疫之流行，随后可传之人类，同时该类鼠蚤亦可咬人直接而传染。吾人深信，三十年冬，常德鼠疫首次发生之八个病例，系直接由敌机掷下之染疫鼠蚤传染而来，而三十一年春再度流行，则系因鼠族随后亦遭传染所致。或谓当时并未捕得染疫鼠蚤，故无实在证据。但须知鼠蚤体小善跳未易发现，于警报解除时均已逃逸，更无从追捕。

（六）查暴敌施用细菌兵器，数年来迭据各方报告已有相当证据。二十九年冬浙江鄞、衢两县突然发生鼠疫，启荣奉命前往调查及协助防治。据当时调查所知，两地发病前曾有敌机投掷谷麦等物，其情形与常德如同一辙。同年，敌机又于金华散播黄色小颗粒甚多，经检验发现含有无数类似鼠疫杆菌，幸未有鼠疫发生。由此观之，常德鼠疫实系暴敌所散播，更无疑义矣。

丙、常德鼠疫再度流行概况

自敌机在市空投掷谷麦等物第七日后，常德首次发现鼠疫，其流行期间自三十年十一月十一日至三十一年一月十三日，染疫者仅有八人。经多方调查研究，吾人深信，患者确系曾经直接为敌机掷下之染疫鼠蚤所咬。同时该项染疫鼠蚤侵入当地鼠族，经若干时间后，始形成鼠族流行，借鼠蚤再度传染于人。是以常德自三十一年一月十三日至二月二十三日，虽无鼠疫患者，惟染疫之鼠，日有增加。因此自三月二十四日起又开始发现鼠疫病人，继续流行数月，计三月份三例，四月份十九例，五月份六例，六月份二例，七月份一例，前后总共三十一例。最后染疫者系于七月一日发病，迄九月底止无新病例，故第二次流行又暂告一段落。

鼠疫原系鼠族疾病，人只偶然感染得之。兹将常德两次鼠疫流行染疫病人数目，及当地鼠族染疫情形表列于后，以明第三次流行之原因。当常德首次发现鼠疫时，并未发现大量死鼠，但同时未即实行鼠族检查，实为大憾。迨十二月下旬鼠疫专家伯力士博士抵常，即开始调查研究，仍未发现染疫之鼠。后因战局紧张，伯力士一度离常，至一月中旬方返，再继续检查，始发现疫鼠，此后染疫鼠数，逐月递增，至四月时达最高峰，染疫病人亦随之而逐月增加。

常德鼠疫病人数目及染疫死鼠百分率统计表

时间	鼠疫病人数	检查死鼠数	染疫死鼠数	染疫死鼠百分率	附注
三十年十一月	5	0	0	？	死鼠并无异常增加情形
十二月	2	35	0	0	十二月二十四日至一月三日检查鼠数
三十一年一月	1	24	5	20.8	一月三十日及三十一日两日检查鼠数
二月	0	168	32	19.0	
三月	3	810	181	22.4	
四月	19	359	159	44.4	
五月	6	212	29	13.7	
六月	2	259	9	3.5	
七月	1	107	1	0.9	
八月	0	337	4	1.2	

丁、桃源发生鼠疫情形

桃源、常德之间相距只四十五里，水路九十里，交通便利，鼠疫向桃源传播至为容易。本年四月间，桃源县城首次发现疫鼠，六月时曾作大规模鼠族检查，经查出二百二十七只死鼠内染疫者八只。七月上旬又检查死鼠四十八只，只发现疫鼠一只。自七月十五日迄八月底止，鼠族鼠疫流行似已停息，桃源城内尚无染疫患者，但因鼠族已遭传染，形成疫源，随时可侵入人类，实为隐忧。

因常德检疫工作未臻完善，于本年五月初蔓及桃源县属莫林乡。先是有该乡李家湾居民李佑生于五月四日在常德染疫，潜返故乡，于十日身死。因系由腺鼠疫所转成之肺鼠疫，能直接由人传人，故其探视之亲属、邻居，相继染疫死亡者共十六人。幸发现较早，管制及时，又正值夏令，未致扩大流行，自五月二十七日后无新病例发现。兹为便利叙述起见，表列如下：

桃源莫林乡肺鼠疫患者登记表

姓名	性别	年龄	发病日期	死亡日期	传染原因	备考
李佑生	男	40以上	不明	5月10日	由常德返莫林乡李家湾	
李佑生妻	女	40以上	5月13日	5月19日		
李新陔	男	20以上	5月18日	5月21日	侍其父母	李佑生次子
李新陔妻	女	20以上	5月23日	5月24日	侍其夫	
李惠陔	男	16	5月18日	5月21日	侍其父母	
李耀金	男	50以上	5月13日	5月15日	佑生隔壁邻居	
李耀金妻	女	50以上	5月16日	5月21日	侍其夫	
李耀金次子	男	21	5月16日	5月20日	侍其父	
李耀金幼子	男	11	5月20日	5月22日		
李润官	男	23	5月20日	5月24日	耀金隔壁邻居	
谢李氏	女	20以上	5月18日	5月21日	返母家探视得病送回	李佑生之女,已嫁
谢李氏婆	女	50	5月23日	5月26日		
向国恒	男	32	5月23日	5月25日	曾赴李佑生家探视	
李氏	女	50以上	5月27日	5月30日	李佑生次媳之义母,曾往李家探视	
李耀金妹	女	50以上		5月21日	往李耀金家探视	
李耀金姑母	女	74		5月21日	探视	

　　此次桃源莫林乡肺鼠疫流行,所有病例,均经详细调查并施行细菌检验证实,其中有患者数人病势极重,于两三日内,肺炎症状(如咳吐血痰)未及显现即已身死,民国十年哈尔滨流行时亦曾见之。

　　此外,邻接桃源之临澧县曾有鼠疫发现之谣传,经派员调查并未证实。湘省其他各县迄目前止,亦未有鼠疫发现。

三　实施防治经过
甲、组织

　　常德自敌机散布谷麦等物发生鼠疫后,当即由防空指挥部、警察局、县卫生院及私立广德医院召开临时防疫会议,讨论紧急处置办法,组织"常德县防疫委员会",由县政府主持其事。随后中央及地方主管、军民防疫工作单位先后赶到常德,乃于三十年十一月二十日在行政专员公署召开大会，决议加强防疫机构，成立"常德防疫处"，即以专员兼任处长负责主持。另由各方面高级卫生技术人员联合组织"设计委员会"。常德防疫处下设总务、财务、宣传、情报、纠察、补给及防疫七股，由专员公署、省银行、三民主义青年团、警察局、保安大队、商会及卫生署医疗防疫总队第十四医防队主管或高级人员分别依次兼任。另设隔离医院及留验所各一所，由县卫生院院长兼任，隔离医院内设病床五十张。为便于分工合作起见，各方派往常德参加防疫工作之技术人员，共同组织"联合办事处"，下分疫情调查、预防注射、隔离治疗及细菌检验等小组，指定工作地点及工作范围，分别负责办理实地防治工作。

纵观上述防疫机构，常德防疫处系临时设置主管防治鼠疫之机关，其内部各股负责人多由当地党政机关高级人员及商会代表兼任。而中央及省方派遣之高级卫生人员受聘为设计委员，不另兼防疫处本身职务。其用意乃系将防疫工作分为行政与技术两部分，并认定防疫系地方责任，而中央及省方只担任技术设计及指导而已。惟防疫工作之实施，高级卫生技术人员必须实际参加行政工作，将设计、指导及实施三部工作打成一片，然后技术设计得以彻底执行。尤须注意者，在我国目前情形之下，防疫工作并非卫生人员所能单独推动，必须有党政军三方面力量协助不可。故揆诸事实，常德防疫处由地方最高行政官长主持，尚不能认为不妥。但各方技术人员亦应负责实际责任，否则各技术人员均可借设计委员会为分谤卸责之具。加之该处设计委员均由中央及地方卫生机关高级人员兼任，如战区司令长官部卫生处处长、省卫生处主任技正、卫生署医疗防疫总队大队长、军政部防疫大队长及军政部战时卫生人员训练所主任教官等，多因本身职务繁重，不能久驻常德，故于短期内仍返原任，虽另由防疫处随时增聘，但一度曾有无人主持及互相推诿情事，其影响于防疫工作之推进甚大。至"联合办事处"之组织，原系于常德鼠疫爆发时，中央及省方纷纷派员驰往救治，卫生署深恐人多事乱，乃建议在常德各单位立即组织"防疫联合办事处"以资联系，并收分工合作之效。惟自常德防疫处及设计委员会成立以后，该联合办事处自应废止，以免重复脱节及指挥不统一之讥。

常德防疫机构事实上实有加强之必要，嗣经与当地商定改组办法，随后因鼠疫已传至桃源，更有向各方蔓延之可能，遂建议改为"湘西防疫处"。于桃源成立分处，至邻近常桃各县，得视交通情形设置检疫处。湘西防疫处内增设副处长二人，襄办行政技术事项：技术督察长一人，联系督导考核各项技术工作；技术顾问一人，咨询一切设计实施事项。其下则设总务、会计、疫情、检验、检疫、宣传、卫生工程及卫生材料各组，并附设下列八个工作单位：（一）疫情诊察队；（二）常德水陆交通检疫所；（三）常德鼠疫隔离医院；（四）卫生工程队；（五）鼠疫病理检验所；（六）防疫纠察队；（七）防疫担架队；（八）鼠疫留验所。各组及工作单位，除总务、会计两组及防疫纠察队外，其余均以派出卫生技术人员主管为原则，务期分工合作，责任分明。此外，另设咨询委员会，以便联系当地机关团体，如县党部、三民主义青年团、警察局、商会、报社等等，兼收集思广益之效。

乙、人员

常德防疫处处长职务，原系由湘省第四区行政专员欧冠兼任，嗣于二月终，欧专员他调，乃于三月时改由继任行政专员张元祜兼任。防疫处改组后，增聘常德县县长戴九峰为副处长，另一副处长正在遴选推荐中。此外又增聘卫生署专员伯力士为技术顾问，卫生署医防总队第二大队大队长石茂年为技术督察长。防疫处下各组及工作单位，其所属技术性质分由下列各卫生单位负责：

（一）卫生署医疗防疫总队第二大队所属第十四巡回医疗队、第二卫生工程队、第二细菌检验队及第四防疫医院。

（二）军政部第四防疫大队第一中队及第九防疫大队第三中队。

（三）中国红十字会总会救护总队第四中队第一一一、第七三一及四七二医务队。

（四）湖南省卫生处巡回卫生工作队（另加派卫生处医师及省卫生试验所技正等）。

（五）常德县卫生院。

（六）常德私立广德医院。

（七）驻常、桃各军队医院。

防疫处附设之防疫纠察队，原系由第二十集团军霍总司令调派士兵两连担任之，最近因该集团军移防，未知有无另行改派接任。

至于督导防疫人员曾经前往者，计有卫生署防疫处处长、第六战区司令长官部卫生处处长、第九战区司令长官部卫生处处长、湖南省卫生处处长及其他中央及地方军民卫生机关高级技术人员等。

此外，最近湖南省政府派邓一趸为湘西防疫特派员前往督导防治工作。

丙、经费

三十年度湖南省核定预算原有防御鼠疫临时费七〇，一三五元，当常德鼠疫发生时，该款业已支付将罄。因事势紧急，经该省府第二五九次常会决议，先行饬省库拨款二万元，再行办理追加手续。同时卫生署拨发该省临时防疫费一万元，以资补助，另又拨发二万元交由卫生署医疗防疫总队驻常德各地为实施防治之用。惟常德防疫处自成立以来，并无固定预算，所需经费系由地方捐募及征收捕鼠捐等而来，故业务之推进殊多窒碍。本年度三月间，常德鼠疫再度流行，五月中蔓延至桃源。当时因本年度该省防御鼠疫临时费概算原列七十万零二千六百元，再请增加至一百二十万元，尚未奉核定，各项防治工作实施尤感困难。经多方催请，迄六月十五日方允核定为七十万元。现在常德鼠疫已经传至桃源，两地鼠族均已染疫，随时有向外蔓延可能，倘预期之秋季爆发不甚严重，则本年度核定临时费预算数尚可应付。

丁、器材

防治鼠疫所需器材，计分预防、治疗、消毒、灭鼠、灭蚤等项。

（一）关于预防用之鼠疫疫苗，本年度卫生署奉核准购运鼠疫疫苗费壹百五十万元，经由中央防疫处及西北防疫处各制造五万瓶，两共足二百万人用量，并已分发各疫区应用。另又由军医署及中国红十字会总会救护总队部准备大量鼠疫疫苗交由军政部防疫大队及红会医务队带往疫区及邻近地方备用。此外，湘省卫生处亦径向中央防疫处购买鼠疫疫苗分发各县。本年六月中，常桃方面尚存有足供十七万人用量之鼠疫疫苗，故其供给尚称充裕。

（二）关于治疗用之新药磺苯胺噻唑（巴劳雪麝），国内存量虽属不多，如疫情不甚严重，尚可敷用。为未雨绸缪计，经由卫生署商请美国红十字会捐赠大批此项特效药，一部分已运到，并分发疫区备用，其余尚在运输途中，湘西方面现已有足供约六万病例之存量。至以前所用之鼠疫血清，国内尚能制造，必要时仍可供治疗之用。

（三）关于消毒、灭鼠及灭蚤需用之化学药品，国内存量有限；用以配制杀鼠毒饵之碳酸钡，国内可小量制造；惟灭鼠灭蚤药品之最善者厥为氰酸气，如非舶来，并无其他来源，幸最近亦已由美国运到，并赶送湘西疫区应用。此外灭蚤制剂须用煤油，普通消毒须用酒精，购备不甚易。其他普通治疗及消毒用药尚可勉强敷用。

戊、工作

办理防疫工作平时已属不易，战时疫疠不断流行，又限于人力物力，困难自必更多。防疫犹如救火，又实系与病菌或其他病源作战，所采用之方法为谋集体安全，有时必须强制执行，侵犯个人自由，甚或有时焚毁病区牺牲物质，或管制交通影响商业；一切紧急措施，均难得一般民众之谅解。即就施行预防注射一项而论，许多具有高等教育者尚且拒不接受，是则知识水准较低之民众更难期其乐于接受矣。常德自敌机散布鼠疫后，卫生人员不避艰苦，不顾危险，努力防治工作以期消灭敌人施用细菌战术之企图，庸讵知当地民众反视卫生人员如寇仇，竟有殴打防疫工作人员者。同时谣言四起：有谓常德鼠疫系卫生人员所伪造，以骗取防治经费；有谓检验尸体实因外籍医师伯力士欲挖割眼睛及睾丸以制造汽油；亦有谓得病身死之人系因曾被强迫接受所谓"预防注射"。凡此种种无稽谣传，其影响于防治工作之推进甚大。鄙意以为，暴敌既有自空中藉飞机散布病菌之证据，则于地面难免有奸人之组织以图破坏我方防御计划及设施，此点至堪注意。但常德防疫机构之不健全，经费之不充裕，前已叙述，亦为防治工作推动不灵活之原因。至于工作方式之是否妥适，尤须予以检讨。兹将各项工作实施情形及其改进办法，分别叙述如下：

（一）疫情报告。防疫犹如作战，疫情报告与敌情报告同样重要，务须迅速准确及严密，方能事前防备或及时管制，染疫患者能得早期治疗，其后复原之机会较多，迅予隔离，获得传染之机会减少。于常德鼠疫爆发时，疫情侦察工作尚为妥善：其后日久，此项工作逐渐松懈，时有隐匿不报或延迟报告情事。本年三月至七月间，鼠疫再度流行，染疫人数共三十一例，其中十七例系经检验尸体后发现，而于鼠疫流行之五个月期间内，在六万余常德人口中，经检验之尸体共计只三十七具，尤以四月间检验二十个尸体即发现十一个死于鼠疫，在死者患病期内防疫处并未得到报告，由此可推想，常德春季鼠疫流行染疫人数报告遗漏者或恐不少。其详情见下表：

常德春季鼠疫流行染疫人数及其发现来源

日期	病人检验数目	发现鼠疫患者数目	尸体检验数目	发现染疫尸体数目	染疫人数统计
三月	2	2	3	1	3
四月	8	8	20	11	19
五月	3	2	4	4	6
六月	8	1	8	1	2
七月	2	1	2	0	1
共计	23	14	37	17	31

鼠疫原系鼠族流行性传染病，在普通情形之下先发现于鼠族，随后乃借鼠蚤而侵入人类，故逐日检验鼠族有无染疫状态及搜寻能传播鼠疫之蚤类予以统计，如此可预为推测鼠疫侵入人类之危险程度，及早防备，可免扩大流行。故鼠族及蚤类之检查应列为防治鼠疫之日常例行工作。在常德方面，该项鼠族检验工作办理未臻完善，因经检验之鼠族数目过少，所得疫情不甚准确，故今后务须鼓励民众随时捕杀老鼠，送请防疫处检验，俾能确实明了当地疫情。

此外另建议防疫处应竭力促进下列各项工作：（1）所有医院及开业中西医生，若发现鼠疫或疑似鼠疫病人时，应即报告防疫处派员复诊；（2）警察局所及乡镇公所应督饬保甲长随时查询所辖各户，遇有疑似鼠疫发生，即应报告防疫处；（3）所有死亡应由家属于当日分报保甲长及警察局所，转报防疫处填发安葬许可证，其有疑似鼠疫症状，须经病理检验后始可填发安埋许可证；（4）有死鼠发现之地带，应由防疫处派员挨户收集，并随时侦察有无染疫患者；（5）办理疫情报告应列入警察及乡镇保甲长之考核。

（二）隔离治疗。鼠疫传染至烈，尤以肺鼠疫为最危险，故染疫者必须强制隔离以防蔓延传染，此项紧急措施，无识及自私之徒反对至甚，又因患者就医过迟救治无方，遂多归罪于隔离医院。今春鼠疫再度流行时，经施用磺苯胺噻唑，治愈者七人，其中二人具有肺鼠疫症状，余为腺鼠疫及败血性鼠疫，故并非不治之病，但须早期就医，俾所用药得充分发挥其效能。自三十年十一月二十日常德隔离医院成立后，迄八月底止，收治病人二十五名，其中十二名经诊断证实为鼠疫患者，并与当地私立广德医院充分合作，必要时由该院代为收治，计经广德医院治疗之鼠疫病人共七名，其中三名系在恢复期内由隔离医院送往休养。

常德鼠疫隔离医院院址原系借用郊外民房，设备较为简陋，虽尽量装置防鼠设施，如周围掘沟及其他防鼠修建，仍不能认为妥适。医护人员除兼任院长一人外，计有医师一人，护士二人，医护助理员四人。若遇疫疠扩大流行，恐难能应付，经商由卫生署医疗防疫总队第二大队加派医护人员，协助办理。如本年度经费有着，似应另觅地址建筑隔离医院一所，必要时又可征用民船，略予改修下碇江中，即可为临时隔离鼠疫患者之用。

今春常德鼠疫再度流行时，民众对防治工作不甚满意，当地中医中药界鼓吹筹设中医鼠疫医院，所拟办法极为不妥，未获邀准。为免歧视中医之责，经向防疫处建议，如鼠疫病人愿请中医诊治者，可听其延至隔离医院诊察主方，并派人煎药进药，其主治之中医与煎药进药之亲属仍应遵守隔离规则，着防蚤衣，佩戴口罩，以免传染，并须主治到底。迄八月底止，仍未有中医在隔离医院诊治鼠疫病人。忆廿九年宁波发生鼠疫时，当地中医曾有同样要求，经决定上项办法后，并无愿意在隔离病院内诊治者。以上建议并无歧视中医之意，若我国古方确有医治鼠疫特效药，自当竭力采用。但规定在隔离医院诊治，乃系恐隔离消毒不周，反致互相传染。

（三）病家消毒。鼠疫病人经送医院隔离治疗，或染疫尸体已经妥善处理后，所有患者居住地方及日常用具，均应予以彻底消毒，必要时得予以局部焚毁，并应同时杀灭染疫鼠族及蚤类，以杜绝传染。今春常德防疫处对病家消毒工作缺乏氰酸气，不能利用毒气熏蒸消毒法将疫区内鼠族及蚤类彻底消灭。幸于本年七月间，美国红十字会捐赠氰酸气一批，已由海关运到，并即赶送湘省应用。

（四）尸体处置。染疫尸体之最妥善处置办法厥为火葬，亦合国内外防疫条例所规定。但在常德实行火葬时，因布置未周，据闻曾有并非染疫尸体亦予以火葬，并有时数具尸体一同焚毁，甚或用同一火葬炉焚毁疫鼠，遂引起死者家属之怨恨及一般民众之反感。由是染疫者乃隐匿不报，或分向四乡逃避。桃源莫林乡一度肺鼠疫流行，其危险性至为重大，自可想见。四月间，防疫处经谨慎考虑后，决定停止火葬办法，改设公墓，规定染疫尸体消毒办法及埋葬地点。如是既可尊重民间习俗，又顾及集体安全。

（五）患者家属留验。患者之家属或同居，以及其他于短期内与患者密切接触之人，因处于同一环境之下，或已感染鼠疫正在潜伏期内病症尚未发作，故必须予以拘留，逐日检验是否已染鼠疫。其留验期间经法定为七日，如已证明并未染疫，即可恢复自由。此项留验办法在常德施行困难甚多。留验所附设于隔离医院内，设备不周，患者家属多不愿入内留验，故遇有鼠疫发生，即隐匿不报或协助患者潜逃，由是影响防疫工作更大。根据鼠疫之流行病学，腺鼠疫必须借鼠蚤叮咬方能传染，［传染］可能性较小；肺鼠疫可直接由人传人，其传染可能性甚大。故所有曾经接触肺鼠疫病人之亲友必须强制迁入留验所留验。至于曾与腺鼠疫患者密切接触之人，经防疫处重新规定，仅限期迁出原址移住他处，并将疫户封闭，以便施行病家消毒及杀鼠灭蚤等工作，俟封闭解除后，方可迁回居住。但在迁居期内，仍须将迁移住址报告警察局及保甲长，以便随时派员访问有无鼠疫发生。此项变通办法其规定实系迫不得已。

（六）交通检疫。查常德总绾湘西，物产丰饶，水陆交通至称灵便。今既成为鼠疫疫区，染疫鼠族及其蚤类至易随商旅货运传至远处；至于鼠疫病人，如任其潜离疫区，更有引起肺鼠疫流行之可能。故为防备鼠疫蔓延计，实施交通检疫至感切要。原拟在川湘、湘鄂、湘黔、湘桂等水陆交通要道设置检疫站，所有来自常德、桃源之旅客一律须受检查有无染疫症状，并将所有车辆船舶及所载货物予以消毒灭鼠及灭蚤。但兹事体甚大，耗费至巨，非战时人力财力所及。且实施时技术上之困难更多，例如棉花五谷及络绎不绝之旅客行李等事实上均无法彻底消毒。经谨慎考虑后，决定下列检疫原则：

1. 检查常德、桃源及邻县鼠族，以确定疫区范围，如有染疫鼠族发现，即认为疫区。迄本年九月底止，染疫鼠族仅于常德、桃源两县县城发现。至于乡区，并未有染疫证据。

2. 鼠疫原为鼠族传染病，借鼠蚤为媒介而传至人类，是以检疫工作之主要对象为疫区内之鼠族及蚤类。在目前情形之下，将疫区所有鼠族蚤类完全消灭实不可能，故只可竭力制止其离开疫区。如是，则腺鼠疫不至向外蔓延。

3. 腺鼠疫有时可变为肺鼠疫，其后即可直接由人传人，故检疫站必须检查旅客，于发现鼠疫病人时即应迅予隔离。

4. 常桃疫区外围各检疫站，对于各项货运如认为并未藏有来自疫区之鼠族及其蚤类，则无须予以消毒。根据上述原则，经拟定下例检疫办法，建议湘西防疫处采用：

（1）常德及桃源城郊之水陆交通要道应设置检疫站，次要水陆路得设检疫哨，其不重要之小路在距城数里地带予以破坏。

（2）所有经过检疫站、哨之船舶车辆及肩舆，均须接受检查，若发现鼠疫或疑似鼠疫病人，立即送隔离医院，其行李应予消毒灭蚤之处置。

（3）所有出入疫区之旅客，须一律接受预防注射。

（4）凡由各产地或商埠通过常德、桃源之船只，如专载运往他县之五谷棉花及其他能隐藏鼠类之货物，应严禁停靠。

（5）凡由外埠运入常德、桃源城区之货物，得自由运输；但五谷棉花被服等，绝对禁止由常桃城区外运。

（6）常桃县属境内准备外运之五谷棉花等物，应存贮于疫区范围之外，各仓库并须具有防鼠设备，其设置地点由防疫处指定之。

（7）所有经过常桃又准予停留船只，日间可在江面两岸停靠，惟黄昏后至翌晨天明止，须移向江心离岸两丈以外之处抛锚，并应抽去跳板，所有上下行船只，黄昏与天明之间一律禁止通行。

（8）凡由疫区出境之病人，必须向防疫处请领出境许可证，始可放行。

（9）凡由疫区迁运出境之尸体，必须领有防疫处颁发之安葬证，始可放行。

（10）凡发现疫鼠及鼠疫病人之船只，应施行灭鼠灭蚤之消毒处置；无预防注射证之船员及旅客，应留验七日；如发现肺鼠疫时，所有旅客船员，均应留验七日后始可放行。

（11）遇有肺鼠疫流行时，得由军警协助，完全断绝交通，其无特别通行证者，一概不得出入疫区。

（七）杀鼠灭蚤。为解决常桃鼠疫问题，最理想之方法为完全消灭当地鼠族。揆诸目下情形，实不敢求之过奢。但无论如何，尽量减少鼠族及其蚤类之数量，即可减少鼠疫传染机会。在过去，因缺乏防治器材，除利用捕鼠笼、杀鼠器外，另以碳酸钡制成毒饵诱杀鼠族，施用经过尚未见效。惟鼠疫流行时利用上述方法举行大规模灭鼠运动，实有增加人类鼠疫病例发生之可能，盖染疫之鼠，中毒或被捕杀死后，附带鼠身上之蚤类即时离开另觅新宿主，如当时附近并无鼠族，已染疫之蚤可咬人类，即可传染鼠疫。故在鼠疫流行期间，杀鼠、灭蚤应同时举行，其最妥善之方法为利用氰酸气熏蒸法。该项药品一批已由美运到，正在疫区施用。至于以煤焦油及肥皂制成□□状灭蚤液，颇有成效，但采购大量煤焦油备用极为不易，现正试验改用其他灭蚤药品。

（八）预防注射。普遍施行预防注射，增加集体免疫力，可免鼠疫扩大流行，此实为有效防治方法之一。今春常德鼠疫再度流行时，有染疫者共三十一人，其中廿四人死亡，均未预防注射，其他七人因曾接受预防注射，并于早期即予隔离治疗，得告痊愈，由此可见，鼠疫之预防注射确有效用。惟该项注射须分两次或三次完成，强制施行，不无困难，现正由各方细菌学家、免疫学家研究制造一次即可完成之预防注射方法。又因注射后所产生之免疫力大约只能维持六个月，故施用日期又须合理规定，经多方考虑后，决定下列实施原则：

1. 根据鼠族及蚤类之检查结果，推测鼠疫可能流行期间，如鼠族染疫率有增加证据，疫区内即应普遍强制施行鼠疫预防注射，于短期内完成该项工作。本年秋冬初，预计有鼠疫再度流行之可能，预防注射工作于九、十月份积极进行。

2. 在疫势有再度流行之危险期内，所有前往或经过疫区之旅客，均须一律接受预防注射，否则不准入境。

3. 疫区内居民得随时自愿向各地卫生防疫机关请求施行预防注射，但该项工作于上述危险期间内必须强制执行。

4. 邻接疫区各地居民无须强制施行预防注射，但若疫区内疫势猖獗，得由湘西防疫处斟酌实际情形，临时规定强制执行之。

（九）防疫宣传。防疫工作之实施，难免侵犯个人之自由。必要时并须毁坏民众之财产。以一般民众知识之浅陋，可能引起误会，对各种防疫设施予以消极或积极之阻碍。故为便利推动防疫工作计，应特别注意于民智启迪、卫生教育之宣传，以提高其合作兴趣。在常德方面，防疫宣传工作除在报章随时发表当地疫情外，其他文字图书及口头等宣传方法，均未充分利用，即或利用亦似未有严密计划及一定目标，故收效甚微。因此当地民众对各项防疫工作多不了解，并易受奸人煽动而起来反对，其影响于防疫实施至大。查防疫宣传所需宣传资料，应由卫生技术人员供给；至实地宣传工作应与党政等各方面充分合作；利用现有各种组织机构，务须深入民间。此次启荣在常德督导防治，对于防疫宣传极为注意，于五月十五日参加常德县各界清洁大扫除及防疫宣传大会,五月十五日参加常德县城区党团员大会,五月十八日出席常德县政府扩大行政会议,此外又召集常德各界领袖及代表开座谈会,于每次集会对于常德鼠疫之传染来源及今后防治方针均详为阐明,并请各方面努力向民众宣传。

（十）训练工作。鼠疫于我国向非常见之传染疾病,故医务卫生人员对鼠疫多不认识,具有防治经验之专门技术人员更如凤毛麟角。自廿九年敌机在浙江散播鼠疫后,举国注意。卫生署因鉴于防治鼠疫技术人员之缺乏,卅年度于浙江衢县设立防治鼠疫人员见习班,由各地卫生及军医机关派员前往,于鼠疫专家伯力士博士指导之下,参加实地防治工作。自该班成立以来,计已训练县卫生院长六人、医师二十人、环境卫生员四人、检验员二人,共计三十二人。本年度鼠疫专家伯力士博士由卫生署调驻常德担任技术指导工作,于是又在常德成立防治鼠疫人员见习班,迄八月底止,已开班两次,每期一月,经训练医师四人、护士六人、检验员七人,共计十七人。今秋仍将继续办理。此外,卫生及军医两署已与印度政府商妥,由我国遴选高级卫生人员二十名,内包括医师十名、细菌学家五名、卫生工程师五名,分两期派赴孟买,在哈夫金鼠疫研究院实习三个月,其第一期于本年十月下旬开始,俟实习完毕返国后可分派各地参加实地防治鼠疫工作。

四　今后湘省鼠疫防治工作之展望

常德鼠疫原系由于敌机之散布,其防治工作因限于环境,蔓及全城鼠族,嗣因交通检疫未能彻底施行,以致传至桃源,并于桃属莫林乡一带五月间发生肺鼠疫流行,殊称憾事。现疫势虽已遏止,但常、桃两地鼠族已形成地方性的传染病,在将来仍有爆发及向外蔓延之可能,至堪顾虑。此次在常德、桃源,经召集各有关机关及全体卫生技术人员检讨过去防治设施,及计划今后工作方针。因以往常桃防疫机构不健全、技术人员指挥不统一、防治经费不充裕、工作方式欠妥善、当地党政军各方面力量亦未充分运用,故防疫工作推进困难。虽已分别建议改善,但今后防治技术工作是否能施行无阻,除卫生技术人员应尽最大之努力外,尤有赖于当地党政军各界之协助,以及一般民众之合作。

湘西鼠疫既已成为地方性病,其根除方法之对象厥为疫区内之鼠族。但现在以有限之人力物力,实难期当地鼠族之完全消灭。若疫区范围不广，尽可将全部付之一炬。但常德城区各处均有染疫鼠族发现，而桃源县城亦有同样情形，势必须将两城全部牺牲，方能达到完全消灭当地鼠族之目的。同时常桃乡区鼠族或恐亦已染疫，若是，则纵将城区牺牲，尤未能根除当地之鼠疫。因此，未敢建议将疫区全部焚毁。其较逊之办法，即为将常桃两城暂时废弃，另择妥善地点迁移。经勘察周围地势及交通状况，又未能觅得适宜地点，即或有之，亦非抗战期内当地民众财力之所能及，故迁城之计实无把握。是以再三思维，深恐湘西鼠疫问题并非一年半载所能根本解决，在目前情形之下，惟有严密封锁疫区，务期减少鼠疫向外蔓延之机会。

此次奉命赴湘西督导防治鼠疫，结果防疫机构已较前为健全，防疫设施亦针对当地情形设施完成，将来自可依照推行，渐次根绝疫源。至鼠疫患者之治疗，发现病例共计五十五例，均系民众，当地驻军并未感染。经治愈者七人，其中二人且具有肺鼠疫症状。顾病例总数虽为不多，但亦已证明预防注射及治疗用药之功效，此尤足供工作同人引以自慰者也。

尤可贵者，驻常之卫生署、军政部军医署及中国红十字会总会救护总队医疗防疫工作人员，暨当地卫生机关各同仁，均能不避艰危，不辞劳怨，良足嘉尚。而卫生署外籍专员伯力士，已届高龄，常驻疫区，于实地工作之余，指导后进，孜孜不倦，更使启荣感念不止。循此以观，若各工作同仁能继续努力，则湘西鼠疫问题虽为严重，其根本解决尚可预期也。

五　附录

表一　　　　　　　　　　**常德鼠族分类检验结果统计表（三十一年）**

附注：一月份染疫鼠类分类数目及其百分率之合计栏内数字未计入总计栏内。

类别 \ 月份	一月（30—31日）	二月	三月	四月	五月	六月	七月	八月	九月	总计
检验鼠族分类数目 沟鼠	13	68	194	72	24	29	20	40	35	495
家鼠	11	89	531	256	119	126	76			
小鼠	0	11	85	31	69	104	32			
合计	24	168	810	359	212	259	128			

类别	月份	一月(30—31日)	二月	三月	四月	五月	六月	七月	八月	九月	总计
感染鼠族分类数目	沟鼠		9	19	20	3	2	0			
	家鼠		21	157	134	15	5	1			
	小鼠		2	5	5	11	2	0			
	合计	(5)	32	181	159	29	9	1			
染疫鼠族分类百分率	沟鼠		13.24	9.80	27.77	12.50	6.89	0			
	家鼠		23.59	29.56	52.34	12.60	3.96	1.37			
	小鼠		18.18	5.90	16.13	15.94	1.92	0			
	合计	(20.83)	19.04	22.35	44.29	13.68	3.47	0.78			
疑似鼠疫鼠族分类数目	沟鼠		5	22	4	3	1	1			
	家鼠		4	29	14	13	5	3			
	小鼠		1	15	2	8	7	1			
	合计		10	66	20	24	13	5			
疑似染疫鼠族分类百分率	沟鼠		7.35	11.34	5.55	12.50	3.44	5.00			
	家鼠		4.50	7.34	5.47	10.92	3.96	3.74			
	小鼠		9.09	17.65	6.45	11.59	6.73	3.12			
	合计		5.95	8.14	5.57	11.32	5.02	3.90			

表二　　　　　　桃源鼠疫族分类检验结果统计表（三十一年）

类别	月份	四月(17—30日)	五月	六月	七月	八月	九月
检验鼠族分类数目	沟鼠	5	15	19	21	15	10
	家鼠	79	189	208	61	35	19
	小鼠	0	0	0	1	6	1
	合计	84	204	227	83	56	30
染疫鼠族分类数目	沟鼠	0	0	1	0	0	1
	家鼠	1	5	7	1	0	0
	小鼠	0	0	0	0	0	0
	合计	1	5	8	1	0	1
染疫鼠族分类百分率	沟鼠	0	0	5.06	0	0	10.00
	家鼠	1.26	2.55	3.36	1.64	0	0
	小鼠	0	0	0	0	0	0
	合计	1.20	2.45	3.52	1.20	0	3.33

注：四月份有疑似鼠族一例，九月份疑似家鼠一例。

表三　　　　　　　陬市、河洑两地鼠族分类检验结果统计表（三十一年）

类别	月份	七月	八月	九月	总计	备考
检验鼠族分类数目	沟鼠	11	5	0	16	
	家鼠	60	44	19	123	
	小鼠	7	4	3	14	
	合计	78	53	22	153	
疑似染疫鼠族分类数目	沟鼠	1	0	0	1	一、无证实染疫鼠族
	家鼠	1	0	0	1	二、陬市八、九两月份无数字
	小鼠	1	0	0	1	
	合计	3	0	0	3	
疑似染疫鼠族分类百分比	沟鼠	9.09	0	0	6.25	
	家鼠	1.65	0	0	0.81	
	小鼠	14.28	0	0	7.14	
	合计	3.85	0	0	1.96	

表四　　　　　　　　常德鼠蚤分类统计表（三十一年）

类别	月份	一月（30—31日）	二月	三月	四月	五月	六月	七月	八月	九月	总计
经捕鼠蚤分类数目	印度鼠蚤	1	6	37	1	1	10	27	6	0	89
	欧洲鼠疫（东亚种在内）	23	271	1442	744	197	16	1	4	9	2707
	盲蚤	2	61	222	352	104	25	5	0	0	771
	合计	26	338	1701	1097	302	51	33	10	9	3567
鼠蚤分类百分数	印度鼠蚤	3.84	1.80	2.17	0.09	0.33	19.60	81.81	60.00	0	2.49
	欧洲鼠疫（东亚种在内）	88.46	80.17	84.77	67.82	65.23	31.39	3.03	40.00	100.00	75.89
	盲蚤	7.69	18.05	13.05	32.09	34.43	49.01	15.15	0	0	21.62

表五 　　　　　　　　桃源鼠蚤分类统计表（三十一年）

类别 \ 月份		四月（17—30日）	五月	六月	七月	八月	九月	总计
经捕鼠蚤分类数目	印度鼠蚤	2	9	3	9	6	3	32
	欧洲鼠疫（东亚种在内）	139	146	53	21	9	3	371
	盲蚤	33	93	21	7	2	3	159
	合计	174	248	77	37	17	9	562
鼠蚤分类百分数	印度鼠蚤	1.15	3.63	3.89	24.32	35.29	33.33	5.69
	欧洲鼠疫（东亚种在内）	79.89	58.87	68.84	56.76	52.94	33.33	66.02
	盲蚤	18.96	37.50	27.27	18.32	11.77	33.34	28.29
	合计	100.00	100.00	100.00	100.00	100.00	100.00	100.00

表六 　　　　　陬市、河洑两地鼠蚤分类统计表（三十一年）

类别 \ 月份		七月	八月	九月	总计	备考
经捕鼠蚤分类数目	印度鼠蚤	42	43	0	85	
	欧洲鼠疫（东亚种在内）	7	2	0	9	
	盲蚤	2	1	1	4	
	合计	51	46	1	98	八、九两月份陬市无报告
鼠蚤分类百分数	印度鼠蚤	82.35	93.48	0	86.74	
	欧洲鼠疫（东亚种在内）	13.72	4.35	0	9.18	
	盲蚤	3.92	2.17	0	4.08	
	合计	100.00	100.00	100.00	100.00	

表七　　　　　　　　　　**常德鼠疫疫苗预防注射人数按月统计表**

年份	月份 \ 次数	第一次注射	第二次注射	合计
三十年	十一月廿四至十二月卅一日	2909	1353	4262
三十一年	一月	2370	790	3160
	二月	1750	1180	2930
	三月	4568	2630	7198
	四月	6407	2779	9186
	五月（至十日止）	1018	671	1689
总计		19022	9403	28425

表八　　　　　　　　　　**常德鼠疫患者病型分类统计表**

年、月	类别	腺型	败血型	肺型	腺型兼败血型	败血型兼肺型	腺型兼肺型
三十年	十一月	3	2	0	0	0	0
	十二月	2	0	0	0	0	0
三十一年	一月	1	0	0	0	0	0
	二月	0	0	0	0	0	0
	三月	1	1	0	0	0	0
	四月	8	8	5	2	1	1
	五月	1	3	0	0	0	0
	六月	1	1	0	0	0	0
	七月	0	0	1	0	0	0
	八月	0	0	0	0	0	0
	九月	0	0	0	0	0	0
统计		17	15	6	2	1	1
百分率%		40.48	35.71	14.29	4.76	2.38	2.38

表九　　　　　常德鼠疫患者按性别、年龄、月份统计一览表

年龄 ＼ 月份・性别	三十年十一月		三十年十二月		三十一年一月		三十一年二月		三十一年三月		三十一年四月		三十一年五月		合计	
	男	女	男	女	男	女	男	女	男	女	男	女	男	女	男	女
0—9											2				2	
10—19		1		1							2	3			2	5
20—29	2	1									2	3		1	4	5
30—39			1			1					2	2		1	3	4
40—49											2	2			2	2
50—59	1								2		3		1	1	7	1
60—69											1	1			1	1
70 以上																
总计	3	2	1	1		1			2		14	11	1	3	21	18

注：六月份病例二人、七月份病例一人尚不能分类，未列入表内。

表十　　　　　常德鼠疫患者经过情形一览表（三十一年七月九日止）

病例序号	姓名	年龄	性别	职业	住址	发病日期	死亡日期	主症	诊断
1	蔡桃儿	12	女		关庙街蔡洪盛号	1941.11.11	1941.11.13	寒热	败血型
2	聂述生	58	男	商	府庙街四保	1941.11.12	1941.11.13	鼠蹊淋巴腺肿	腺型
3	蔡玉珍	27	女	主妇	东门内常清街	1941.11.11	1941.11.13	高热淋巴腺肿	败血型
4	徐老三	27	男	工	北门内皂果巷五号	1941.11.12	1941.11.14	高热项痛右鼠蹊腺肿	腺型
5	龚超盛	28	男	工	关庙街十八号	1941.11.23	1941.11.24	高热右鼠蹊腺肿	腺型
6	王瑞生	38	男	工	东门内永安街一保	1941.12.13	1941.12.14	高热右鼠蹊腺肿	腺型
7	王贵秀	15	男	小贩	三板桥九保	1941.12.18	1941.12.20	高热昏迷	腺型
8	胡嫂	30	女	工	关庙街杨家巷	1942.1.11	1942.1.13		腺型
9	向玉新	50	男	小贩	华岩庵五十二号	1942.3.20	1942.3.24	高热四肢疼腹及胸部有出血点	败血型

续表

病例序号	姓名	年龄	性别	职业	住址	发病日期	死亡日期	主症	诊断
10	陈孔昭	52	男	商	关庙街湖南旅舍	1942.3.22	1942.3.28	左鼠蹊腺肿	腺型
11	陈维礼	5	男		皂果树	1942.4.1	1942.4.4	发热项□直晕□	败血型
12	蒋家祖	45	男	小贩	北门内长巷子三十二号	1942.4.1	1942.4.2	高热头痛	腺型
13	邓乐群	32	男	政	法院西街	1942.4.5	1942.4.12	发热头痛鼠蹊腺	腺型
14	杨梅青	8	男	学	五铺街八保	1942.4.4	1942.4.6	尸体呈出血点右腋下腺肿	腺型
15	张金斗	15	男	军	府坪街军警稽查处	1942.4.3	1942.4.7	发热头痛呕吐	败血型
16	陈刘云	33	女	主妇	法院西街三十四号	1942.4.6	1942.4.11	发热寒战右鼠蹊□□□	腺型继发肺型
17	陈淑钧	14	男		法院西街三十四号	1942.4.5	1942.4.11	颈腺肿大	败血型兼腺型
18	葛大亮	27	男	记者	三闾岗	1942.4.9	［治愈］	寒热呕吐咳嗽	肺型
19	金罗氏	28	女	主妇	三板桥九保	1942.4.10	1942.4.12	咳嗽血痰	肺型
20	毛仁山	60	男	工	五铺街一百一十二号	1942.4.10	1942.4.12		败血型
21	周黄氏	24	女	主妇	法院西街三十二号	1942.4.10	1942.4.15	咳嗽	败血型
22	马保林	54	男	工	五铺街八保	1942.4.15	1942.4.17	左颈腺肿大	腺型
23	杨彼得	13	男	学	五铺街九十号	1942.4.13	［治愈］	发热头痛右鼠蹊腺肿	腺型
24	杨珍珠	20	女	学	五铺街九十号	1942.4.14	［治愈］	左鼠蹊腺肿	腺型
25	陈华山	51	男	商	五铺街一〇六号	1942.4.12	1942.4.17	咳嗽血痰	肺型
26	袁罗氏	17	女	主妇	清平乡四保	1942	1942.4.18		肺型
27	谢建隆	32	男	记者	三闾岗	1942.4.16	［治愈］	左鼠蹊腺肿	腺型

病例序号	姓名	年龄	性别	职业	住址	发病日期	死亡日期	主症	诊断
28	唐珍秀	17	女	工	北门长巷子三圣宫	1942.4.13	1942.4.19	咳嗽血痰	肺型
29	李祝氏	68	女	主妇	北正街三十三号	1942	1942.4.18	咳嗽半身疼痛	败血型
30	黄周氏	47	女	主妇	大河街十三保	1942.4.13	1942.4.19	恶寒发热咳嗽	败血型
31	杜玉甫	26	男	商	下南门一号	1942.4.29	[治愈]	左鼠蹊腺肿	腺型
32	梅张氏	49	女	主妇	岩桥	1942.4.17	1942.4.24	高热恶心咳嗽咳血	败血型兼腺型
33	李泉婆	53	男	农	五铺街七十九号	1942.4.27	1942.4.29	高热谵语腹痛	败血型
34	李刘氏	37	女	主妇	五铺街三十九号	1942.4.30	1942.5.3	左腋腺肿大	腺型继发肺型
35	陈正陆	46	男	工	五铺街一〇一号	1942.4.22	1942.5.2	咳嗽	败血型
36	王保元	56	男	小贩	阴阳桥	1942.5.4	1942.5.7	发热头痛咳嗽	败血型
37	李丁氏	26	女	主妇	双忠街二十二号	1942.5.5	1942.5.7	发热身体衰弱	败血型
38	顾卢氏	51	女	主妇	孙祖庙四十一号	1942.5.4	1942.5.7	尸体胸腹部出血点左鼠蹊腺□□□	败血型
39	戴氏	33	女	主妇	五铺街广德医院隔壁	1942.5.15	1942.5.18	左鼠蹊腺及□淋巴腺肿大	腺型
40	龙春生	51	男	商	四铺街五保二甲四号	1942.5.22	1942.6.2	腋腺肿胀	腺型
41	赵丁生	13	男	学徒	三铺街同泰祥铁店	1942.6.13	1942.6.15		败血型
42	赖世芳		女	护士		1942.7.9		少量咳嗽带血	肺型

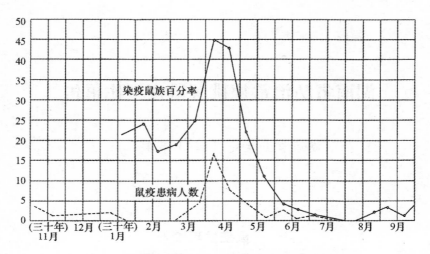

图一　常德鼠疫患病人数与染疫鼠百分率比较图

图二：湖南常德鼠疫病例发现情形图暨检验染疫鼠族情形图〔略〕

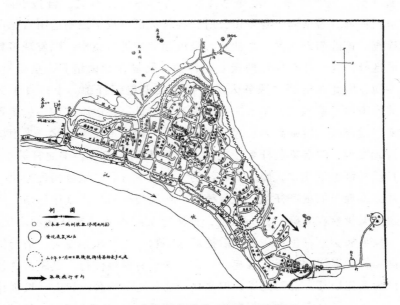

图三　湖南常德鼠疫病例分布情形图

湖南省档案馆藏，档案号 74—3—6。

湖南省防治常德桃源鼠疫工作报告

湖南省卫生处（1943 年 4 月）

一　鼠疫发现情形

三十年十一月四日清晨，敌机一架空袭常德。其时晓雾弥漫，敌机低飞市区未投炸弹，但掷下谷麦、絮纸、棉及其他不明颗粒落于常德城内，关庙前［街］鸡鸭［鹅］巷者为最多，其他各街亦有之。警报解除后，由防空指挥部、警察局、各乡镇公所，各将敌机所投下之物送由常德广德医院检查。该院初以无菌生理盐水洗涤沉淀涂片染色镜检，除发现多数革兰氏阳性杆菌外，并有少数两极着色杆菌。嗣复作细菌培养，重行检验，结果相同，因此在常德之医务人员均认为类似鼠疫杆菌。十一月十二日晨，关庙街居民蔡桃儿，年十二岁，由其母护送广德医院求诊，患者系十一日晚忽发寒战，继则高热头痛、周身不适、神志不安等症状，当由该院涂片检验发现：两端染色杆菌于前检验敌机投下谷麦等验得之杆菌类似。十三日晨，该患者死亡，旋作尸体解剖，发现有可疑之鼠疫病理变化，内脏涂片亦发现类似鼠疫杆菌，此常德第一例鼠疫患者。经临床诊断、尸体解剖及显微镜检查而确定其为鼠疫，查医疗文献本省无鼠疫病例之记载，而常德鼠疫病例之发生，在敌机散播颗粒等物后之一星期左右，适与鼠疫潜伏期相符。浙江、江西、福建、广东曾先后有鼠疫流行，其距常德较近之疫区为浙江衢县、江西光泽，但水陆交通相距二千公里以上，按现在交通情况，纵有染疫者赴常，其未达到之日即已超过其潜伏期间，足以证明此次常德鼠疫非由地方性之再度增炽，亦非因国内疫区之传播，其病菌确为暴日所散布，盖顽寇陷身泥淖、日暮途穷，乃不顾人道而为此卑鄙毒辣之行为，以施行其细菌兵器之企图也。

二　流行概况

常德自三十年十一月十一日发现疑似鼠疫病例后，十二日东门长清街续发现一死亡病例。讯悉患者于十一日曾发高热，十三日病亡。做肝脏穿刺术，涂片检查有类似鼠疫杆菌。嗣于东门外附近又相继发现第三、第四两病例，均系十二日发病高烧鼠蹊腺肿大（横痃）等病象，淋巴腺穿刺涂片检查均有类似鼠疫杆菌，于十三、十四日死亡。第五病例系十八日发病，高烧谵妄（横痃）等病象，尸体解剖无特殊病理变化。第六病例为关庙街居民龚操胜，十一月二十三日晚发病，二十四日晚死亡，经中国红十字会救护队检验指导员兼军政部战时卫生人员训练所检验学组主任陈文贵作尸体解剖、细菌培养及动物接种试验，均证实为真正腺鼠疫。

三十年十二月至三十一年一月，常德城区继续发现鼠疫病例。三月以后，疫势复炽，死八人，其中有肺鼠疫二人。

三十一年五月四日，桃源莫林乡第十保李家湾居民李佑生，自常德卖布归，患急病于同月十日死亡，其亲属侍病及探视者均相继染病死，十七人均肺鼠疫。

三十一年十一月六日，常德县属新德乡石公桥，约距城四十五公里，发现鼠疫，距石公桥十公里之镇德桥于二十日相继发现鼠疫，前后共死四十余，经检验均为腺鼠疫。

兹将常德患鼠疫六病例研究与调查结果图表，常德发现鼠疫地点图，桃源莫林乡肺鼠疫病人清册流行原因调查报告，桃源莫林乡与其他各乡略图及常德石公桥镇德桥鼠疫病人登记表附列于后。

三　防治经过

甲、组织防疫机构、拟定防治计划

常德鼠疫发现之初，即由省政府电呈中央，并分电卫生署、军政部及第六第九两战区①司令长官司令部，请调高级卫生人员前赴常德共商防御方针。本处比派主任技正邓一韪、工程师刘厚坤携带疫苗血清等驰往督导

---

① 因为事涉军事机密，文件用×代替，实为第六、第九战区。

防疫工作,商由当地最高机关、各公法团体,组织常德防疫处以期统一事权,便利指挥。由第四区行政督察专员欧冠兼任处长。第六、九两战区兵站卫生处、卫生署及中国红十字会救护总队部等派在常德防治鼠疫之主管人员任委员,该处设总务、财务、宣传、情报、纠察、补给及防疫各股,分由当地各有关机关负责主持。另设留验所、隔离病院、检疫站,并对疫区民众举行预防注射。处长旋即赴常实地督察,召集各防治单位技术人员研讨行政、技术、联系问题。一面电请卫生署迅派技术专家莅常指导,及请调派医疗防疫队协助防治,并向中央防疫处订购鼠疫疫苗、血清与防鼠疫特效药品,又先后派本处技术专员王瀚伯、卫生稽查长梅朝章、检疫主任崔韵赓等前往该县严密防治。卫生署外籍专员伯力士于三十年十二月抵常开始检验鼠只、鼠蚤,发现疫鼠甚多,深虑暴发。三十一年二月由本处拟具三十一年度扩大防治鼠疫计划及概算,派技正孔麒携与伯力士专员协商,斟酌实际情形略为增删,赍由省政府转交中央核准追加经费,正办理间。省政府据常德防疫处兼处长张元祜电告,三月以后鼠疫复炽,共死八人,其中有肺鼠疫二人,本处以疫情严重,在中央未核准经费以前,特调本省巡回卫生工作队二队□□驻常,加紧工作并续发鼠疫疫苗、血清、巴劳雪麝、漂白粉、石炭酸、酒精、来苏及消毒药品一批,专人运往以应急需而利工作。

乙、加强防疫设施

三十一年四月,卫生署派防疫处容处长启荣来湘指导防疫事项,比由处长携带药品器材陪同往常指导防治。一面电邀第六、九两战区卫生处长及电饬益阳、安乡、沅江、桃源、汉寿、沅陵各县卫生院长、津市卫生分院主任赴常商议防御鼠疫办法。其时常德鼠族染疫率经伯力士专员检验由百分之八十六降至百分之二十三,疫情已趋好转。惟桃源莫林乡忽发现肺鼠疫,系一布贩李佑生在常染疫潜归病发,互相传染所致,死十七人。处长当会商各方高级卫生技术人员,亲自督队赴桃源防治于六月五日已告肃清。仍饬该地检疫站继续严密检疫。疫区既已扩大,防疫工作自应加强。经与容处长启荣、第六、九两战区卫生处长陈立楷、冯启琮拟定加强防御鼠疫意见,如加强防疫机构,严密防疫情报、交通、检疫、隔离、留验,推广预防注射,厉行杀鼠灭蚤,扩大防疫宣传,充实药品器材,严密工作考核,均详述实施要点,以利推行。并遵照卫生署□□□电示暨参酌容处长启荣等意见,拟具三十一年度加强防御鼠疫办法。将原有常德防疫处扩为湘西防疫处，下设桃源分处以专责成，并于常桃外围重要交通线之各县，除原设防疫委员会外，各另设检疫站一所，呈由省政府委员会常会通过，复经省政府令派本处主任技正邓一甦为湘西防疫处特派员，协助改组与督导技术改进事宜。兹将鼠疫检疫站设置地点列表如次：

湖南省鼠疫检疫分驻站地点一览表

站点	检疫地点	主办人员	备考
常德鼠疫检疫站	分设各站如备考栏	肯特	常德鼠疫检疫站下设南门检疫站、河洑检疫站、黄木关检疫站、大西门检疫站、北门检疫站、东江检疫站、洛路口检疫站、水西门检疫站
桃源鼠疫检疫站	分设各站如备考栏	管育仁	桃源鼠疫检疫站共四站计桃源城区、陬溪、漆家河、麦家河
长沙鼠疫检疫站	轮船码头	王诘	卫生院长暂兼
沅江鼠疫检疫站	轮船码头	李世林	卫生院长暂兼
汉寿鼠疫检疫站	轮船码头	聂焱	卫生院长暂兼
津市鼠疫检疫站	轮船码头	葛柏林	分院主任暂兼
沅陵鼠疫检疫站	汽车站水码头	曹铎	卫生院长暂兼
临澧鼠疫检疫站	通桃源大道	何秉贵	卫生院长暂兼
安乡鼠疫检疫站	轮船码头	孙道言	卫生院长暂兼
慈利鼠疫检疫站	通桃源大道	陈士纯	卫生院长暂兼
石门鼠疫检疫站	通桃源大道	吴玉芬	卫生院长暂兼

丙、各级军政长官派员切实协助

常德发现鼠疫病例时，蒙第六战区司令长官派卫生处长兼兵站卫生处长陈立楷、第九战区司令长官派卫生处长冯启琮赴常德指导，暨转饬邻近常德与交通要道驻军力予协助。三十一年四月，常德鼠疫因春暖复炽，处长陪同容处长启荣往常督导，又承陈、冯两处长莅临协助，获益良多。溯自此疫发生以来，委座极为重视，经遵循谕示尽力防治，只以民众知识水平过低，各方联系有欠周密，工作进行不无阻滞。荷霍总司令揆彰就近督导，煞费苦心，其参谋医务人员莫不尽力赞助，并先后调派邓、冯两营长率领所部担任交通管制。复荷陈处长立楷调派卫生队一排担任担架任务，并增调军医官多人协助医疗检疫。盖防治鼠疫专从技术着手，难收圆满效能，必须配合军事、政治力量，始克推行尽利也。常德防疫处于三十年十一月下旬成立，由第四区行政督察专员欧冠兼任处长，嗣欧专员他调，由张专员元祜继任。三十一年改组为湘西防疫处，仍由省政府聘任张专员兼处长，常德县长戴九峰兼副处长，卫生署石大队长茂年任技术督察长，专员伯力士为顾问，下设总务、疫情、检验、检疫、宣传、卫生工程、卫生材料各组及会计室，并设疫情诊察队、隔离医院、病理检验所、水陆交通检疫所、纠察队、担架队、留验所等，分由卫生署及中国红十字会所派各队及六、九两战区与本省所派人员分别主持。另设咨询委员会聘请当地党政军各界领袖及士绅为委员，嗣石兼督察长茂年奉令他调，改聘施大队长毅轩接充，施兼督察长，因公离常，又改聘章大队长瑞生继任。鼠疫传染至速，防疫机构设施固应周详，而当地军政首长、公法团体尤贵密切联络通力合作，始能收普遍之效。常桃行政机关、党部、三民主义青年团、师管区、各报馆、保安大队，与其他有关机关团体如海关运输统制局、税务局、商会等均能尽量协助。故常桃鼠疫迄今尚未扩大流行，固因设有防疫机构负其专责，亦各方指导协助之功。

丁、工作及疫情

常德鼠疫证实后，除由本处调派卫生技术人员驰往防治外，一面电请卫生署、军政部、红十字会总会调派医疗防疫单位先后莅常协助，其常驻常桃工作者有卫生署医疗防疫第十四队、第二细菌检验队卫生工程队、军政部第四防疫大队第二中队、第九防疫大队第三中队、红十字会救护总队第二中队、本省巡回卫生工作队、第六战区第二十兵站分监部所派之军医、第九战区第九防疫大队、第二十集团军医务所以及常德中心卫生院、私立广德医院、桃源卫生院等。其工作项目：

1. 疫情报告

凡城区及近郊之死亡者，由所属于当日分报保甲长及警察所，转报防疫处填发安葬证，如可疑者，须经防疫处鼠疫病理检验后，始可填发，并由警察局、乡镇公所督饬保甲长随时查询所辖各户有无鼠疫发生。如有鼠疫或疑似鼠疫症状者，转报防疫处派员诊察。

2. 隔离治疗

染疫病者能得早期疗治，其痊愈之机会较多；迅予隔离，其辗转传染之机会减少，故由隔离医院收治病人并与当地广德医院充分合作，必要时由该院代为收治。三十一年春，鼠疫再度流行时，施用磺苯胺噻唑治愈者七人，其中二人具有肺鼠疫症状，余为腺鼠疫及败血性鼠疫。三十一年十二月，湘西防疫处筹设水上隔离病院，拟价购盐船一只，因经济关系一切布置尚需时日始可就绪。

3. 病家消毒及家属留验

凡曾接触鼠疫病人之亲友必须强制留验，其医药伙食一律免费，并限病家迁出原址，移住他处，将疫户封闭，施行病家消毒及杀鼠灭蚤等工作，俟封闭解除后方可迁回。其迁住期内仍须将迁移住址报告警察局及保甲长，以便随时派员访问有无鼠疫发生。

4. 尸体处置

三十年曾一度采用火葬，旋以死者家属畏惧，引起匿报分向四邻逃避情事，影响防疫至关重大，遂于三十一年四月停止火葬办法，改设公墓，于尊重民间习俗之外，仍顾及集体安全，前项匿报逃避之风由是稍戢。

5. 交通检疫

常德毂绾湘西，物产丰富。桃源距常德陆路四十五里、水路九十里，交通均极便利。今既成为鼠疫疫区，染疫鼠族及其蚤类易随商旅而传播，疫区鼠疫病人如任其潜离，犹有引起肺鼠疫流行之可能，故严切实施交通检疫，以免蔓延。经省政府制定《湖南省鼠疫检疫暂行办法》，布告周知，办法附后。

一、鼠疫检疫除《湖南省防范鼠疫实施办法》规定者外，悉依办法之规定。

二、凡出入疫区之旅客、商贩一律接受预防注射，由注射之检疫站发给注射证。无注射证者禁止通行，但均得临时向就近检疫站补行注射，领取注射证。

三、凡经过疫区上下行船只，在日入以后日出以前一律禁止通行。

四、载运五谷棉花被服、经过疫区开往他地之船只，不准停靠，禁止停船之江岸，并应先向检疫站领取通行证，方可放行。前项禁止停船地段由各该地防疫机关斟酌实际情形指定之。

五、疫区之五谷、棉花、被服禁止外运，但原系堆集禁止停船地段以外，而其仓库先有防疫设备，并得检疫站之证明书者，得向外埠起运及卸货。

六、经过疫区船只除装载五谷、棉花、被服，应依第四条之规定办理外，其载运其他各种货物者，日间可在江面两岸停靠，晚间九时起至翌晨天明止，须移向江心离岸两丈之处抛锚停泊并须抽出跳板，其与岸上往来得用划渡。

七、凡由疫区出境病人，应向防疫机关请领出境许可证，其无许可证者应赴检疫站诊察后补领，始可放行。但发现鼠疫及疑似鼠疫症状者，应速送隔离病院隔离或留验所留验，其行李应予消毒灭蚤之处置。

八、凡由疫区迁运出境尸体，须领有防疫机关发给之安葬证，始可放行，无安葬证者应将尸体送由防疫机关检验补领。

九、凡发现疫鼠及鼠疫病症之船只，应施行杀鼠灭蚤之消毒处置，并得强制执行其无预防注射证之水手、旅客预留验七日。如发现肺鼠疫时，其他水手旅客应一并留验七日放行。

6. 杀鼠灭蚤

减少鼠族及其蚤类之数量，即减少鼠疫传染之机会，除利用捕鼠架及捕鼠笼子外，三十一年十月，湘西防疫处以检验常德病鼠由百分之十五进至百分之二十五，鼠疫比率既增，深恐暴发，故采用奖励方法，发行奖励捕鼠奖券，凭缴到之鼠给予奖券，定期开奖，有得奖金希冀。发行以来颇收绝佳之效。本年以碳酸钡等制成毒饵，兴办毒鼠工事诱杀鼠类，于常德城区实施二次，石公桥、镇德桥实施二次，收效颇多。

7. 预防注射

普遍施行预防注射增加免疫力量，以免鼠疫扩大流行，实为有效方法之一。经规定每人必须注射两次，完全免费，严密消毒注射后所发生之免疫力约能维持六个月。每六个月复察、预防注射，并于注射时向民众解释有反应之可能，以免误会。三十一年秋，发动普遍预防注册，旋以鼠疫比率增加，将和平劝导预防注射改为交通管制强制注射，实施以来全城人口已注射百分之五十以上。

8. 防疫宣传

除由三民主义青年团每周编制壁报外，在各报纸随时发布当地疫情、刊登有关防治鼠疫文字，各防治单位均制有标语及举行集会演讲，本处印散鼠疫小册万份、标语万份，防疫处于上、下南门码头竖立木匾一面，绘制疫区地图一面，书写预防标语。三十一年秋并举行扩大防疫宣传周，举行清洁大扫除。本年春，征集各种卫生读本及有关防治材料举行春季防疫展览会以期启迪民智，提高合作兴趣，便利推动防疫工作。

此外，关于防治鼠疫人员之训练，伯力士博士独费苦心，公务之余，循循善诱，在常德成立防治鼠疫人员补习班。至三十一年八月底止，已开班二次，每期一月，经训练医师四人、护士六人、检验员七人，共十七人。

当常德发现鼠疫时，并未发现大量死鼠。迨三十年十二月下旬，鼠疫专家伯力士博士抵常调查研究仍无染疫之鼠。三十一年一月下旬，始发现疫鼠，此后染疫鼠数逐月递增。三月以后疫鼠比率达最高，人类染疫亦时有发现，且延及桃源。先是桃源县城于三十一年四月首次发现疫鼠，正筹划大规模鼠族检查，不意五月四日竟以一布贩在常染疫潜归桃源莫林乡家乡相互传染，死亡相继，幸发现尚早，未致扩大流行。五月二十七日以后，即无新病例发现。六月间在桃源作大规模鼠族检查，于两百二十七死鼠内有染疫者八只。七月上旬，又检查死鼠四十八只，只发现染疫鼠一只。其后，桃源城区鼠族疫病流行似已停息，但鼠族已遭传染形成疫源，随时可侵入人体，深抱隐忧。常德各防疫单位以疫情严重，经加强工作，举行挨户普遍预防注射，并于二十七日商调省立农村医事职业学校教员及第一班实习学员三十余人驰往协助，夏间疫势稍杀。秋后疫鼠比率又由百分之十五增至百分之二十五，深恐再变爆发，湘西防疫处应时成立，中央拨发之防御鼠疫经费七十万元拨由该处应用。所有工作人员交由该处指挥以专责成，本处则仍以省府合署办公之关系尽力赞襄，成立以来对于预防注射、交通检疫、隔离消毒、杀鼠灭蚤、扩大宣传，各项设施均能切实办理。十一月石公桥、镇德桥于鱼□相继发现鼠疫。镇德桥为常德城区与石公桥交通中心，该处有札棉线铺二十二家，布匹棉线店二十家，全乡人口万四千余人，恃棉货出产生活者约百分之十。藉棉织物传播鼠疫关系尤大。经严密防治，疫病旋幸清除，本年三月二十日间，湘西防疫处电告二月份检验鼠只结果百分数为百分之八，最近无新病例发现，兹将常德鼠疫之情统计于左：

常德鼠疫逐月疫情统计表

三十年十一月至三十二年二月止

类别 \ 月份 \ 年份	三十年		三十一年												三十二年	
	11	12	1	2	3	4	5	6	7	8	9	10	11	12	1	2
鼠疫百分率				19.05%	17%	42%	9.1%	2.7%		1.2%	1.6%	9%	0.11%	0.04%	0.05%	0.08%
印度蚤百分率				1.7%	21.6%	0.1%	0.5%	2.3%	77.1%	60%		7.7%	0.05%	0.05%		0.001%
鼠疫病例 治愈人数	3					3	4	2	1							
鼠疫病例 死亡人数	18	2	1		6	25	4	1					3	33		
鼠疫病例 合计	21	2	1		6	28	8	3	1				3	33		
备改	三十一年五月中旬桃源莫林乡发现肺鼠疫死十七人未列入本表合并注明。															

民国三十二年四月二十日填湖南省卫生处制

四　经费

三十年，以敌机曾在衢县、宁波等地散播鼠疫杆菌发生鼠疫，本省为预防敌人毒计，经拟具《湖南省防御鼠疫计划》暨经费预算计七〇，一三五元，经省政府第一七九次常会通过，并通饬遵办。十一月，常德发生鼠疫，需款甚巨，而原核定之预算支付将罄，经省政府第二五九次常会议决，先行饬库拨款二万元，仍补其追加手续。三十一年度湘西防疫处经费奉中央核定为七十万元，以五十万元作经常防疫之用，二十万元作特别准备金。惟以往疫区仅常德一县，嗣桃源亦应视为疫区，七十万元自应不敷支用，所幸疫势未继续扩大，尚可勉强支持。本年度经费经省政府列入省单位概算（请核定增刊部分），呈核在卷。嗣电奉行政院政务处电，以本省鼠疫经费限于核定概算总额，无法匀列，如将来确有必要似可专案请款，已将湘西防疫处原编三十二年度工作计划及概算先行会商有关各厅处酌加调整，俟省政府常会核议后呈请核定。时当春令，鼠疫深虑爆发，工作自应加紧推行。上年度鼠疫节余经费早已用完，需款至迫，经省政府电呈行政院请予提前拨发三十万元，以应急需。在未奉准前由省政府常务会议决，暂在本省春夏季防疫经费项下借垫六万元以资接济。

常德腺鼠疫六病例研究与调查结果简表

病例	（一）	（二）	（三）	（四）	（五）	（六）
病人姓名	蔡桃儿	蔡玉贞	聂述生	徐老三	胡钟发	龚操胜
性别	女	女	男	男	男	男
年龄	11	27	58	25	？	28
寓址	A 区	B 区	B 区	B 区	A 区	A 区
发病日期	卅年十一月十一日	同前	卅年十一月十二日	同前	卅年十一月十八日	卅年十一月二十三日
结果	死亡卅年十一月十一日	同前	同前	死亡卅年十一月十四日	死亡卅年十月十九日	死亡卅年十一月二十四

续表

病例	（一）	（二）	（三）	（四）	（五）	（六）
临床及试验室之检查	高烧血片有类似鼠疫杆菌瑞忒（以氏染色法）尸体解剖——腺肝脾肿大 肝胆涂片（瑞氏染色）——有类似鼠疫杆菌	高烧 检验时已死亡 肝胆涂片（瑞氏染色）——有类似鼠疫杆菌	高烧鼠蹊淋巴腺肿大 淋巴腺穿刺涂片（瑞氏染色）有类似鼠疫杆菌	同前	高烧 谵妄 鼠蹊淋巴腺肿大 尸体解剖结果——脾涂片革兰氏染色未查出鼠疫杆菌	高烧软弱无力右鼠蹊淋巴腺肿大尸体解剖—脾肿，肝脾淋及肠之表面胸腔及心膜积水心血鼠右鼠蹊淋巴腺及肝脾之涂片（革兰氏及石炭酸疫硫董紫染色法）发现鼠疫杆菌并由培养及豚鼠试验证实
诊断	? 鼠疫	? 鼠疫	? 鼠疫	? 鼠疫	? 鼠疫	鼠疫
检视医师	谭学华（广德医院）尸体解剖：谭学华与钱保康（红十字会救护第二中队长）	肯德（红十字会救护队队长）	钱保康（本部第二中队长）	方德诚（常德卫生院长）谭学华医师	方德诚 尸体解剖者：谭学华与石茂年（卫生署第二路防疫大队长）	李鹿桀（军医署第四防疫大队技正）尸体解剖者：陈文贵、刘培、薛荫奎、口讯所及（红会救护总队部）细菌培养及动物试验主持者：陈文贵

A 区—关庙街一带 B 区—东门一带

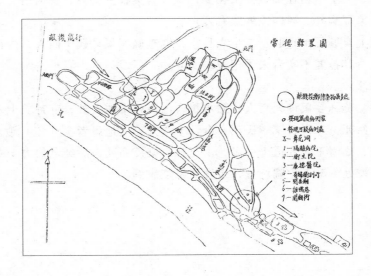

常德发现鼠疫地点图

三十二年五月桃源莫林乡肺鼠疫流行原因调查报告

一、李佑生，年四十余，莫林乡第二保李家湾人，以贩布卖盐为生，四日由常德返家十日死亡。佑生之长子年二十余，次子十六七岁及其已嫁谢姓之女均于十九日发病，二十二日死亡。佑生长媳二十四日得病，二十五日死亡。该佑生全家死绝。[①]

二、佑生已嫁谢姓之女，夫家住莫林乡第八保谢家湾，该女在佑生家发病二十一日送回夫家死后，该女之子及姑又病，其嫂亦病，均在垂危中。

三、李耀金住佑生之隔壁十三日发病十六日死亡。耀金之妻二十日死亡，发病日不详。耀金次子与三子相继死亡，长子还在病中，其姊与其姑母均于二十二日死亡，地点在调查中。

四、李润官住耀金隔壁，二十五日死亡。

五、李耀生外甥女住九保三口堰，李佑生死时，曾往视，返即患轻病，现将全［痊］愈。

六、向国恒住十保孔水坡，二十一日曾往佑生家一次，二十四日发病，现在垂危中。

七、道士一名住临澧县王化乡锡城寺与莫林乡交界，曾为佑生念经开路，返家即病死。风闻该处颇有死亡。

以上自五月十日起至二十六日止，调查确实累计死十四人，尚在病中者六人，其传闻不实者未予记载。

附注：

一、莫林乡鼠疫死亡人数除本报告内所列十四人外，五月二十六日谢李氏之姑死，三十日覃李氏死，合计十六人，其他患者全［痊］愈。

二、临澧王化乡道士一名，由莫林乡染疫病死，后经电伯力士专员及桃源防疫处临澧卫生院调查，未发现鼠疫病例。

---

① 李佑生次子、三子、已嫁谢姓之女及妻死亡（见下《清册》），并未"全家死绝"，他还有长子李松陔及另一已嫁之女李玉仙幸存。

桃源莫林乡肺鼠疫病人清册

姓名	性别	年龄	发病日期	死亡日期	备考
李佑生	男	四十余		五月上旬	五月四日自常德回莫林乡王保李家湾家中
李佑生妻	女	四十余	五月十三日	五月十九日	病及死皆在家中
李新陔	男	二十余	五月十八日	五月三十日	佑生次子，侍其父母，病及死皆在家中
李新陔妻	女	二十余	五月二十日	五月二四日	侍其父，病及死皆在家中
李惠陔	男	十六	五月十八日	五月二一日	佑生三子，侍其父母
李耀金	男	五十余	五月十三日	五月十五日	住李佑生隔壁，与佑生同宗，病及死都在家中
李耀金妻	女	五十余	五月十六日	五月二十日	侍其夫，病及死都在家中
李耀金次子	男	二一	五月十六日	五月二十日	侍其父，病及死皆在家中
李耀金小子	男	一一	五月二十日	五月二一日	病及死皆在家中
李润官	男	二三	五月二十日	五月二四日	住李耀金隔壁
谢李氏	女	二十余	五月十八日	五月二一日	李佑生已嫁之女，回李家省母，五月十八日得病，二十日送回第八保谢家湾夫家
谢李氏之姑	女	五十	五月二三日	五月二六日	病及死皆在家中
向国恒	男	三二	五月而三日	五月二五日	五月二十日，会至李佑生家，未宿即返第十保孔水坡，病及死皆在家中
覃李氏	女	五七	五月二七日	五月三十日	李佑生次媳之义母，即李佑生之姊，会往李家，后其女病，病及死皆在家中
李耀金姊	女	五十余		五月二一日	曾往其弟李耀金家视病，家在第一保病及死皆在家中
李耀金之姑妈	女	七四		五月二一日	曾往李耀金家探病，回至临澧县边境莫林乡十二保家中
临澧县王化邻道道士一名	男				住莫林乡交界之临澧县王化乡锡城寺，会为李佑金吟经开路，返家即病死

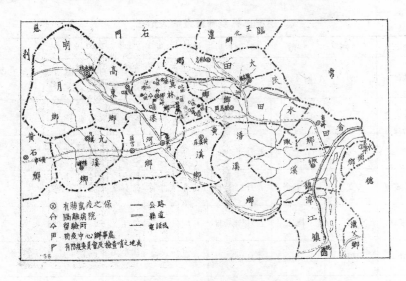

桃源莫林乡与其他各乡关系图

常德新德乡石公桥广德乡镇德桥鼠疫病人登记表

姓名	性别	年龄	住址	发病日期	死亡日期	备注
丁尾臣	男	二六	新德乡二保四甲五户北横街	十一月十七日	十一月十七日	
丁月兰	女	一二	同	十一月七日	十一月十三日	系丁尾臣之女
丁鲁氏	女	四九	同	十一月十日	十月十一日	系丁尾臣之兄嫂
丁长发	男	四四	同	十一月十一日	十一月十七日	系丁尾臣之兄搬移六保死亡
丁甫臣	男	三0	同	十一月十五日	十一月十七日	同
丁刘氏	女	六四	同	十一月十五日	十一月十七日	系丁尾臣之母转移六保死亡
贺第卿	男	三二	同	十月十五日	十月廿九日	系丁尾臣之雇工移崇麦乡死亡
魏乐元	男	三五	同	十月十九日	十月廿八日	同
覃东生	男	三二	同	十一月二十日	十一月廿四日	系丁尾臣之雇工移居土保死亡

姓名	性别	年龄	住址	发病日期	死亡日期	备注
张毛芝	女	一四	新德乡二保四甲北横街	十一月四日	十一月五日	
张盛氏	女	五四	同	十一月九日	十一月十一日	系张毛芝之母
张伯钧	男	一九	新德乡二保四甲北横街	十一月十四日	十一月十六日	系张毛芝之兄移居五保死亡
张春国	男	五二	同	十一月十日	十一月十八日	系张毛芝之父移居五保死亡
丁腊秀	女	四二	新德乡二保十甲户北横街	十月廿五日	十月廿七日	
石刘氏	女	三五	新德乡二保四甲十三户北横街	十一月八日	十一月廿一日	
阳书生	男	一六	新德乡二保四甲十四户北横街	十一月六日	十一月七日	
丁田氏	女	三六	新德乡二保四甲六户北横街	十一月八日	十一月八日	
丁子南	男	一	同	十一月八日	十一月九日	系丁田氏之子
丁三元	女	五六	新德乡二保四甲十户北横街	十一月八日	十一月九日	
丁大襌	男	二〇	新德乡二保七甲九户北横街	十一月十七日	十一月二十日	
丁国毫	男	五六	新德乡二保七甲五户北横街	十一月十二日	十一月十五日	
正清秀	女	二九	新德乡二保七甲七户北横街	十一月八日	十一月十五日	
彭星胲	男	六〇	新德乡二保四甲二户北横街	十一月十九日	十一月廿一日	移居崇孝乡死亡
彭善中	男	三二	同	十一月十九日	十一月廿一日	同
张鸿儒	男	六〇	新德乡二保八甲六户北横街	十一月廿日	十一月廿四日	
王小茂	男	二四	新德乡二保七甲五户北横街	十一月廿日	十一月廿四日	

续表

姓名	性别	年龄	住址	发病日期	死亡日期	备注
蒋菊先	女	一六	新德乡二保七甲八户北横街	十一月廿日	十一月廿四日	
王周氏	女	四五	新德乡一保六甲正街	十一月廿一日	十一月廿三日	住医院
熊瑞皆	男	四七	新德乡一保六甲十一户北横街	十一月十七日	十一月廿一日	赴城买货在城内得病死亡
丁左氏	女	三五	广德乡镇德桥	十一月廿二日	十一月廿四日	
殷群林	男	四九	广德乡一保六甲十八户	十一月十八日	十一月廿日	
李启坤	男	一五	广德乡一保八甲二十户	十一月廿日	十一月廿日	
周念苟	男	六〇	广德乡一保七甲十七户	十一月十八日	十一月廿二日	
唐保禄	男	五六	广德乡天王堂	十一月十七日	十一月廿二日	
彭李氏	女	三〇	广德乡一保八甲一户	十一月十七日	十一月廿二日	
任腊技	女	一三	广德乡一保五甲七户	十一月十五日	十一月廿三日	

附注:本表共列死亡人数计三十六人外,广德乡镇德桥在十一月十九日以前死亡七人,因未证实,故未列人。

湖南省档案馆藏,档案号:73—3—6

参考文献

［1］湖南省志编纂委员会：《湖南省志》第二卷《地理志》（上册），长沙：湖南人民出版社 1982 年版。

［2］孔庆泰：《国民党政府政治制度史》，合肥：安徽教育出版社 1998 年版。

［3］刘国武：《抗战时期湖南的现代化》，兰州：甘肃人民出版社 2006 年版。

［4］常德地区志编纂委员会：《常德地区志·人口志》（内部出版），2000 年。

［5］中国第二历史档案馆编：《中华民国史档案资料汇编》第 5 辑第 1 编，南京：江苏古籍出版社 1994 年版。

［6］《乡镇组织暂行条例》（1941 年 8 月），常德市武陵区档案馆藏，档案号：44—1—123。

［7］《常德县警察局民国三十年九月机关现状调查表》，常德市武陵区档案馆藏，档案号：44—3—183。

［8］《战时防疫联合办事处二十九、三十年工作报告》，中国第二历史档案馆藏，档案号：372—703。

［9］《医疗防疫总队十周年纪念刊》，中国第二历史档案馆藏，档案号：372—226。

［10］《中国红十字会九十年》，北京：中国友谊出版公司 1994 年版。

［11］容启荣：《抗战六年来全国防疫工作概况·战时防疫机构之设置》，中国第二历史档案馆藏，档案号：372—124。

［12］陈文贵：《常德鼠疫调查报告书》（1941 年 12 月 12 日），中国第二历史档案馆藏，档案号：372—2—16。

［13］［美］Phyllis Bannan Woodworth, *From Manchu to Mao*：*At Home in*

Hunan, *1909 - 1951*. Portland, Oregon: Printer's Inc. , 2009.

[14] 钱保康:《救护总队第二中队民国三十年十一月份工作报告》（1941
年 12 月 2 日），贵阳市档案馆藏《救护总队档案》，档案号：40—
3—34。

[15] 曹剑浪:《国民党军简史》（上册），北京：解放军出版社 2004
年版。

[16] 常德市地方志编纂委员会:《常德市志》（下册），长沙：湖南人民
出版社 2002 年版。

[17] 刘光前主编:《常德地区志·军事志》，北京：解放军出版社 1991
年版。

[18] 容启荣:《防治湘西鼠疫经过报告书》（1942 年 9 月），湖南省档案
馆藏，档案号：74—3—6。

[19] [日] 依田熹家:《简明日本通史》，卞立强等译，上海：上海远东
出版社 2004 年版。

[20] [中国台湾] 藤井志津枝:《731 部队——日本魔鬼的生化恐怖》，
台北：文英堂出版社 1997 年版。

[21] 陈致远:《日本侵华细菌战》，北京：中国社会科学出版社 2014
年版。

[22] [日] 常石敬一:《消失的细菌战部队》，东京：筑摩书房 1995 年版。

[23] [日] 森村诚一:《恶魔的饱食》，东京：角川书店 1995 年版。

[24] [日] 北岛规矩朗:《陆军军医学校五十年史》，东京：大日本印刷
株式会社 1936 年版。

[25] 韩晓、辛培林:《日军 731 部队罪恶史》，哈尔滨：黑龙江人民出版
社 1991 年版。

[26] [苏]《前日本陆军军人因准备和使用细菌武器被控案审判材料》
（中文本），莫斯科：外国文书籍出版局印行，1950 年。

[27] [日] 近藤昭二:《解说荣 1644 部队》，载 [日] 731 研究会编《细
菌战部队》，东京：晚声社 1997 年版。

[28] [日] 侵华日军细菌战中国受害诉讼辩护团事务局:《审判 731 部队
细菌战资料集》，日本东京都港区西新桥一濑法律事务所，2002 年。

[29] [日] 秋山浩:《731 细菌部队》，北京编译社译，北京：群众出版
社 1982 年版。

［30］［日］金子顺一：《PX（鼠疫跳蚤）效果略算法》（1943 年 12 月 14
　　日），转引自［日］奈须重雄：《〈金子顺一论文集〉的发现及其意
　　义》，《武陵学刊》2012 年第 3 期。

［31］邓一题：《日寇在常德进行鼠疫细菌战经过》，载《湖南文史资料》
　　第 18 辑，长沙：湖南人民出版社 1984 年版。

［32］汪正宇：《敌机于常德首次投掷物品检验经过》（1942 年 12 月），
　　重庆医学技术专科学校《医技通讯》创刊号。

［33］谭学华：《关于日本帝国主义强盗在常德施放鼠疫细菌的滔天罪行
　　的回忆》，常德市档案馆藏，档案号：372—2—16。

［34］解学诗、［日］松村高夫等著：《战争与恶疫》，北京：人民出版社
　　1998 年版。

［35］［日］井本雄男：《井本日志》第 10 卷，见［日］吉见义明、伊香
　　俊哉《日本军的细菌战》，载［日］战争责任资料中心《战争责任研究
　　季刊》第 2 期（1993 年冬季号）。

［36］［日］藤原章：《日本近现代史》第三册，伊文成等译，北京：商
　　务印书馆 1983 年版。

［37］王诗恒：《常德鼠疫及控制方案的报告》（英文），张华译，中国第
　　二历史档案馆藏，档案号：372—06—16。

［38］谭学华：《湖南常德发现鼠疫经过》（1942 年 3 月 1 日），载《国立
　　湘雅医学院院刊》第 1 卷第 5 期，湖南省档案馆藏，档案号：67—
　　1—333。

［39］［日］中村明子：《中国（常德）发生的鼠疫同日军细菌战的因果关
　　系》，王希亮译，《常德师范学院学报》2003 年第 3 期。

［40］《常德县防疫会议记录》（1941 年 11 月 8 日），常德市档案馆藏，
　　档案号：100—5—168。

［41］军政部军医署：《陪都防制敌机散布毒气及病菌会议记录》（1941
　　年 12 月 2 日），中国第二历史档案馆藏，档案号：472—1062。

［42］《常德防疫处三十一年度第二次会议记录》（1942 年 3 月 13 日），
　　常德市武陵区档案馆藏，档案号：100—3—171。

［43］《常德防疫处三十一年度第三次会议记录》（1942 年 4 月 13 日），
　　常德市武陵区档案馆藏，档案号：100—3—171。

［44］战时防疫联合办事处：《鼠疫疫情紧急报告》第 34 号（1942 年 6

月 5 日），中国第二历史档案馆藏，档案号：372—706。

[45] 王季午：《传染病学》，上海：上海科技出版社 1998 年版。

[46] 《东京地方法院就侵华日军细菌战国家赔偿诉讼案一审判决书》
（2002 年 8 月 27 日），载王希亮、周丽艳编译《侵华日军 731 部队细菌
战资料选编》，北京：社会科学文献出版社 2015 年版。

[47] 陈致远：《2004 年 7 月 15 日呈递东京高等法院 1941 年日军常德细
菌战对常德城区和石公桥和平居民的加害鉴定书》（中文本）。

[48] 彭可清：《不可忽视的常德鼠疫》，《大公报》1942 年 6 月 11 日第
3 版。

[49] 湖南省卫生处：《湖南省防治常德桃源鼠疫工作报告》（1943 年 4
月），湖南省档案馆藏，档案号：73—3—6。

[50] 聂莉莉：《伤痕：中国常德民众的细菌战记忆》，刘云、金菁琳译，
北京：中国社会科学出版社 2015 年版。

[51] 邢祁、陈大雅主编：《辛巳劫难》，北京：中共中央党校出版社
1995 年版。

[52] 肯德：《第二中队部民国三十一年四月份工作报告》（1942 年 4 月
30 日），贵阳市档案馆藏《救护总队档案》，档案号：40—3—37。

[53] 刘雅玲、龚积刚：《细菌战受害大诉讼》，长沙：湖南人民出版社
2004 年版。

[54] 陈玉芳、刘雅玲：《常德细菌战死亡人数的七年调查》，《常德师范
学院学报》（社会科学版）2003 年第 3 期。

[55] 常德市志编纂委员会：《常德市志》，北京：中国科学技术出版社
1993 年版。